整体优化·赋能创新

基于陶西平教育思想与学校改革的探索

张熙　等◎编著

知识产权出版社
全国百佳图书出版单位
—北京—

图书在版编目（CIP）数据

整体优化·赋能创新：基于陶西平教育思想与学校改革的探索/张熙等编著．—北京：知识产权出版社，2022.10

ISBN 978-7-5130-7960-0

Ⅰ.①整… Ⅱ.①张… Ⅲ.①陶西平（1935—2020）—教育思想—研究②学校教育—教育改革—研究—中国 Ⅳ.①G40-092.7②G521

中国版本图书馆 CIP 数据核字（2022）第 182972 号

责任编辑：高 超　　**责任校对**：谷 洋
封面设计：臧 磊　　**责任印制**：孙婷婷

整体优化·赋能创新
——基于陶西平教育思想与学校改革的探索
张 熙 等 编著

出版发行：知识产权出版社有限责任公司	**网　址**：http://www.ipph.cn
社　址：北京市海淀区气象路 50 号院	**邮　编**：100081
责编电话：010-82000860 转 8383	**责编邮箱**：morninghere@126.com
发行电话：010-82000860 转 8101/8102	**发行传真**：010-82000893/82005070/82000270
印　刷：北京建宏印刷有限公司	**经　销**：新华书店、各大网上书店及相关专业书店
开　本：720mm×1000mm 1/16	**印　张**：18
版　次：2022 年 10 月第 1 版	**印　次**：2022 年 10 月第 1 次印刷
字　数：294 千字	**定　价**：88.00 元

ISBN 978-7-5130-7960-0

目　录

绪　论 ………………………………………………………………………… | 001

上　篇
探索学校整体变革　提升立德树人实效

质量、活力、均衡：学校发展整体优化的三维视域
……………………… 北京教育科学研究院基础教育科学研究所　蔡歆 | 009
给生命涂上明亮的底色
——陶西平整体优化思想与一师附小快乐教育教学改革实践
……………………………… 北京市第一师范学校附属小学　张忠萍 | 020
“整体优化”指导下办出特色、培育英才的持续探索
………………………………………… 北京市第三十五中学　朱建民 | 028
整体优化　继往开来　真善美一　走向辉煌
…………………………………………… 北京市第十二中学　刘　波 | 037
拓展“整体”视域　促进教育均衡发展
……………………………………… 北京市朝阳区实验小学　陈丽华 | 043
营造绿色教育生态，实现学校教育的整体优化
……………………………………… 北京市海淀区万泉小学　景小霞 | 051
实现教育过程整体优化，建设人民满意的新优质学校
……………………………… 北京市海淀区双榆树第一小学　丁凤良 | 059

让每一颗种子朝气蓬勃地生长
……………………………… 北京工商大学附属小学 李庆华 | 068
向美而生 与美同行
——安定镇中心小学实现教育整体优化的实践与探索
………………………… 北京市大兴区安定镇中心小学 马 静 | 077
以整体优化思想赋能学校教育集团改革与发展
……………………………………… 北京市昌平第一中学 潘月春 | 085

中 篇
激发教师队伍活力 促进教师专业发展

激发教师队伍活力的实践路径与生成逻辑
——基于陶西平办学实践的分析
……………… 北京教育科学研究院基础教育科学研究所 艾巧珍 | 095
建学习型教师组织 创“超常”与“素质”金字招牌
——记陶西平先生关怀八中教师队伍建设
………………………………………… 北京市第八中学 王俊成 | 108
挖掘每一座“富矿”，促教师主动成长
——北京市十一学校教师队伍建设的机制与策略
………………………………………… 北京市十一学校 郭学军 | 119
涵养“居敬守静”精神 站立于教育教学正中央
——西师附小教师队伍建设的实践与思考
…………………………………… 西城区师范学校附属小学 李庆元 | 132
用“教育家精神”办“真教育”
………………………………………… 北京市第一中学 艾 英 | 145
创设独具特色的培训文化，助推教师专业成长
……………………………………… 北京市海淀区翠微小学 许培军 | 154
新时代学校党建引领教师队伍建设的实践探索
……………… 北京市第五中学分校附属方家胡同小学 候丽华 | 166

唤醒“自发性”：构筑教师专业发展的“生命场”
…………………………………… 北京市第十八中学 管 杰 | 176

下 篇
探寻课程教学变革 加速学校内涵发展

基于学生的课程教学管理进展、问题与策略
——陶西平教育过程整体优化视角
……………… 北京教育科学研究院基础教育科学研究所 赵艳平 | 187
陶西平“教育过程整体优化”思想及其对当前教学改革的启示
……………… 北京教育科学研究院基础教育科学研究所 张理智 | 197
探寻实验历程 践行一体化育人
………………………………… 北京景山学校 邱 悦 袁立新 | 206
“生态大课程”，构建育人内生机制
——中关村第三小学“整体育人”探索实践
……………………………………………… 中关村第三小学 刘可钦 | 217
面向未来动力内生 构建课程教学新生态
…………………………………………………… 北京中学 夏青峰 | 237
“幸福素养教育”实践中学校教学管理的优化
………………………………… 北京市海淀区五一小学 陈 姗 | 244
聚焦发现之维 优化内生力量
——整体思维与微创新路径建构发现课程教学管理系统
……………… 北京教育科学研究院通州区第一实验小学 陈金香 | 254
“整体优化”思想与融合课程建设实践探索
——以“走近五岳独尊 品悟齐鲁文化”为例
……………………… 北京市顺义区牛栏山第一中学 张华礼 | 264
采整体优化思想之光照怀柔三小课程教学改革之路
……………………… 北京市怀柔区第三小学 曹仲帅 赵艳芳 | 270

绪 论

在新中国教育事业波澜壮阔发展的几十年里，中国教育事业取得了举世瞩目的辉煌成就，为社会主义国家建设和中华民族的伟大复兴提供了强大的人才储备和智力支持。这些成就凝聚着无数教育工作者的汗水和心血；这些成就也彰显出教育家的风采和力量。这些教育家身上浓缩了新中国现代教育发展的历程，闪耀着中国教育发展思想和智慧的光辉，在我国开启全面建设社会主义现代化国家新征程之际，对他们的思想进行梳理和提炼具有重要的历史意义和现实意义。

陶西平（1935—2020）就是这些杰出教育家中的一个典型代表。他亲历整个新中国教育事业的发展历程，并将自己的一生都奉献给了教育事业。他1955年开始从事教育工作，做过小学教师、中学教师，当过班主任、教务主任、校长等。他于1986年担任北京市教育局局长，1989年担任北京市市长助理兼教育局局长，1993年起担任北京市第十届、第十一届人大常委会副主任，同时先后担任七届全国人大内务司法委员会青少年专门小组副组长，第八届、第九届全国人民代表大会教育科学文化卫生委员会委员，中国教育国际交流协会副会长，中国教育学会副会长，中国职业技术教育学会副会长，中国民办教育协会会长，北京市社会科学界联合会主席。后来又担任国家教育咨询委员会委员，教育部总督学顾问，联合国教科文组织协会世界联合会副主席，中国民办教育协会名誉会长，中国教育学会副会长和北京社会科学界联合会名誉主席。纵观其一生，可以说陶西平是新中国成立以来为数不多的在教育理论、教育政策及教育实践等诸方面集大成并且深刻影响中国教育发展和学校改革的教育家之一。

陶西平在回顾自己的心路历程时曾谈道，不论是当校长，还是做公务员，他的主要工作和研究领域是基础教育，重点领域是基础教育整体改革的理论和实践，以整体优化思想为指导探讨基础教育良性发展的教育思想、教育方式和管理方式，推进基础教育的整体改革。可见，教育管理思想和学校改革理论及实践在陶西平教育生涯中有着极其重要的地位，是陶西平教育思想极其重要的组成部分，对此进行深入挖掘和系统梳理，既是对这位教育家的深切缅怀，也是对我国教育现代化事业发展的有益探索。

陶西平在北京市第十二中学（简称北京十二中）期间的办学实践是其“整体优化”思想的初期阶段，也是其重要的实践基础。1983 年改革开放之初，中小学学校内部普遍存在三方面突出问题：一是领导体制不明确，党委和校长职责不清，学校没有明确的工作目标和责任制；二是教职工参与学校管理没有体制保障，民主权利无法正常行使；三是教职工收入低，分配制度沿袭大锅饭，干和不干一个样，干好干坏一个样，教职工的积极性不高，教师队伍流失严重。总体状况是学校缺乏激发活力的体制和机制。针对上述情况，陶西平进行了中小学学校内部管理体制改革理论和实践研究，主要借助系统论理论分析了学校内部管理诸因素的相互联系和制约关系，提出以整体优化思想对学校内部管理体制进行整体改革。改革的推行，取得了良好的效果，激发了学校的内部活力，充分调动了教职工的积极性，学校精神面貌明显改观，教育质量显著提高，几年时间便将北京十二中建设成为当时北京市基础教育界的“小岗村”。这项改革受到各级领导和社会各界的充分肯定，《人民日报》《光明日报》均在头版做了详尽的报道，北京市委、市政府，中央和地方多家报刊对这项改革给予了很高评价。

1986 年担任北京市教育局局长后，在充分调研的基础上，陶西平向市政府提出在全市推进学校内部管理体制改革。继续强调以整体优化思想指导改革，先分期分批进行试点，在试点的基础上，形成推行学校内部管理体制改革的文件，制定了校长负责制、教职工代表大会制和教职工聘任制的条例，将局部改革成果向面上推开。此项改革受到当时北京市委、市政府的高度重视，各区县党委主要负责同志亲自挂帅，中间虽几经波折，但逐步推进并在全市取得良好效果。后来，市委、市政府决定在全市高教、成教系统也全面推行。同时，该改革还受到了当时国务院领导和国家教委领导的重视，并在全国推广。各地教育工作者纷纷来京汲取相关经验，对全国学校内部管理体制改革起到了助推作用。这项改革的理论和实践成果为建立我国中小学内部管理体制提供了基本框架，此项研究也为现代学校制度研究提供了借鉴。

1993年，中共中央和国务院颁布了《中国教育改革和发展纲要》，将教育行政管理体制改革推向了深化，我国教育管理改革进入了“全面管理体制改革”的新阶段。这一年，陶西平卸任了北京市教育局局长的职位，更多的是作为一名教育研究者及决策咨询者开展教育事业。他关注的领域变得更加多元和广泛，对教育管理的关注点主要集中在教育体系建构、办学体制改革、学校特色建设以及教育治理等各个方面。

陶西平“整体优化”教育管理思想在实践的不断检验、调整、深入与推广中得到了发展和完善，形成了以方法论、价值目标以及实现路径三者组成的有机联系的完整体系。首先，以系统论为指导理论。陶西平认为，“教育是一个系统工程，它是由若干相互联系又相互制约的因素组成的系统，这些因素的矛盾运动促成了教育的发展。教育改革的过程正是不断推动这些相关因素由不和谐到和谐的连续过程。整体改革是教育的各项要素在教育过程中地位的合理确立”。在系统论指导下，他把管理作为学校系统中的一个要素，管理体制的改革只是为提高教育质量打基础的，最终目的在于提高教育教学的质量。同时，每个要素的变化都会受到其他要素的制约，每个要素的变化也会影响其他因素。因此，要进行成功的教育改革，必须认清教育的体系特征，从整体的现状找到改革的出路，不能把互不相干的或者联系不大的几项改革凑在一起，拼成一个“拼盘”。

其次，以育人目标为根本的价值目标。“教育的本源就是为了人的发展服务。我们有什么样的教育就会有什么样的下一代，有什么样的下一代就会有什么样的未来。”陶西平“整体优化”的教育管理思想始终都是围绕育人目标而展开的。他说教育的整体改革就是要使教育改革的阶段性目标服从于教育事业的长远目标，教育改革的局部目标服从于教育事业的整体目标，通过教育事业诸多环节的变革实现教育事业朝着既定目标整体变革。在这个过程中，整体改革的协调性并不影响改革的坚定性，整体改革的全面推进也并不影响改革的重点突破，关键在于把握住各项改革的进程必须始终明确它的归宿。可见，不论进行哪个方面的改革，他始终是基于育人的需要，提高教育质量，为社会主义事业培养合格的建设者和接班人。这既是陶西平教育管理思想的出发点，也是他用来检验实践改革成败的标准。他认为在育人理念上应该坚持“德育为先，五育并举”，而不是仅仅为了追求分数。教育教学应该加强双基础、培养能力、发展智力、发挥特长，从而促进学生的全面发展，不能仅仅为了选拔，让学生成为“考试机器”。

最后，以“教育过程的优化”为路径。教育管理是在特定的环境中，各管理主体从自身职能出发，围绕各项教育事务进行计划、决策、领导、组织、激励、沟通和评价等活动，以提高教育工作效率，促进学生发展的过程。在陶西平教育管理思想体系中，教育过程主要包括三方面的内容：一是教育的结构体系。他不仅大力推进了中小学的整体改革，同时也呼吁“适应首都现代化建设需要 积极发展高等教育”，提出“发达的职业教育是建设现代化强国的必要条件”，提倡“为学前教育注入充沛的活力”，还关注“北京继续教育应注意的问题”。可以看出，陶西平着力从构建和完善覆盖学前教育、中小学校、职业教育以及高等教育乃至继续教育的现代教育体系的角度来提高人才培养的规格和质量。二是教育的管理体制，包括宏观管理体制和微观管理体制。他认为学校内部管理体制是整个管理体制的基础，是一所学校正常运行和发展的前提，只有内部机制的转变才能启动教育的活力。三是涉及教育内涵发展的教育思想、教育内容、教育方法等方面的改革。通过不断地对这些“教育过程”进行优化，从而提高教育质量，实现教育目标。

陶西平有很多身份，也有很多称谓。他的学生称他为“陶老师”，一起在学校工作的同事称他为“陶校长”，北京市教育局的同事称他为“陶局长”，北京的老校长们称他为“陶主任”，年轻的教育工作者称他为“陶老”。他自己说，“虽然我曾很长时间里担任公务员，但是我始终把自己当成教育工作者，很多朋友把我看成是教育人，这可能是我一生之中最引以为豪的一件事”。这是陶西平和很多教育家的鲜明区别，他首先是一位教育实践家，其思想和理论都是基于教育实践的肥沃土壤，他始终保持着与实践的密切联系和亲和力。陶西平教育管理的思想和实践深刻推动和影响了北京市乃至全国基础学校的发展，被许多基层校长视为学校改革和发展的“智慧引路人”。

陶西平对基层学校实践的影响主要有三种方式：第一种方式是行政推动。比如，从1988年开始，在北京市推行的以实行校长负责制、教职工聘任制、工资总额包干和校内工资制为主要内容的中小学整体改革，到1989年年底，有2220所学校实行了改革，这也是当时自新中国成立以来基础教育系统最为深刻和广泛的一次改革。第二种方式是理论著述和发表演说。他一生著作等身，公开可查的文章有580多篇，出版专著10多部，还有许多未经公开的演讲稿和报告。很多校长通过阅读陶西平的著述、聆听他的报告，学习和吸收了其思想的精华和智慧，并且转化和应用到办学实践当中。他的报告思想之深邃，观点之新颖，信息之量大，常常让广大基层学校的校长获益匪浅，感到“听君一席话，胜读十年书”。第三种方式是深入学校实践。陶西平常到学校为校长办学和学校管理“问诊把脉”，同一线教师面对面交流，传播新的教育理念和方法，直接为学校发展出谋划策，指引方向。一大批学校在其直接或间接指导与影响下实现办学质量的提升。

陶西平思想及精神的价值是深远的、持续的。新时期下，很多学校依然在其思想的指引和影响下进行持续探索，守正创新，展现出新的发展样态。本书所选取的学校只是许许多多受到陶西平教育思想影响的部分代表，通过这些学校在新时代的办学实践探索、成效以及发展经验，我们可以瞥见陶西平教育思想在学校实践中的生命力和影响力。其中，一批学校在陶西平的直接指导和帮助下，基于学校办学理念、育人体系、学校特色、教育治理等进行整体变革，使学校教育质量不断迈上新台阶，成为优质特色品牌学校；一批学校在陶西平的关注与支持下，以教师队伍建设为突破点，有的“让教师站在教育教学正中央”，有的“探索教师专业自发性发展”模式，有的着力激发教师的组织认同、职业认同及专业认同，从而大大激发教师队伍活力，为学校整体质量提升提供源源不断的动力；一批学校在陶西平教育管理思想的启发和影响下，以课程教学管理变革为关键要素，进行教学模式和学习方式变革，构建了新时期学校课程体系，将课程育人、教学育人、管理育人融为一体，最终实现学校的整体发展和质量提升。不论何种方式，我们都能看到这些学校在陶西平教育管理思想的赋能下得到了不同程度的发展，基于学校自身基础打造出不同的发展样态。

本书的出版得到了北京市教育科学“十三五”规划2020年度重大课题“陶西平教育思想研究”（项目编号为BAMA2020423）的资助，是其中子课题“陶西平教育管理思想与学校改革实践研究”的研究成果。同时，本书的成稿得到了各学校的积极响应与大力支持，让我们深切感受到这既是陶西平教育思想与改革实践的生命力，也是陶西平人格魅力的强大力量。在此，对所有参与及支持的学校表示感谢，也谨以此表达我们对陶老由衷的敬意和深深的怀念！

陶西平教育思想博大精深，其学校改革实践影响广泛且深远，尽管基础教育科学研究所课题组付出了长时间的努力，但依然感到还有很多不足，恳请广大学校和读者能够提出修改建议，以使我们能够让陶西平教育思想在教育现代化征程中不断地完善、深化、传承、创新。

张　熙

2022年3月

上篇

探索学校整体变革　提升立德树人实效

质量、活力、均衡：学校发展整体优化的三维视域

北京教育科学研究院基础教育科学研究所　**蔡歆**

“整体优化”是陶西平教育思想的核心。在思想形成初期，陶西平先生身为中学校长，关注的是一所学校由内部管理体制牵动的整体优化问题；在思想拓展阶段，陶西平先生作为教育局局长，关注的是教育系统的“整体优化”改革；在思想深化阶段，陶西平先生从更高站位、更广领域对“整体优化”进行总结和提炼，提出提高全民素质与培养优秀人才的统一，积极发展与均衡发展的统一，继承传统与推陈出新的统一，规模与质量的统一，投入与效益的统一，全面发展与因材施教的统一，知识与能力的统一等诸多理想的追求，从而要求实现整体优化。❶ 该思想历经近40年，其内涵不断地丰富发展，成为指导教育改革发展的哲学观和方法论，直接或间接地影响着大批学校的办学实践，体现出持续发展的生命力。

学校是教育的主阵地，是教育系统中最关键的单位要素。如何确定学校发展整体优化的着力点，学校发展的整体优化如何体现，陶老思想不同影响模式下学校发展整体优化的现实样态如何，这些问题需要从思想和实践两方面进行探究，有助于我们进一步把握陶西平“整体优化”思想在学校发展层面的核心主张与实现路径。

一、“整体优化”思想中学校发展的三维视域

“整体优化”的核心要义在于，教育是一个系统，在发展过程中系统内各

---

❶ 陶西平．沉浸在求索之中［M］．北京：首都师范大学出版社，2014：3.

要素相互作用、相互制约，每个要素既会受到其他要素的影响，也会影响其他要素，所以教育改革要从教育系统的整体特点出发，不能片面强调某一方面的任务而忽略其他方面。否则一方面可能因为片面性导致整体发展方向的错误，另一方面也可能因为其他因素的制约导致前期改革的停滞。在学校发展层面，整体优化思想不仅体现为办学要素之间的关联互动，更体现为学校品质导向的多维交织，也即，学校发展要同时兼顾多方面的品质要求，才可能实现整体的优化。

从陶老众多的论述中可以发现，质量、活力、均衡是“整体优化”思想下学校发展所追求的三个关键品质维度。其中，质量体现了学校发展的方向性和目的性，活力体现了学校发展的过程和方式特征，均衡体现了学校群体发展的生态状况。活力和均衡要以质量为最终指向，活力为质量和均衡提供发展动力，均衡是质量与活力的结果。这三个维度从不同方面体现了学校作为一个主动发展的主体应具有的特质和呈现的状态。同时，这三个维度又不是完全独立各不相干，而是相互支撑、互为条件、形成合力，最终指向学校发展的整体优化。

（一）以人的全面个性发展为核心的质量品质

陶西平先生清醒地认识到“改革总是继承和创新的统一，总是一个朝着既定的目标，不断克服缺点，不断解决矛盾的过程”❶。那么，统一的基础是什么？陶先生认为这个基础就是对“人”的培养。人的发展是学校品质的根本体现。

自从教之初，陶先生就开始思考培养什么人的问题。虽然“文革”后重点中学建设的目标是“为高等学校输送高水平的合格新生，使高等学校有较高的起点”❷，但陶先生清醒地意识到，不能为了追求升学率而影响德智体的全面发展，故而在20世纪80年代初期就提出为21世纪育人的战略目标，要使学生具有远大的理想、高尚的情操、敏锐的思想、广博的知识。历经了

❶ 陶西平. 黛安 · 拉维奇的“逆转”[J]. 中小学管理，2010（5）：48.

❷ 张成先. 贯彻全面发展方针提高教育质量——在全国重点中学工作会议上的讲话（摘要）[J]. 人民教育，1980（9）：3.

“创建重点中学”“普九”“优质均衡”等不同历史时期，陶先生对素质教育的坚持是始终不变的。他一直秉持整体育人观，注重人的全面发展，推动教育为学生的素质发展服务，提出“基础教育就是基本素质的教育”，要“从只看冷冰冰的分，到关注活生生的人”。随着对时代发展需求认识的不断加深，在德智体的基础上，他又先后强调了价值观、创新、心理、习惯、美育、信息素养等素质的重要性，特别是在中国推动了可持续发展教育，将可持续发展理念深入学校教育中。

同时，陶先生认为，“人生来即具有不同的智能结构……全面发展不仅指基础素质的全面发展，而且指基础素质与个性特长的全面发展……基础与特长结合才可称为人才。”而且批评“不少教育工作者把教育方针理解为教育模式。德智体美，本来是指人的基础素质的结构要素，却被当成了人的培养规格。一些学校制定出每方面的指标要求……试图使所有孩子都达到这些要求……这样既形成了一种以均衡发展代替全面发展，又以平均发展代替均衡发展的教育观念。素质教育由扬长补短变成了填平补齐的教育……抑制学生发挥优势……”❶。对人的差异性认识，将素质教育推向深化，也对学校育人质量提出了更精准的要求。

学校发展，核心是解决学生的发展的问题。以全面、个性化发展为目标，进行课程改革、教师培养、考试改革、学校评价、媒体舆论引导等多方面统筹协调系统工程，是提升学校办学品质的第一维度。

（二）以积极性和创造性为核心的活力品质

学校活力是陶西平先生高度关注的学校发展的另一个品质维度。一线教师、校长的出身使得陶先生十分重视办学过程中的主体特征。只有学校及其成员主动地、积极地、创造性地开展教育改革、促进学校发展，那么学校才是一个具有生命活力的组织，才能不断与时俱进、深耕细研，持续在教育质量提升方面获得新思路、新途径、新方法、新成果。

陶先生是改革开放以来激发中小学办学活力的领军人物。在多数学校还

❶ 陶西平. 黛安·拉维奇的“逆转”［J］. 中小学管理，2007（5）：43.

在教学质量上克难攻坚时，他首先关注到了教学质量背后的办学活力问题，从更大的系统为提高教学质量寻找动力和契机。早在北京十二中时期，他倡导的校长负责制、教职工代表大会制、教师聘任制“三位一体”的学校内部管理制度改革就引起了巨大反响，通过领导体制、管理体制、分配体制三者协调统一的整体变革充分激发了教师的积极性，学校办学活力激增。后来，此举在北京市拓展实施，使北京市学校内部管理改革成为全国典范，为建立我国中小学内部管理体制提供了基本框架，也为现代学校制度研究奠定了基础。

陶先生提出，教育创新需要有一个组织保证，要有一支富有创新精神的校长和教师队伍，而培养具有创新精神和创新能力的校长则是重中之重。他认为实力、能力、活力、潜力和魅力是衡量一位好校长的五项指标。[❶] 实力和能力是教育创新的基础；活力体现创新的一个精神状态；潜力体现了一位校长对创新可能性的预期；魅力体现了一位校长的凝聚创新精神的人气，组织创新活动的水平。实力和能力对于一位创新型校长来说当然是至关重要的，但有实力、有能力的校长，并不意味着就一定有创新精神，就一定有活力。有许多校长，由于他已经有这样或那样的地位，这个地位包括他在学校的地位和他个人的名声及地位，因此他往往就有可能安于现状，安于他的重点学校和示范学校现状，而失去了创新的活力。因此，对于学校发展而言，一位具有“五力”的校长是至关重要的。

在学校活力的空间方面，面对美国 NCLB 以及日本“宽松教育”的尴尬处境，陶西平先生敏锐指出，其重要原因之一在于顶层设计忽视了基层学校的活力问题。因此，在作教育改革的顶层设计时应加强统筹，要保持对学校改革的目标、措施、要求和评价的统一性，减少对学校的多头领导，切实简政放权，使学校真正充满自主发展的活力，成为具有创造性的实体。[❷]

可见，创设良好的政策和管理空间，优化学校内部体制机制，发挥校长和教师的专业创造力，是陶西平先生对于学校发展活力维度的主要主张。

---

❶ 陶西平．衡量一位好校长的五项指标［J］．现代校长高参（吉林教育 B 版），2005，（Z1）：71.

❷ 陶西平．让学校充满活力［J］．中小学管理，2014（8）：1.

（三）以“每一所”和提质为核心的均衡品质

21 世纪以来，陶西平先生开始关注基础教育均衡发展的问题。基础教育均衡发展是中国特色社会主义教育发展方式的重要原则，是社会公平的重要体现。在九年义务教育普及后，均衡问题突出显现。虽然均衡更多是衡量国家和地区教育质量的指标，但是每一所学校并不是被动执行基本公共服务均等化政策，而是在主动发展中缩小差距，在动态提质中实现均衡。

陶先生指出，“推进均衡发展就是将提高义务教育的均衡水平和发展水平有机地结合起来。均衡是相对的，发展是硬道理。均衡不是没有差异，缩小差距不是消灭差异。相反，差异是实现均衡的重要途径。”❶ 进而，他提出“大家不同，大家都好”的理念，倡导基础教育阶段的学校在符合国家教育共同目标和共同规律的核心价值之上，每个学校因特色而形成不同的教育附加价值，体现学校的优势所在，避免办学的循规蹈矩、整齐划一、缺乏活力。他认为，在义务教育全面普及后，教育公平已经从入学机会的公平转化为接受保证质量教育的机会的公平，提高教育质量就成为义务教育的主题，均衡发展的实质就是全面提高教育质量。因为义务教育的均衡发展，归根结底是质量的相对均衡，而学校的差距主要是教育质量的差距，根本途径在于切实提高所有学校的教育质量。

对于教育均衡，陶老始终坚持的一句话是：办好每一所学校。因为教育的终端是学校、教师，而非学区、集团，群众对教育的实际获得感来自其所接触的每一所学校的办学水平是否得到提升。目前，采取了学区制、集团化等方式从体制上扩大了优质资源的覆盖面，这可以在一定程度上发挥优质教育资源的辐射作用，关注学区和集团自身的建设当然是必要的，但归根结底，检验学区或集团办学成败的标准应当是它是否将其所辖的每一所学校办得更好。学区和集团的建设必须服务于这一目标。❷

均衡品质对于优质学校和非优质学校提出了不同的任务路径，相对来说，优质学校辐射带动的责任更大，非优质学校通过调动自身潜能获得快速发展

---

❶ 陶西平．扎实推进义务教育均衡发展［J］．北京教育（普教版），2012（7）：45.

❷ 陶西平．办好每一所学校［J］．中小学管理，2018（2）：60.

的任务更重，但是其根本方向和目标一致指向育人质量的提升，在发展的过程中满足人民群众对优质教育的需求。

二、学校发展“整体优化”的实践样态

教育思想的直接价值在于有效指导教育实践，从而达到优化教育过程、提升人才培养质量、更好地满足社会需求的结果。实践者之所以在长时期、广范围内推崇某种教育思想，是因为实践的成效不断印证着这一思想的指导价值。而陶西平教育思想正是这样一种有着强大生命力的思想，它站在时代前列，聚焦教育本质，为学校指明发展方向，而学校也在相应的实践中实现着不断的发展，收获着相应的成就。

北京市受到过陶西平先生直接或间接指导的学校非常多，从和陶老的关系来看，这些学校大致可以分为三大类：第一类，与陶老关系紧密，多阶段、多方位地获得过发展指导建议；第二类，在一定时期、一定主题上直接接受过陶老引领教诲；第三类，通过会议、文字等形式学习过陶老相关思想，或者通过其他间接方式了解陶老教育思想的个别内容。亲疏程度在一定层面会影响学校对陶西平教育思想领会深度的可能性，但无论亲疏如何，学校的实践都是体现思想活力的最好证明，实践使思想具有了丰富的具体样态。

样态一：坚守育人理念长期不动摇，教育教学工作迭代升级，持续书写人民满意答卷

北京市第一师范学校附属小学（简称一师附小），自 20 世纪 80 年代以来，在陶西平先生直接指导下，针对小学教育中存在学生课业负担过重、校园生活单调、师生关系紧张的“三苦”现象，开始进行快乐教育的探索。30 年来，学校坚守快乐教育理念，系统思考、建构体系，高度关注学生心理体验，寓教于乐，形成了教育的和谐合力。这一过程不仅确保了学生快乐成长的活力，也激发了干部、教师研究学生、研究教育、研究自己的专业活力。在一师附小，陶先生所倡导的学生质量观被高度重视，适合学生身心发展成为选择教育举措、判断教育成效的标尺，教育教学举措不断优化，学校的活力也在一次又一次对学生的深研和对教育举措的改进中得以激发。

北京市第三十五中学（简称三十五中），陶先生幼年时期在该校前身有过

短暂的学习经历，后来对学校进行过多次指导，在该校校庆中题词“办出特色，培育英才”。“办出特色，培育英才”成为北京三十五中办学中所秉持的坚定理念。在陶老的指引下，学校在探索如何培育英才的机制改革上做出了具有突破性的系列举动，办出了学校特色。通过创设科技创新人才培养、中美双文凭课程项目以及高端技术技能人才贯通培养等多个人才培养项目，以及选课走班制、学部制、导师制、学长制和学分制的“五制”改革，在课程、教学、学生指导、学生评价等各个领域关注个体需求，促进学生自主、全面、个性地发展，不仅激发了学生学的活力，而且增强了学校整体改革创新的活力。

陶老的教育主张以核心理念的形式贯穿此类学校发展的全过程，对“整体的人”的尊重与关注成为学校始终保持优质的基石，而具有时代特色的教育举措优化则彰显了学校蓬勃的生命力。

样态二：把握内化教育思想精髓，在改革创新中寻求学校新的发展点，推动育人成效不断深化

北京十二中，这是陶老工作过的地方。十二中始终将陶老提出的“同心同德，兢兢业业，求实创新”的校训精神作为学校上下的行动指引，在继承中创新，提出了“创新驱动，实践积淀，知行结合，真善美一”的办学方针，建立了“真善美一”的育人体系，构建了真善美交融的课程体系，推动了一系列教育改革，使十二中始终走在区域教育前列。同时，成立十二中联合总校，将优质资源扩大到区域更大的范围中。

海淀区万泉小学，其校长多次跟随陶西平先生学习，对于“整体优化”的理解不断加深，并运用于办学实践。20 世纪 90 年代，该校成为北京市第一个尝试校长负责制，第一个实现民选校长的学校；2009 年以来，学校又着力进行绿色教育生态的营造，全力建立一个自然的、和谐的、美好的、多元的和可持续发展的最适宜于师生共同成长的教育生态系统，这种向好的发展态势就是绿色教育生态，这一过程就是整体优化过程。

朝阳区实验小学，长期以来多次接受陶老的入校指导。从最初的马芯兰教学方法，到教育现代化现场会，再到数字化校园、为幸福奠基育人体系、集团化办学……学校每一阶段的发展都是陶西平教育思想的实践转化。

对于上述学校来说，陶老的教育思想有着比较整体而深远的影响，在思想指引的大方向下，又一步一步给办学以具体启迪，从多个维度引领学校向新高度迈进。

样态三：回应时代教育需求，在履行学校责任担当中拓展发展空间，在更大的“整体”中实现优化

朝阳区实验小学，为了更好地发挥优质学校对区域教育的引领辐射作用，体现学校的社会担当，促进教育均衡，在陶西平先生的指导下，学校致力于开展集团化办学。十多年来，学校先后接收了 16 个校区，形成 17 个校区、20 个校址办学的教育集团。整个集团，每个校区情况都各不相同，有城乡接合部的薄弱校，也有农村校、远郊区学校，还有京外的学校（贵阳、雄安）。通过集团化办学，将过去单点式学校发展，变为一个优质教育群，缩小了薄弱校、新建校、郊区校与优质校之间的差距，使朝阳区实验小学优质教育资源辐射面成倍地增加，教育均衡逐渐凸显，学校办学也在这一过程中呈现出体制创新、机制创新、方法创新、策略创新的新活力。

北京工商大学附属小学并没有得到过陶老的直接指导，但是通过各种形式学习陶老关于教育均衡的论述给予学校发展的启示。作为农村中心校，在发展模式上，从 1+n 发展成为 1+1+1。1+n，突出的是中心小学对完小的示范、引领、辐射作用。学校办学规模不断扩大之后，主动求变，开始进行校区管理的探索与实践：1+1+1。形成“中心主导，校区主抓，部门主做”的校区管理思路。教师身份从校区人到附小人，教师个人能力转化为各校区亮点。各美其美，美美与共，满足了老百姓在家门口上好学校的愿望，让更多的孩子享受公平而有质量的教育，学校也在协同发展中展现了蓬勃的活力。

同样，北京市昌平第一中学（简称昌平一中）也没有直接接受过陶老的指导，但是学校贯彻陶西平先生所倡导的“真抓实干、兼容并包、求同存异，团结一切可以团结的力量”的教育主张，通过集团化办学，带动两所薄弱校实现了跨越式的发展，得到了社会各界的普遍关注和认可，走出了一条具有一中集团特色的集团化办学改革之路。

上述学校无论与陶老接触的密切程度如何，都是在教育均衡发展的过程中认真学习领会陶老关于教育均衡的论说，并以此作为推进教育均衡的理论与方向指导。以推进教育均衡为切入点，吸收借鉴整体优化思想核心要义，并把质量、活力与均衡三个维度有效进行整合。

样态四：进行系统重建，在挖掘自身潜力中实现扭转，打造百姓欢迎的新优质学校

海淀区双榆树第一小学新校长上任后思考了学校如何更好地贯彻落实国家、市、区相关政策和精神，顺势而为、借力发展；如何在大校、名校和整体教育质量和水平处于高地的海淀区、中关村地区立足和生存；如何通过自身的改革与创新提升学校教育质量，打消家长心中的忐忑和疑虑三大问题，进而从目标与价值、育人模式、制度管理和办学资源与条件四大系统入手进行学校教育改革与创新发展，短期内跃升为海淀区新优质学校，北京市首批义务教育学校管理达标学校、北京市文明校园。

北京市大兴区安定镇中心小学地处远郊，近年来，学校以教育评价改革为引领，五校区协同推进育人方式、办学模式、管理体制、保障机制改革，增强乡村教育服务的创新发展能力，创建“崇尚美、践行美、‘规范+特色’的优质花园式农村学校”。

上述学校对陶西平教育思想的了解是相对碎片化的，甚至有些可能并非语言或文字的直接学习，但是学校以质量为核心、以活力为动能、以办好每一所学校为担当，通过系统重整实现学校飞跃发展的办学实践恰恰说明，陶西平整体优化思想的影响力不仅依赖于直接的语言文字传播，更是因其内容的正确性和有效性而得到拥护和传承。

三、从学校发展看陶西平教育思想的特征

陶西平教育思想因其透彻的洞见性和英明的方向性在实践中不断得以验证，进而不断获得拥护和扩散，从以上分析可见如下特征。

（一）以人为本的立场性

陶西平教育思想体现着明显的人本立场。首先，整体优化的核心就是人的发展，学校发展的核心维度，即质量维度，是以学生的发展作为教育质量的最终衡量标准。教育要培养完整的人，体现综合素养、未来素养以及具有

不同智能结构的活生生的人。其次，教育的过程要激发人的活力。虽然教育系统由众多要素构成，并且相互关联发生作用，但这其中陶老最关注的是人的因素。干部、教师是否有动力，是否获得持续的专业发展，是否能够在积极主动创新中体现个人价值获得职业幸福，是否拥有发挥专业作为的足够空间，是关键的活力问题。此外，学生是否快乐地学、符合规律地学、兴趣十足主动地学，也是学校活力需要关注的问题。最后，均衡维度看似是学校之间的关系，但陶老强调均衡的目标是办好每一所学校，这就意味着每一所学校都要为它的学生提供高质量的教育，能够满足不同学生发展需要的学校才是高质量的学校，因此，均衡最终依然落在每一个学生的获得上。

（二）教育方向的预见性

教育思想的方向预见性，表现为陶老结合特定的社会历史背景特征，基于对社会以及个人发展规律的深刻洞悉，对教育发展的未来趋势做出理性的判断和预测，使教育实践朝向更加符合社会发展变化需求的方向发展，进而满足社会发展需要，为社会的进步做出贡献。其教育思想的方向预见性导致了在学校发展中，教育理念、教育目标、教育内容、教育方法不断扬弃创新，方向明确地朝着未来更高的标准和更新的视野靠近。北京三十五中、一师附小、朝阳区实验小学等一批直接接受陶老指导的学校，能够更加迅速、精准地把握教育发展趋势，进而及早地投入创新实践，走在发展前列。

（三）实践的广泛指导性

陶西平教育思想广泛的实践指导性特征尤为突出。因为他的所有思想皆出于、并指向教育实践中的现实问题，甚至可以说，他的思想体现了三四十年来当代中国教育改革与发展的重大问题、解决路径及发展趋势。从学校内部管理体制改革开始，陶先生的每个教育主张几乎都能够很好地在实践中落地，从学校到教育行政部门到社会组织，从北京到全国到国际，实践形式不断丰富、实践范围不断扩大，但思想内核始终符合教育发展规律与趋势，为广大实践者所信奉与坚守，保持着实践指导的活力，承受住了实践和时间的检验。

陶西平教育思想的表达具有亲民性。在教育思想的产生过程中，思想家们往往从学术规范性出发，注重形成概念、范畴与原理，并强调思想内容的系统化，实现对思想的理论化提升。而陶西平先生完全从实践需要出发，更加关注的是思想观点本身对教育发展问题的剖析与解答，其表达更多是通过专题讲话、报告、评议等形式出现，没有晦涩的专业用语，也没有刻意建构一套“陶派理论体系”。理论和实践达到了高度的融合。也正是因为此，其思想观点才更容易被理解和接纳，具有超强影响力，切实深入渗透各级决策者和广大实践者的内心和行动之中。

陶西平教育思想因其人本立场和超强的方向预见性产生了广泛的实践影响力。随着社会的发展进步，学校办学中还会面临更多的新问题、新挑战。陶西平先生虽然不能再直接指导我们进行实践，但通过对其思想精髓的把握和运用，我们仍然会获得解决新问题、发现新办法的思路和途径，在整体优化的哲学观和方法论指引下，我们将具备灵活应对不同新问题的基本能力。

给生命涂上明亮的底色

——陶西平整体优化思想与一师附小快乐教育教学改革实践

北京市第一师范学校附属小学　张忠萍

北京市第一师范学校附属小学早在20世纪80年代就在陶西平先生的直接建议下开始着手教学改革，其间，陶老给予学校多次指导。学校三十多年来始终坚持“快乐教育”的理念，以学生身心发展规律和需求为教育根本关切点，充分体现了陶老教育管理思想中人的核心地位。学校相应整体优化实践指向明确、价值明显。

——编者语

2020年5月19日清晨，我们最敬最爱的著名教育家陶西平先生走了。悲痛中，我的脑海不断浮现出先生一次次来学校指导快乐教育改革实践的场景，那些真实的照片清晰地记录着每一个难忘的时刻。我在朋友圈含泪写下“音容笑貌犹在，教育思想永存！永远感恩，永远怀念！”，以表达对先生无尽的敬意！

陶先生的一生，是教育的一生，他怀着对教育事业的无限热爱，始终保持高瞻远瞩的姿态，着眼于教育发展的未来，立足于当下教育的实际；他不仅是教育理论的研究者，更是教育实践的推动者；他一直关注并引领我校快乐教育改革实践，更对中国教育改革发展产生了重要影响。

20世纪80年代，小学教育中存在学生课业负担过重、校园生活单调、师生关系紧张的“三苦”现象，这导致学生不仅学业负担重，心理负担也重，缺乏童年应该享有的快乐与幸福。为了改变“三苦”现象，1986 年，北京市第一师范学校附属小学（简称一师附小）从愉快教学等单项改革做起，逐步扩展到全校的整体改革，并起了一个针对性很强的名称——实施快乐教育。

1988 年，时任北京市教育局局长的陶西平先生率领市区教育局相关领导，多次来学校听课、参加活动，与师生、家长座谈，深入了解一师附小快乐教育改革情况。

1989 年，快乐教育经验作为贯彻“坚持全面育人　减轻过重负担　提高教育质量”十八字总要求的教育改革标志在北京市小学教育界推广，快乐教育成为首都基础教育改革大潮中的第一朵浪花。

三十多年来，快乐教育每研究到一个阶段或是在课程改革中有了新的实践，陶先生或来到学校调研或给予具体帮助，并撰写了 7 篇专题文章，肯定已有实践，指明改革方向并提供理论支持，为快乐教育以及一师附小的持续发展注入了思想内涵与无穷动力。

先生不仅是教育人的向导，还是教育人的知音。一师附小的老师习惯称先生为“陶主任”“陶老”，学生则亲切地称呼先生“陶爷爷”。2017 年 5 月，先生到学校调研开展海防教育的情况，一名学生把自己给陶爷爷画的漫画送给他，他看后非常高兴，一边笑着一边说：“画得挺像，我喜欢！”接着，又说：“它让我很快乐！”周围的专家、老师和学生都被他的睿智与幽默感染了，哈哈笑了起来。那一刻的温馨画面一直印在我的心里。

2007 年，我有幸成为北京市第一期名校长第一工作室入室研究员，陶先生是工作室的导师，这使我有机会得到先生更多的指导。先生倡导静下心来做教育，曾谆谆教导我说，要认认真真研究自己的学校。先生做事严谨、标准高，一次，他推荐我参加全国特色学校建设论坛，之前他特意在百忙中挤出时间听试讲并给予指导，让我倍感亲切。在先生的引领与激励下，快乐教育研究的内涵与实践不断丰富与完善，一师附小不断焕发出新的活力，不断取得新的成果。

2019 年 11 月 29 日，重病期间的先生用生命书写出：“我的教育追求就是实现教育过程的整体优化。谢谢大家，我还是那颗心。”这是先生一生的孜孜追求，也是陶西平教育思想的核心要义。我和老师们认真学习、用心领会，深刻感受到先生一直关注、引领的快乐教育整体改革，正是这一教育思想的实践表达。

陶西平“教育过程整体优化”思想在快乐教育实践中体现以下突出特征。

一、坚守理念，支撑实践

陶先生曾说，一所学校所以能够形成特色并且持续发展，根本的原因是学校具有先进的、创新的、稳定的价值观念，并用这种价值观念支撑学校的教育实践。

快乐教育是基于“三苦”现象、教育方针难以贯彻落实的实际问题提出并开始实践的，核心理念是促进儿童快乐成长，强调在学生的发展中获得多种类、多层次的积极情绪体验，让快乐成长贯穿在教育的全过程中，以快乐成长奠基快乐人生。它的本质特征，三十多年前陶先生多次谈及并曾为我校亲笔题字“实施快乐教育　使全体学生生动活泼主动地得到全面发展”。

先生曾说，教育目的的第一位是使学生先学会做人，然后才是学会做事，做学问。那么，在快乐教育的培育下，小学阶段学生发展的整体状态应该是什么样子呢？2000年，依据小学生的特点，我们确立了“六乐”培养目标，引导学生做“乐于读书，以勤奋为乐；乐于服务，以助人为乐；乐于锻炼，以健体为乐；乐于交往，以合作为乐；乐于参与，以实践为乐；乐于开拓，以创新为乐”的快乐儿童和少年。

2016年，陶先生为快乐教育30年研讨会送来贺信，题为《为生命涂上明亮的底色》，指出：“立德树人是中国快乐教育的价值取向。”他将中国优秀的文化传统与时代精神相结合，以深邃的思想教导我们：“中国传统做人之快乐价值观是‘先天下之忧而忧，后天下之乐而乐’，这是我国先贤忧国忧民的价值追求和真挚情怀，也是当代社会主义建设者和接班人的高尚品德。”同时，他又将理论与实践相统一，以精微的细节指导我们：“中国的快乐教育是教育学生把个人的快乐融于他人和集体的快乐之中，把个人的快乐和中华民族伟大复兴的理想统一起来。”“当代中国的快乐教育应当是以实现中国梦激励学生的进取心，润泽学生的幸福感，进而使其形成良好的道德品质，而绝不是宣扬盲目的享乐主义。”

这种价值引导，充分体现出陶先生的家国情怀、高瞻远瞩与知行合一；体现出进入新时代，在培育立志肩负民族复兴的重任，成为有大德大爱大情怀的时代新人目标之下，快乐教育的思想提升；同时它也印证着快乐教育的发展是一个创新的过程，首先表现在教育理念与时俱进，而陶西平先生总是在关键时刻、关键之处给予快乐教育实践关键引领。

在每周一的升旗仪式上，一师附小的学生都要面向国旗、郑重宣誓：我是中国人，我爱自己的国家，我决心争当“先天下之忧而忧，后天下之乐而乐”的快乐儿童和少年。在日常工作的每一天，我们牢牢把握“立德树人”这个大方向，把这样的高尚品德和学生的日常生活结合起来，以小见大。

在快乐教育三十多年的历程中，在陶先生的引领下，一师附小人坚守快乐教育理念，用心培育快乐教育的核心价值体系——办快乐学校，做快乐教师，育快乐学生。这些共同的价值追求，成为学校宝贵的精神财富和快乐教育持续发展的超级定力。

二、系统思考，建构体系

成尚荣先生认为“实现教育过程的整体优化”是陶西平教育思想的系统论。他说，“陶先生立足于整体优化，着力建构一个较为健全的教育体系，将整体优化落实在体系建构中”。联系学校发展实际，对此观点，我深以为然。

例如，一师附小在“快乐+”课程体系的建构中，以“让儿童快乐成长”“快乐成长奠基快乐人生”教育理念为“快乐+”课程的核心，围绕“乐学、乐善、乐活、乐群、乐行、乐新”即“六乐”育人目标，着眼于未来人才所必需的人文底蕴、科学精神、艺术与健康素养、兼顾传统与现代、立足当下放眼未来，充分考虑课程设置的合理性、课程文化的多元性、课程内容的互补性，将国家课程、地方课程、校本课程以校本化的方式进行整合，融合在“道德与法治、语言与人文、数学与科技、艺术与健康、传统文化与国际理解”五大领域，形成了动态的、创新的、整体的“快乐+”课程体系。它的实施，有效地为学生打下良好的文化基础，提供自主发展的机会，增强社会参与的意识和能力，促进学生终身可持续发展。

在实践中，我校又从影响学生成长的诸多因素考虑，梳理出“快乐+”课程的主要支撑系统，包括“快乐课堂、多彩活动、开放校园、协调社区、多元评价、融洽氛围（贯穿整个系统）”。通过这些支持系统把快乐教育的理念转化成行为，将快乐教育的课程落地生根。

实践证明，以系统的思维、全面的视角促进学生快乐成长可以产生强大的教育合力，正如陶先生所期待的那样：要重视系统地研究教育以及学校问题，要善于通过全面的推进取得持续发展的效果。

三、关注体验，心理健康

2001 年，在听取了学校阶段性汇报以后，先生对快乐教育的实践大加赞赏。这些实践注重以情感为动力，激发先生的学习兴趣，引导学生主动地、自觉地学习与生活，让学生在成长过程中不断获得更高层次的积极心理体验。他指出，“快乐教育高度重视教育的过程，特别是教育过程中学生的心理体验”。因为“使学生始终保持乐观向上的心态，才能形成学生持续发展的心理动因，才能使学生通过过程的积淀最终形成良好的基础素质”。

2016 年，陶先生进一步对快乐教育的理论与实践给予指导，指出，“心理健康是中国快乐教育的科学依据”。他认为，“快乐是心理健康的核心，快乐教育是心理健康教育的根本。快乐的性格是学生优良品质的基础和来源，而烦恼的性格几乎是许多缺点的起源。培养学生的快乐心态，从而形成快乐的性格，是学生学习的动力，交往的动力，因此也是学生全面发展的基础，创造力的源泉。”

快乐教育实践研究，一直伴随着不同的声音。陶先生经常鼓励一师附小的干部、教师实施快乐教育，因为快乐教育符合儿童成长规律，要坚定地实践、研究下去。记得 2019 年 11 月中旬（先生几天以后就突发病重住院了），先生来一师附小为某学校录制贺词，在与学校阎红书记交谈的时候，还嘱咐说，社会上有对快乐教育误解的现象，你们不要受影响，要坚持下去。他以敏锐的洞察力直面问题，曾直白地呈现：“在推进快乐教育的过程中出现的最大担心是认为一味强调学生快乐，将会放松对学生的严格要求，导致对学生的放纵，使学生的缺点、错误甚至恶习难以克服和改正。”为了引导快乐教育健康地研究下去，先生鲜明地指出："快乐教育基于立德树人的宗旨，绝不是降低教育的标准，更不是不让学生吃苦，不进行必要的批评，甚至于置校园暴力和欺凌于不顾。而是让学生在经受成长中的各种困难、挫折、错误、失败的体验时，能够始终保持一种良好的心态，从而，使自己的生命有一个明亮的底色，为一生乐观向上奠定基础。"

正是因为有先生不断地引领，才能使快乐教育在改革的路上不迷失、不动摇，不因时间推移、环境变化、校长更换而改变。

四、寓教于乐，和谐合力

遵循"整体优化"的思想，在快乐教育实践中，一师附小的老师勇敢担当"为党育人、为国育才"的使命，尊重每一位学生、尊重儿童的天性，努力使每个学生都获得成功的愉悦。通过生动的主题教育活动持续对学生进行爱党爱国的教育、养成教育、劳动教育……在常态工作中渗透社会主义核心价值观；着力课堂教学研究，创设"兴趣盎然、智慧共生、积极体验、充满生命力"的快乐课堂，努力夯实基础课程，探索教与育的结合，在集自主、合作、探究为一体的"四段式"学习方式、"七自学习方式""学科思维导图教学"等教与学方式的实施中，使学生在课堂上充分地思起来、问起来、辩起来、动起来；积极追求新技术应用和教学实践的深度融合，让学生的自主性被充分激发和释放，利用技术增强教学的力量；以社团为机制，开展丰富多彩的校园文化活动、社区活动、社会活动，引导学生快乐做主人，一年一度的读书节、艺术节、科技节、数学节、英语节已经坚持了16年。

一师附小的孩子说，我们的学校像图书馆、像艺术馆、像科技馆……还有的孩子说，我们的学校是生态花园、诗意校园、温馨家园、成长乐园……

就是在这样的、孩子们喜欢的快乐校园里，每天可以看见孩子们绽放着灿烂而纯真的笑容；每天可以听到孩子们清脆而自信的笑声；每天在看似平淡无奇的生活中，在普普通通的事物中，捕捉到美的诗意。孩子们在读诗、写诗的学习经历中，以童心和稚气去瞩望世界，用独特的观察开掘美的情愫……

就是在这样的、孩子们喜欢的快乐校园里，孩子们对未来有了美好的憧憬——毕业生“写给十年后的自己”的一封信，表达着他们的幸福梦想将从一师附小快乐启航……

对此，先生给予鼓励与引导，“‘寓教于乐’是中国快乐教育的实践探索”。“教是目的，教通过乐的过程才能取得更好的效果，教化功能总是在使人获得愉悦的审美体验和审美感受中实现的。”

先生认为，儿童在教育过程中愉悦的心境来自教育环境的和谐。优美的校园环境，和蔼可亲的师长，互助友爱的同学关系，生动活泼的课堂教学，丰富多彩的课外活动……这一切都会形成学生成长过程中的良性互动。而要创造和谐的教育环境需要依靠教育者形成合力。在校内，教职员工要形成合力，教书育人，服务育人，管理育人。在校外，学校、家庭、社会要形成合力，共同为孩子的成长创造和谐的环境。

快乐教育正是在建设和谐的教育环境中，致力于多元关系的统筹协调，开放办学、寓教于乐极大地促进了学生快乐学习、快乐生活、快乐成长。

五、师生发展，二者统一

快乐教育重视教育合力的形成。陶先生认为“教育合力的形成，枢纽是学校，关键在教师”。

三十多年来，一师附小高度重视教师队伍建设，教师自觉成为快乐教育的倡导者、实践者、发展者。学校坚持对教师进行教育思想的领导，通过出版校本教材、校刊，举办教师个人研讨会、快乐论坛等方式，学习与反思，不断增长乐教善教的本领；坚持青年教师每周“六个一”的自主学习，开展了25届青年教师“快乐杯”基本功和课堂教学展示活动；坚持课题研究，以课题为载体，引领学校整体进行教改研究。

一师附小的教师深刻体会、践行陶先生的教导，“教师要不囿于传道、授业、解惑的传统职能，善于协调快乐教育的相关资源，善于把握快乐教育的进程，就必须不断提高自身的全面基础素质，职业道德水平和教育教学能力。”为此，教师以奋斗者的姿态，努力工作、自主成长。校园里，常常会看到这样的情景：窗外繁星闪烁、室内灯光明亮，教师们还在为一节课、一个问题、一个学生、一次活动、一种技术、一个主题琢磨着、商量着……教师们用自身的理想信念、道德情操、扎实学识与仁爱之心相互影响、彼此促进，以自身的乐教善教促进学生的乐学会学。

陶先生曾说："教师的全面发展是学生全面发展的无言的表率，教师的教育观念决定着快乐教育的科学性和真实性。每位教师要能把工作、学习和科研紧密地结合起来，把日常教学工作和教育创新紧密结合起来。""如果想做到'寓教于乐'，教师必须加强自身的人格修养和心灵净化，用自身的乐观心态进行快乐教育的研究。所以，快乐教育不只是使受教育者快乐，也是教育者自身精神境界的升华。"

习近平总书记强调：良好的精神状态，是做好一切工作的重要前提。苏霍姆林斯基说过：真正的教育智慧在于教师能保护学生的表现力和创造力，经常激发他体验快乐学习的愿望。2017 年，在建校 60 周年之际，我校举行了以"坚守蓝色梦想，弘扬海防文化"为主题的纪念活动，陶先生指出"快乐教育的精髓，就是使学生始终保持良好的精神状态"。他衷心"祝一师附小在新的征途上，继续以超凡的定力、创造和担当深化快乐教育，为培养一批又一批具有明亮底色的社会主义建设者和接班人奠定坚实的基础"。

这是先生对党和国家无限热爱的表达；这是先生对一生钟爱的教育事业的那颗初心；这是先生对一师附小快乐教育在新征程中的殷殷嘱托与期待；这是一师附小人坚定快乐教育研究的不竭动力与使命担当！

“整体优化”指导下办出特色、培育英才的持续探索

北京市第三十五中学　朱建民

陶西平先生曾短暂在北京市第三十五中学前身学校就读，对学校有着深厚的情感，因此十分关心学校的办学方向问题。学校秉持陶老提出的“办出特色、培育英才”的期待，开展了以学生全面发展为核心，以指向每个学生主动发展为过程，以教育教学课程变革为优化手段的系列创新探索，对陶老教育思想进行了卓有成效的实践转化。

——编者语

陶西平先生 1947 年到 1949 年曾在志成中学也就是今天的北京市第三十五中学读书，虽时间不长，但多年以后，陶先生依然时时关注学校的发展，几乎有求必应。1993 年，在三十五中建校 70 周年之际，陶老为学校的题词是：“办出特色，培育英才”，他一直倡导“大家不同，大家都好”的理念。在陶老的指导下，三十五中在特色办学方面取得了卓著的成效。

当然，对三十五中办学影响最大的还是陶老的“实现教育过程的整体优化”。具体到学校工作而言，我理解的“整体”指向以学生的全面发展为核心，调动、协调、统筹各种教育力量和教育影响作用于学生的成长；“过程”指向为每个学生的发展提供适合的支持，要调动学生的主体性，促进学生自主发展；“优化”指向的是变革与创新。总而言之，“整体优化”强调的是以系统思维，深化学校育人方式改革，促进学生自主、全面而有个性地发展。

一、创办特色项目——打破边界与整合资源

2018 年 1 月 10 日的《中国教师报》上，陶老发表了一篇题为《基础教育改革的八大走向》的文章，其中提出的第三条走向为“跨界综合”，包括学科跨界、教学环境的跨界以及教学目标和任务的跨界。对于这段话，我们深有感触。人的发展是一个整体，所以我们在教育改革中以人的发展为核心，尝试去跨越各种边界，构建育人的整体。

三十五中成立“六年一贯制”课改项目班就是受陶老的启发。当时探讨的话题是，教育不应该是铁路警察，各管一段，初中三年课程用两年半时间学完，半年时间复习应考；高中三年课程用两年时间学完，一年时间复习应考。如此这般，学生的初中、高中阶段学习似乎就是为了两个分数，创新人才何来？陶老希望自己的母校在教育改革中走出大胆的一步，让教育更加关注人、关注人的综合素养培养。

2008 年 9 月，三十五中成立首届“六年一贯制”课改项目班，目标是探索拔尖创新人才的早期发现和培养模式，培养具有伟大的责任心、创造力和领导力的拔尖创新型人才。为此，我们研究拔尖创新人才具有的特征，遵循教育规律和人才成长规律，探索建立项目班学生的选拔标准、课程方案、教学方式以及评价模式等。

依据育人目标，针对初中和高中的教学内容存在重复和衔接问题，我们对初中和高中六年的课程进行系统思考和设计，慎重实施加法和减法，更加注重学段学科的融通，更加突出课程的实践性，减少不必要的考试负担。学科课程的整体设计为项目班学生腾挪出发展时间，他们可以根据自己的兴趣潜能从科技与创新、人文与社会、艺术与审美、体育与健康等专修课程中选择适合自己的课。项目班还特别重视体育，经常举行项目班的体育活动或小型竞赛，培养学生的运动兴趣和竞争精神。

新冠肺炎疫情前，项目班每学期拿出一周时间作为小学段，带学生走出校门、走进社会开展修学旅行。学生带着课题出发，在行走中思考，了解自我、体察社会，提升人文素养、学术素养以及实践能力、合作能力、创新能力等。项目班学生高一下半学期还作为联合国教科文组织的“文化交流小使

者”，到美国或加拿大的高中插班就读半年，开阔国际视野、培养国际胸怀的同时，提升家国情怀、独立能力、自主精神和责任担当等。在多彩的课程中，项目班的学生领略到别样的风景，对自己有更清晰的认识，对未来有更主动的设计，从而找到多元个性的出路。

学校拥有的教育资源是有限的，而学生的成长需求是多样的，供需矛盾天然存在。要满足学生全面而个性化的发展需求，必须秉承开放的态度，善于争取社会各界的优质教育资源“为我所用”。因为学校缺乏科技教育的资源和人才，2010 年了解到中国科学院（京区）科学技术协会（简称中科院京区科协）想在北京与基础教育阶段的学校建立合作后，我们主动出击与之沟通，当年 5 月与中科院京区科协签订了联合创办“科技创新人才早期培养班”的协议。由此，教育界与科技界联手，基于学生发展需求设计科技特色课程，中科院为科技创新班专门设计了基础课程、实践活动和课题研究。学生们走出教室、走出校门，由一线科技工作者引领进入实验室、进入科考基地，在学习与实践中拓展科学视野、提升科学素养、锻炼创新能力。借助此次合作，三十五中很快在科技创新教育领域崭露头角并逐渐脱颖而出。

通过举办科技创新人才培养班，三十五中积累了一些科技创新人才培养的经验，初步形成了科技创新人才培养模式。在合作过程中，我们也发现这种合作的受益学生有限，且时间等成本较高。为了让每一个爱好科技的学生都有机会进入实验室开展探究，我们决定“造船出海”——借助高中部搬迁新址的机会，在新校舍与科研院所合作建立高端科学探究实验室。经过数年探索积淀，三十五中与中科院、北京航空航天大学、清华大学等合作建设了十大高端科学探究实验室。依托这些资源，开发出四大领域 300 多门科技课程，包括面向全体学生开放的基础素养课程、面向有兴趣与潜质学生的拓展过渡课程，以及定位高端研究性学习的项目探究课程。正是在这些资源与课程的滋养下，三十五中培养出 4 位北京市科技创新市长奖获得者，每年有 100 余人次的学生获得省级以上科技奖项。科技创新教育成为三十五中最亮眼的一张名片。

跳出教育看教育，跳出教育发展教育。我们认为，现代学校应有大教育观，注重不同教育阶段之间的联系，教育与经济、教育与社会之间的联系，以及中国教育和世界教育的联系。学校要善于整合社会各界资源为我所用、服务学生成长，建立与社区以及社会各界的合作关系，同时要有教育资源为社会服务的意识和态度。此外，还要加强与国内外教育同行的沟通合作。

经济全球化、信息化时代的到来，需要大批具有国际视野、通晓国际规则、能够参与国际事务和国际竞争的国际化人才，提高教育的国际化成为一种必然趋势。2012 年三十五中创办国际部时，我们专程向陶老请教，他基于整体优化思想的一段话给了我们关键启示：“中外合作课程项目必将经历三个阶段，第一个阶段是引进课程阶段，即我们引进各种外方课程，按照外方的要求教；第二个阶段是比较融合阶段，也就是在第一阶段我们对外方课程了解的基础上，开始比较研究，并且本土研发；第三个阶段是我们本土化研发的课程走向世界。因为已经有很多学校走过了第一阶段，所以三十五中要做中外合作项目，就要从第二阶段开始，走融合发展之路。”

正是在这样的思想指引下，三十五中国际部的课程没有照搬其他国家或国际组织的课程，而是以中国基础课程为主体，吸收美国课程中为学生所需的内容，基于 21 世纪人才素养和全球化背景下高素质综合人才的要求开发自主课程，兼容中西方教育优势，以中西合璧的课程体系为学生奠定坚实的学术基础，培养高水平的学术能力，以及生涯规划的能力和适应社会的能力。推进中国教育国际化，应在交流、碰撞中实现融合、创新，促进我国高中课程改革，培养中国所需的国际性人才——具有中国情怀的世界人，具有世界胸怀的中国人。

二、构建课程体系——全面发展与因材施教

教育是培养人的活动，教育过程的整体优化也是基于人的整体发展的必然要求。“培养德智体美劳全面发展的社会主义建设者和接班人”，是新时期党和国家对人才培养提出的新要求。2018 年，习近平总书记在全国教育大会上的重要讲话中明确指出“要努力构建德智体美劳全面培养的教育体系，形成更高水平的人才培养体系”。

课程结构决定育人结构，课程质量决定育人质量。无论是教育理念的落实，还是育人目标的实现，都需要通过课程实施来达成。落实立德树人，构

建德智体美劳全面培养的教育体系，课程体系建设是关键。三十五中将课程变革作为学校工作的“牛鼻子”，力图通过课程建设为学生全面而有个性的发展筑基。

三十五中近十年的课程建设可以分为三个阶段。第一个阶段，课程变革体现为“点”的丰富。关注一门一门校本课程的开发与累加，鼓励教师基于学科拓展和兴趣特长开发课程，课程建设具有较大的随意性。第二个阶段，课程变革体现为“线”的打造。围绕特定的办学特色或项目特色，包括科技创新人才培养、六年一贯制项目等不同人才培养项目以及科技、人文、艺术等办学特色，有计划地开发并丰富相应的特色课程群，课程建设具有较强的目的性和一定的局限性。第三个阶段，课程变革体现为“体系”的建构。自2017年起，在参与“中国基础教育未来发展新特征”研究后，我们更加注重将课程有机地整合成一个联系紧密的、富有逻辑的育人整体，搭建学校课程体系，课程建设强调系统性和整合性。

如何将教育目的、培养目标转化为课程目标，进而形成学校的课程建设方案？我们首先要厘清学校的课程价值观，确立学校的课程理念、课程愿景和目标。在“志成教育：立志·成人”教育理念的引领下，我们适应学生当前和未来的发展需求，以为不同学生提供合理的个性化选择为出发点，从整体上进行系统规划和设计，传承学校的办学传统与特色优势，整合校内外的优质教育资源，进行学校课程体系的自主重构，构建科学分级的、丰富多元的、立体互通的开放式课程体系。从立志到成人，学校教育的重点与核心在于帮助学生认识自己的天赋和潜能、找到发展的方向和动力、发展自己的兴趣和特长，引领学生自主、全面而有个性地发展，成为“五有”人才。

立足人、服务人、成就人，把促进学生自主、全面而个性地发展作为课程设计的核心价值取向，我们构建了立体多元的“志成”课程体系。其中，核心课程版块主要是学科课程，尊重学生学科发展的差异，发掘学科的教育价值，全面奠定学生的文化基础，帮助学生发展优势学科。个性发展课程版块主要为综合课程，聚焦人类精神文明的三大支柱——科技、人文与艺术，提升学生综合素养，满足学生个性特长发展的需求；自主发展课程版块主要为活动课程，提升学生的家国情怀和国际视野，鼓励学生志存高远、敢于担当，引领每个学生自我发现、自我规划、自我实现、自我超越。我们注意课程的整合性，有目的、有计划地把来自各方面对学生的影响加以组织、调节，使其相互配合、协调一致，突出课程的“协同育人”价值，以实现教育效果最大化。

陶老在回忆“整体优化”思想的诞生时，提及因为教育事业充满“提高全民素质与培养优秀人才的统一，积极发展与均衡发展的统一，继承传统与推陈出新的统一，规模与质量的统一，投入与效益的统一，全面发展与因材施教的统一，知识与能力的统一等诸多理想的追求”，所以要求实现整体优化。三十五中在课程建设中，特别强调课程的选择性与整合性，追求“全面发展与因材施教的统一”“知识与能力的统一”。

基于对学生主体性和差异性的尊重，课程必须具备选择性。增强课程的选择性，就是以满足学生个性化选择的课程设置，来关照学生的个性化发展，激发学生的不同潜能，引导和激励学生在选择中学习和成长，在选择中尝试寻找人生方向。选择性必须以多样性为前提。三十五中顺应经济社会发展对多样化人才的需要，整合校内外教育资源，创设科技创新人才培养、中美双文凭课程项目以及高端技术技能人才贯通培养等多个人才培养项目，重点开发科技与创新、人文与社会、艺术与审美、体育与健康、生涯与发展等特色课程，为学生提供了丰富的课程选择。同时，各学科打造由基础、拓展、研究三个层次课程构建的学科课程群，运用不同模块探索分层分类教学，通过课程科目的选择性和课程层次的梯度性，满足不同基础、不同发展需求学生的选择性需要，培养学生学有所长。

当今世界面临的诸多重大实际问题，如气候变化、能源变革等都具有综合性，任何一个复杂问题都不能在单一学科情境中得到解决。三十五中特别注重加强课程的整合性，尝试将学科内部的知识模块、不同学科课程以及不同学段的课程比较紧密地联系起来，将学生的校内学习同兴趣需要及社会问题比较紧密地联系起来，帮助学生建立学科知识间、学科与学科以及学科与生活、学科与社会的联系，整体地认识世界，综合地把握世界的联系。科技与创新课程重在引领学生围绕专题去发现问题、提出问题、解决问题；人文与社会课程重点引领学生围绕专题去整理资料、感悟体验、思考分析；艺术与审美课程重点引领学生围绕专题参与互动、感受体悟、提升技能。我们正在尝试将科学、技术、工程、艺术、数学等学科整合起来，通过项目式教学培养学生的创新精神与实践能力，促进创新型、创业型人才的成长。

三、推行系统改革——重视过程与培育自主

育人方式改革是“十四五”时期教育改革的重点任务。我们认为，育人方式改革是一项系统工程，涉及课程、教学、管理、评价等育人要素的全面变革。陶老提出“素质教育的任务是要创造适合每个学生的教育，而不是只选择适合教育的学生”。三十五中选择以课程建设为关键，以课程改革带动学校整体变革，打造结构多元立体的课程体系，追求留白与生成的课堂教学，构建突出自主与个性的管理制度，从而力求为每个学生提供适合的教育，促进学生自主、全面而有个性地发展。

随着新课改的推进，行政班授课制已经不能满足学生的个性化发展需求，影响了课程实施的质量。三十五中探索教育教学管理模式改革，实施“五制”改革——选课走班制、学部制、导师制、学长制和学分制。由此，在课程、教学、学生指导、学生评价等各个领域更加关注个体需求，促进学生自主、全面、个性地发展。

在建设选择性课程体系的基础上，我们推行“选课走班”，允许学生基于不同的兴趣、基础、潜能和目标自主选择课程，形成不同的发展路径。根据学校课程和学生需求逐年更新方案，尽可能赋予学生对课程的选择权。选课走班不只是教学组织形式上的变化，还会带来一些新问题，所以必须进行系统性变革。以走班制为核心，我们系统推进“五制”改革，重建学校教育教学生态系统。

其中，“学部制”是设立高一、高二、高三、六年一贯四个学部，实行学部主任负责制，全面负责学部教育教学管理、教师学生团队建设和学部特色、学部文化、学部生态的打造。学部是实施导师制和学长制的平台，对教师有考核、评价、奖惩和聘用的权利。“导师制”要求每位教师担任 7~10 名学生的导师，关照到每个学生的成长状态和发展需求，担当起学业指导师、心理疏导师、生涯规划师三重“引路人”角色。“学长制”是指由高年级优秀学

长以自身经验帮助学弟学妹适应高中生活、指引发展道路，让学生影响学生、带动学生、启发学生、教育学生，同时培养学生的责任意识、奉献精神、领导力、交流沟通能力。此外，探索“学分制”管理，以学分记录学生成长的轨迹、导引学生发展的方向。学分不局限于课程成绩。学校探索日常表现和综合实践活动的学分化管理。

课堂是育人的主阵地。所有的教育教学改革都要回归课堂。课堂的质量决定师生的生命质量。如果没有课堂教学的改变，整个育人方式的变革只能算浅尝辄止。以前，我们评价一堂课看老师是否把内容讲清、讲透。现在，我们更关注学生有没有掌握，让学习真正发生，提高学生的学习力。课堂上不应是教师唱“独角戏”，而应是师生共同成长。

三十五中提出一堂好课应具备四个特征：点燃和提升（学习兴趣和求知欲望；学习方式和思维能力），互动和碰撞（多向交流与深度对话；质难问疑与寻根究底），独立和合作（独立思考与自主探究；讨论沟通与合作探究），放手和生成（敢于放手、留出空白；引领知识建构与提高课堂生成）。

基于价值取向的变化，我们提出了“留白课堂”的教学理念：在课堂教学（前）中（后），有意识地给学生留出空白的时间与空间，鼓励学生思考、探索、想象、表达、交流，让学生的思维、情感、表达等有生成、生长、发展的时间和空间，通过自己的探索研究去填充空白处的内容。在“留白课堂”中，教师扮演着课堂教学的设计者、课堂教学的组织者、学生学习的指导者、学生成长的陪伴者、学生发展的评价者这五种角色。在“留白课堂”教学理念下，我们近年来着重开展小组合作探究式教学。

陶老曾经提出“应试教育”与素质教育的重要区别之一就是“应试教育”比较重视结果，即考试的结果。而素质教育最重要的是重视过程，因为素质教育中内化为学生品质的那些东西是在过程中实现的。为了引领在学习的过程中成长，三十五中不仅倡导“留白课堂”，在课堂中鼓励学生思考、探索、表达，“形成积极主动的学习态度，使学习过程成为必备品格和关键能力形成的过程”。而且非常重视教育过程中的体验，引领学生在实践活动中认知自我与社会，思考人生与未来，将个人理想与国家发展紧密结合，立志扎根人民、奉献国家。

新冠肺炎疫情前，三十五中坚持每学期拿出一周时间，带领学生到全国各地研学旅行，还开展境外游学，让学生在社会实践中明晰责任与方向。学生们作为联合国教科文组织的文化小使者到境外游学时，选择糖画、中国美食和象棋作为载体向当地学生传播中国文化。他们置身国外，真正感触到国家的重要性、意识到自己作为中国人的责任。“通过境外游学，我们深切地感觉到外国人对中国的了解还太少，而我们要主动让世界了解中国，捍卫自己的文化。”

参加慈善义工活动，有助于学生了解他人、认识社会，提升社会责任感，锻炼综合能力，服务社会的同时提升自我，有助于学生探究生命的意义，拓展人生的格局。作为北京市慈善义工协会的第一家团体会员，2012 年，三十五中成立志成义工社，以“奉献爱心，传播文明”为宗旨，覆盖全校师生。学生们还主动出击积极关注社会，自己设计组织慈善义工活动，通过开展义卖、义演活动筹集资金和资源，为身处困境的同龄人提供帮助。学生们累并快乐着，对生命价值的思考也更加深入。

新时代教育改革与发展面临新任务。“实现教育过程的整体优化”，我们必须运用系统思维，把握教育各要素、各部分之间的关联性与耦合性，注重教育目标、过程、方法的整体性与协同性，协同创新，才能实现“三全育人”“五育并举”，落实立德树人的根本任务，培养德智体美全面发展的社会主义建设者和接班人。

整体优化　继往开来　真善美一　走向辉煌

北京市第十二中学　刘　波

北京市十二中是陶老曾经工作过的地方。学校始终将陶老提出的“同心同德，兢兢业业，求实创新”的校训精神作为学校的行动指引，在继承中创新，提出了“创新驱动，实践积淀，知行结合，真善美一”的办学方针，建立了“真善美一”的育人体系，构建了真善美交融的课程体系，推动了一系列教育改革。

——编者语

1984年9月，我进入北京市第十二中学（简称十二中）开始高中学习，恰逢陶西平先生在学校当校长，有幸得到陶校长的教诲，受惠于陶校长在十二中进行的教育改革。

那时校园里有校办工厂，我们可以不出校门就参加学工劳动；那时学校里已经有了民乐团，课余时间我们可以听到悠扬的乐曲；那时学校实行了校长负责制，我们可以直接找陶校长对话……作为当时的学生，我们能看到不断有来自全国各地的领导、老师到校参观学习；看到身边的老师们因为这些改革、因为陶校长尊重人的管理而工作热情高涨，感受到老师们任劳任怨的工作精神，认真负责的工作态度。正如当时任教的一位老师总结的：陶校长是真抓实干，提倡改革，敢为天下先，时时处处身体力行，实事求是地为师生员工办实事，富有开拓创新精神，懂得尊重人的意义，把调动人的积极性放在首位，使教职员工各尽其能，各得其所。

随着从学生身份到学校中层身份的转化，我今天再次对陶校长整体优化思想的认识、理解、传承和发展进行梳理，其目的是继承，更是使之发扬光大，泽惠我们为之奋斗的教育事业。

一、锐意改革，整体优化

陶校长是勇于创新的人。他在十二中当校长期间就提出了教育改革的思想，开始了教育改革的探索。他借助系统论，从哲学的高度思考、分析学校内部管理诸因素的相互联系和制约关系，提出以整体优化的思想对学校内部管理体制进行整体改革，建立以校长负责制、教职工代表大会制和教职工聘任制“三位一体”的学校内部管理制度，推行领导体制、管理体制和分配体制相协调的学校管理体制，用制度进行管理，从而使管理规范化，克服管理的随意性，实现管理层面的公平公正，实现了凝心聚力的目的，激发了学校内部的活力，充分调动了教职员工的积极性。

陶校长在几十年的教育工作中，一直都在实践他的教育改革思想，并随着时代的发展而不断完善。追求育人过程的整体优化是陶校长教育改革思想的核心。追求育人过程的优化，是为了实现育人结果的优质。教育是一个复杂的系统，教育的改革需要各环节的改革，整体优化是对教育过程各环节、全链条的优化，是动态的优化。

二、真善美一，丰富内涵

1983 年 12 月 29 日，陶校长在全校庆祝元旦的大会上阐释了十二中的校训：

同心同德：把十二中办成北京市第一流学校是全校共同的目标，是团结一致的思想基础；同心同德要有维护团结的良好风气；建设团结战斗的先进集体。

兢兢业业：谦虚谨慎，戒骄戒躁；踏踏实实，埋头苦干，奋力拼搏。

求实创新：实事求是，从实际出发，注重实际效果；勇于改革，不断创新。

2008 年，初中部回归母校，十二中完成了新一轮的布局和结构调整。陶校长给我校发来贺信，在贺信中他再次阐述了校训的含义。他说：

提高教育质量需要同心同德。同一个目标，同一个理想，把我们聚集在一起，我们要团结一致，共同奋斗，这是十二中人的精神。我们要在多元中立主导，在多样中谋共识，这个主导，这个共识，就是提高教育质量。

提高教育质量需要兢兢业业。任何点滴进步，都需要付出辛勤的劳动，几代十二中人都曾经为建设一所名校，历尽艰辛，这是十二中人的作风。在教育改革的大潮中，后浪推前浪，我们需要增强紧迫感，绝不能有半点松懈。

提高教育质量需要求实创新。从实际出发，扎扎实实地作好教学工作，并且不断树立新的目标，勇于开拓，勇于追求，这是十二中人的品格。教师的专业发展只有融入教育质量的提高，才具有实际意义。我们需要不断涌现像老一代教育工作者那样的有理想、有作为、有成就的名师。

陶校长对校训的一次次阐释，是整体优化思想在教育理念、学校文化层面的体现。

校训是一个学校的灵魂，代表着学校文化和教育理念，是人文精神的高度凝练，是学校历史和文化的积淀。“同心同德，兢兢业业，求实创新”的校训是陶校长为我校凝炼出的校魂！

2006 年以来，在汲取众多优秀校长的管理经验，总结学校传统文化的基础上，李有毅校长提出了“求真、崇善、唯美”的“三足鼎立”的教育理念，把真善美和人的发展结合起来，实施立体育人和全面育人。

丰子恺先生曾对“真善美”做过一个精妙注解，他说：“圆满的人格就像一个‘鼎’，真善美好比‘鼎’的三个足。对一个人而言，美是皮肉，善是经脉，真是骨骼，这三者支撑起一个‘大写的人’。”加德纳认为，教育的生命在于追求“真善美”，这三者体现了“科学、艺术和道德”的融合。

我校认为，培养真善美和谐发展的人，是古今中外教育家普遍追求的教育理想。在教育教学活动中，我们要教会学生追求真理，做真学问，求真知识，悟真智慧；激励学生求精神之善，与自然为善，与人为善，求心灵之善；引领学生欣赏生命，品生命之美，养道德之美，创艺术之美。至真、至善、唯美，是教育的最高境界。

遵循“求真、崇善、唯美”的办学理念和“创新驱动，实践积淀，知行结合，真善美一”的办学方针，十二中建立了“真善美一”的育人体系。通过“创新驱动”的教育思想培养学生的综合素质和创新能力，在求真育智的过程中落实学生的真知，掌握科学的认识论和方法论，润泽学生的智慧，培养学生的科学素养，成就大智之人；通过实践，积淀师生优秀的道德与品行，拥有走向社会、面向世界的伦理观和行为，在崇善的过程中提高学生的道德修养，塑造学生的精神世界，成就大爱之人；求真和崇善两条线最终汇至于唯美，形成精神和智慧协同并进的人才双培养途径，使真知与善行高度统一（知行合一），培养学生的人文涵养，孕育唯美的气质，成就大雅之人。大雅之人，就是精神与智慧完美结合的人，就是真善美一的“大写的人”。

为此，十二中对师生提出了“正气、志气、和气、大气、雅气、底气、勇气、灵气”的“责任在肩，八气修身”的素质要求。

构建了真善美交融的课程体系。秉承“真善美”的内在逻辑，由真知、善行作为贯穿的线索，由学科综合、科技创新、社会适应、国际理解四个系列课程组成，通过从基础到卓越的校本化递进，实现美的课程价值。

十二中认为，真善美的教育有三重境界：第一重境界是人才教育，探究才学之真，让每个学生在求真的过程中积淀科学的智慧，历练大智的品格；第二重境界是人性教育，唤醒本性之善，让每个学生在崇善的过程中拥有富足的精神，铸就大爱的品格；第三重境界是人生教育，引向生命之美，让每个学生在达到唯美的状态时，充满高贵的气质，成就大雅的品格，用大雅的品格支撑起顶天立地的“大写的人”。

三、教育大计，教师为本

教师是立教之本、兴教之源。习近平总书记明确指出：“国家繁荣、民族振兴、教育发展，需要我们大力培养造就一支师德高尚、业务精湛、结构合理、充满活力的高素质专业化教师队伍，需要涌现一大批好老师”，担负起“传播知识、传播思想、传播真理，塑造灵魂、塑造生命、塑造新人的时代重任”。

陶校长提出好的教育必然是共性与个性相结合、规范与机变相结合、继承与创新相结合的教育，是因时而异、因地而异、因人而异的教育。这就要求教师具有对教育活动生成和变化过程中出现的新动态的敏锐感受和迅速判别的能力；具有适时把握教育时机，选取适当方式应对教育过程中出现的矛盾与冲突的能力；具有从学生个体差异出发，创造适合所有学生发展的教育的能力；具有驾驭教育过程中相互依存而又相互制约的诸多元素，实现整体优化的能力。

教师是教育发展的第一资源和教育改革最重要的力量。加强教师教育，既是学校生存发展的需要，也是教师自身发展的需要，更是培养高素质现代人才的需要，它是学校工作的着力点、关键点和提高办学效益的增长点。

十二中在“十三五”期间制定的教师发展目标是：重学术、善创新、勇担当、宽视野。为此，我校成立了由校长、教育教学管理人员、教学专家、德育专家、骨干教师等组成的教师培养培训工作领导小组。制定了《北京十二中教师校本培训实施方案》《北京十二中特级教师培养方案》《北京十二中骨干教师培养方案》等方案。此外，还实施了“唯美教师塑造工程”和“卓越教师培养计划”，通过轮岗交流、联合教研、导师带教、论学创新、寒暑假科研年会等方式为教师的发展提供条件，确立了“分类推进，分层培养”的教师培养策略，以“七个一”工程为载体，构建了“学—研—训—赛—用”一体化的教师培养机制，并为不同层次的教师搭建学习、工作、支持和展示的四大平台。

学校尤其重视青年教师的培养。我校在教育部卓越教师培养计划的指导下与北京师范大学、首都师范大学等师范院校先后建立了培养“唯美”卓越教师的合作项目，成立了青年教师论学班。

论学班为满足不同入职时间青年教师的需要，以新老学员、教育教学两条交叉主线进行培训课程的安排。在教学方面，新教师以规范教学活动、尽快站稳讲台为目标，重点放在树立正确的教学理念、理解学科核心素养、夯实教学基本功和培养教学基本能力上；老学员重点放在提升课堂教学实效性、落实学科核心素养、探索提升学生学习能力和品质的方法上。在学生德育方面，在论学班内要牢固树立全员德育的思想，深刻理解教育教学关系，积极实践和探索德育活动和方法。在职业道德和规划发展上，重点放在培养青年教师爱岗敬业、忠诚教育的思想，更持久地保持爱校爱生的热情，提升职业自信心和作为十二中人的自豪感。

通过多年来的培养，十二中涌现出了一批批优秀教师群体，形成了敬业乐群、论学创新的师风，教师队伍建设成效显著。学校现有 3 名教育部国培计划专家，3 名享受政府特殊津贴专家，11 名正高级教师，26 名特级教师，105 名市区骨干教师，30 余名北京市“十佳”班主任和“紫禁杯”优秀班主任。毕业于国内外知名高等学府的硕士、博士教师占 43%。20 名教师获得中国教育学会各学科教学专业委员会举办的全国初高中青年教师优质课教学观摩与评比活动一等奖和特等奖，9 名教师获得北京市初中教师教学基本功比赛一等奖，10 名教师获得北京市高中教师教学基本功比赛一等奖和特等奖。优秀的教师队伍成为学校不断发展的原动力。

总之，作为首都基础教育的一所示范高中，多年来全校上下发扬“同心同德、兢兢业业、求实创新”的校训精神，不断拓展办学内涵，取得了显著的办学业绩。十二中将按照“三位一体”的发展目标和理念，围绕着“培养具有社会责任、学术素养、创新能力、国际视野的大写的人”的育人目标，以及“成为重学术、善创新、勇担当、宽视野的唯美教师”的教师发展目标，砥砺前行，努力把学校办成“国内一流、国际知名的优质化、特色化、现代化的教育集团”，为发展具有中国特色、世界水平的现代教育，培养社会主义事业的建设者和接班人而不断努力。

我想，这应该也是陶校长的心愿。这是对陶校长最好的纪念，更是对陶校长教育思想的最好传承。

拓展“整体”视域　促进教育均衡发展

北京市朝阳区实验小学　陈丽华

北京市朝阳区实验小学在办学历程中经常受到陶西平先生的指导，在每一阶段都能够紧跟陶老教育思想深化的步伐，在幸福教育理念下，从教学到管理以至集团化办学，不断丰富整体优化要素。近十年来，朝阳区实验小学在集团化办学和发挥优质校辐射作用过程中追求质量、活力、均衡三个维度办学品质的共同提升。

——编者语

陶西平先生是我国著名的教育家，一生致力于推动教育事业的发展，不管是明确教育目的，还是促进教育公平；不管是提高教育质量，还是加强教师队伍建设，面对当代世界各国教育共同面临的问题，陶老都做出了精辟而切实的回答。陶老的教育思想深深扎根于中国大地。他几十年如一日，沉浸于求索，在反思中创新。前瞻的视野、敏锐的意识、恢宏的气度和清醒的判断，是陶老弥足珍贵的思想底色。

1995 年 10 月，“幸福村中心小学”更名为“北京市朝阳区实验小学”，时任中国教育学会副会长的陶西平为学校题写了校名，并沿用至今。在陶老题写的校名的陪伴下，朝阳区实验小学一步一步成长、壮大。时至今日，在北京市朝阳区、密云区，贵州省贵阳市，河北省雄安新区等 20 个校址，都能看到陶老题写的校名。这是对学校的激励，也是学校办学精神的传承与坚守。

从幸福村中心小学到朝阳区实验小学；从马芯兰教学法到数字化校园；

从艺术活动到育人体系；从成立分校到集团化办学……一路走来，朝阳区实验小学的每一步发展，都离不开陶老的关心与指导，他的思想和理念已经深深地融入朝阳区实验小学教育教学的方方面面。实现教育公平、推动教育现代化的发展，是陶西平先生毕生的心愿，同时也是朝阳区实验小学所追求的目标。在陶老的带领下，朝阳区实验小学致力于开展集团化办学，推动教育均衡化发展，追求每一所学校的优质化。朝阳区实验小学一直与陶老一起，用理论和实践来推动这个心愿变成现实。

朝阳区实验小学以“幸福教育”为核心，以全面科学育人为目标，逐步构建开放多元、传承传统文化、创新发展、具有国际视野的课程体系，促进学校教育优质化、现代化与国际化水平的整体提升是学校的办学方略。在陶西平先生的指导下，朝阳区实验小学致力于开展集团化办学，推动教育均衡化发展。2011 年 9 月至今，朝阳区实验小学先后接收了 16 个校区，形成 17 个校区，20 个校址办学的教育集团。整个集团，每个校区情况都不一样。有城乡接合部的薄弱校，也有农村校、远郊区学校，还有京外的学校（贵阳、雄安）。通过集团化办学，将过去单点式学校发展，变为一个优质教育群，缩小了薄弱校、新建校、郊区校与优质校之间的差距，使朝阳区实验小学的优质教育资源辐射面成倍地增加，教育均衡逐渐凸显，极大地满足了家长的需求。

一、集团引领协同发展，打造“一盘棋”发展模式

（一）核心校带动，发挥集团造血功能

在集团化办学的初始阶段，朝阳区实验小学教育集团用“输血”的方式来支持各校区的队伍建设与质量建设。而今，随着集团化办学的逐渐深入，朝阳区实验小学教育集团已经慢慢开始凸显“造血”功能。在集团化办学中，作为“输血”的本体，朝阳区实验小学本部幸福校区依然保持了优质的发展，校区内各项教育事业始终保持高品位发展，学校专业化的领导团队，雄厚的师资力量，现代化的办学设施，优美的校园环境，浓郁的文化氛围，成为孩子们健康成长的幸福天地。

（二）理念引领，确立集团统一的价值观

集团化办学应该是成员校优势互补、组团壮大的过程。“一体化办学”的本质应是价值观的引领。各分校教师团队对朝阳区实验小学价值观的接受与认同至关重要，只有教师人心齐、一起走，“一体化”才能向着成功的方向前进。基于此，朝阳区实验小学教育集团逐渐形成了“管理一体化、办学一体化、研学一体化”的教育集团办学方式，始终坚持“理念互通、管理互联、校区互动”，以此实现各校区的“百花齐放”。集团化办学不仅实现了价值引领，而且实现了优质教育资源的最大化共享，促进了教育的均衡，体现了优质校的责任与担当。

（三）协同发展，实现集团资源效益最大化

一方面，集团进行定期的集中培训。教育集团将每周五下午定为集团培训时间。参加培训的不仅有各校区的主管领导，还有集团内各校区的全体教师。通过集中培训的方式，使之成为一体化办学的沟通、交流、执行会。另一方面，集团实现专家资源的共享。集团将各校区的教育教学活动完全融入集团的发展体系中：每周，集团都组织专家骨干走进各校区的课堂，带领教师一起研习课堂教学；每周，都有各校区的教师走进集团总校的课堂，进行常规跟岗培训和专业化综合素养提升培训。在集团的支持下，一大批全国名师、专家走进各校区观摩课堂、讲座培训、传技收徒；一大批艺术家、体育名人走进各校区，助力师生发展。

集团化办学，让各校区由“单打独斗”变成协同发展，也让集团内各校区有了一盘棋式的发展。

二、建设高质量师资队伍，促进优质教育资源辐射

集团化办学最大的难点是师资队伍建设，而师资水平直接决定着学校的办学质量。集团化办学最大的优势也是师资队伍建设，通过改变集团内的教育供给方式，促进了集团内的教师流动，让优质资源辐射面进一步扩大。

在集团化办学中，朝阳区实验小学始终坚持把教师队伍建设放在显著的位置，

每周组织集团内全体教师进行培训或研训，以此提升各校区的师资队伍水平。

每周五下午，朝阳区实验小学教育集团都会召开各校区行政领导例会，汇报交流文化宣传重点工作落实情况，尤其是通报各校区在搜集材料、报送信息、推送新闻等方面的具体做法和存在问题，集体研讨，针对问题提出改进措施。

集团每学期定期对各校区负责文化宣传工作的人员进行专题培训；每学期定期召开总结会，各校区分享宣传工作中的经验，为集团的发展建言献策。

结合学校“雷达式”管理，党总支在年级和学科组建立党支部，学段主任兼任党支部书记，打造“党政同体，党建同行”的党建特色项目。学校将党建工作落实在一线，实现思想作风建设和专业成长同步。在推进学校办学，打造思想过硬、业务精湛的教师团队过程中，党支部充分发挥了政治核心作用。

结合学校“青蓝工程”，健全干部与教师“结对子”帮扶机制，干部结合自身优势，认领重点分管年级和教师，亲自上研究课、展示课，管带结合，形成管理指导落实在一线常态化机制。学校将思想引领、业务帮扶与教育教学管理有机结合，构成全方位、立体化的帮扶管理模式。

学校干部实行跨校区联聘和轮岗交流，牵头集团横向学段学科教研，引领教师业务发展，牵头组织集团专题报告和培训活动、干部专题培训交流研讨、集体互巡会诊等活动，引领干部在集团化办学中发挥作用，增强集团的影响力。

集团内干部培训、师资培训、党课学习、专题教育等资源实现了共享。学校还坚持以抓党建为统领，着力打造一支信念坚定、业务精湛的宣传思想队伍，不断实现队伍建设和文化宣传思想工作的互相助力，打造朝阳区实验小学教育集团的品牌。

经过几年发展，陈立华校长所管理的集团化办学的各校区，从学校的管理到教育教学效果变化显著，均已成为地区的优质学校，得到地区百姓的认可。发挥集团化办学以及优质教育资源的辐射作用，促进了教育的均衡优质发展。

三、助推教育扶贫，托起明天希望

自 2014 年开始，北京市朝阳区实验小学先后与北京市密云区、通州区，河北省雄安新区，贵州省贵阳市，云南省昆明市，四川省凉山彝族自治州，湖南省文昌阁小学以及十八洞小学开展对口支援工作。学校根据对口支援工作方案，立足校情，精准帮扶，有效提升对口支援各学校的整体工作。无论是学校的管理、教师的工作状态、教育观念、教学方式，还是学生的精神面貌，都发生了明显的变化。

（一）立足学校实际，明确工作目标

为使帮扶活动落到实处，前期，学校经过充分调研，多次与对口支援学校进行沟通，制定帮扶方案，达成共识，落实具体帮扶内容与形式，明确工作目标与职责。通过对口援建帮扶活动，强化和规范学校的管理，开阔干部的管理视野，提高管理水平；加强学校文化建设，逐步浸润朝阳区实验小学的文化氛围，营造学校的文化内涵；加强教师培训，提升教师的专业化水平；规范教学工作的常规管理，提高教学质量；关注学生核心素养培养，丰富学校课程体系，促进学生全面发展。我们要通过办学管理一体化、文化建设一体化、师生成长一体化，让学校整体质量得到有效提升。

（二）发挥政协委员在精准扶贫中的作用

精准扶贫现已上升为国家战略，其工作的开展需要社会各方面力量的支持和参与。其中，政协委员就是重要力量之一，他们具有政治、经济、文化等方面的独特优势，精准扶贫离不开他们的切实参与。因此，发挥政协委员智库、监督、引导与榜样、组织和动员的重要作用，能促进精准扶贫工作取得圆满成功。

朝阳区实验小学教育集团陈立华校长，作为朝阳区政协委员，同时也是朝阳区实验小学的领头人，在学校扶贫工作中发挥着重要的作用。在陈立华校长的带领下，集团与湖南、贵州、云南、四川等地区的学校，通过线上线下多种形式进行对口支援，立足校情，精准帮扶。

自陈立华校长加入教育部“国培计划”名校长名师领航工程，创立“陈立华校长工作室”以来，不断开展校长领导力培训专题研修活动，致力于开展对口帮扶，带动区域发展。名校长和名师工作室的建立，促使更多教师、

校长成才，同时开展教育扶贫，帮助农村地区、薄弱学校提高教育教学水平，获得了较为突出的办学治校、教书育人成果；帮助工作室成员总结教科研成果和办学经验，发挥资源优势。

（三）立足教师专业发展，开展教师专业提升工程

（1）通识培训。朝阳区实验小学教育集团充分利用教育资源，立足实际，为对口支援的学校量身定制了一系列促进教师教育教学能力提升的帮扶活动。开阔教师的教育视野，促进教育观念的转变，激发教师工作的积极性。

（2）专家指导。集团专门安排语文、数学、英语学科的教学专家，远赴贵州贵阳、湖南文昌阁、云南昆明指导教师。

（3）跟岗交流，结对帮扶。贵阳校区、湖南文昌阁小学、湖南十八洞小学、云南省昆明市西山区书林第一小学（简称书林一小）的干部、各学科骨干教师分批次到北京跟岗学习交流，开阔了教育视野，提升了教育教学能力。

（4）组团发展。结对帮扶小学的教师分学科组团参加集团各学科组织的专题培训、专题讲座、教研交流活动。各学科教师建立微信交流群，共享备课、检测卷、学习助手 App 等。

（5）校长导学。陈立华校长到贵阳校区、湖南文昌阁小学以及云南昆明书林一小调研指导工作，深入数学课堂，走上讲台，为学生们授课，为教师做示范。

为保证工作落实到位，朝阳区实验小学教育集团专门建立了工作台账，将年度任务进行分解，细化落实到每个月，而且每个月进行梳理汇总，监督工作完成情况，不断改进和提高。

（四）支教与联盟校并行，深入开展对口帮扶

为响应教育部教师工作司《关于开展四川省凉山彝族自治州教育帮扶行动的通知》要求，“陈立华校长工作室”选派优秀教师到四川省大凉山支教，与湖南十八洞小学成立联盟校，为贫困地区带来优秀的教师资源。

1. 教师赴四川省大凉山支教

为了贯彻中共中央、国务院关于打赢脱贫攻坚战的决策部署，加强对四川省凉山彝族自治州的教育扶贫结对帮扶，发挥中小学名校长工作室在教育

扶贫攻坚中的重要作用。“陈立华校长工作室”自 2019 年 8 月至 2020 年 12 月先后选派 7 名骨干教师，包括英语、科学、美术、体育等学科教师赴四川省凉山彝族自治州会理县城关第二小学（简称会理二小）开展教育帮扶活动。

2019 年 11 月 27 日至 30 日，我校陈立华校长带队赴大凉山会理县参加杭师大基地的支教送教活动。此次活动，朝阳区实验小学与会理二小商讨合作办学的事宜，并签订了教育帮扶协议。日后将会通过多种渠道、多种形式的活动，促进名校长优质校与结对学校的教师队伍专业发展，提升结对学校的管理水平。在活动中，陈立华校长开展了“学校管理点滴谈”的专题讲座，介绍朝阳区实验小学的学生培养目标、各学科发展目标，以及我校在学生健康、习惯、教师管理、学生选课、核心价值观等方面的经验。

2. 成立联盟校，开展深度联盟活动

依托京湘两地教育合作框架协议，朝阳区实验小学自 2018 年 6 月起，以“互联网+教育”为平台，实现优质教育资源共建、共享。2020 年 9 月 22 日，朝阳区实验小学教育集团陈立华校长带队朝阳区实验小学师生赴湖南十八洞小学开展对口帮扶工作。北京市朝阳区实验小学联盟校在十八洞小学挂牌。此次活动，标志着京湘两地教育对口帮扶再上新台阶。

十八洞小学的师生代表也来到了首都北京，开展为期一周的深度研学活动。在朝阳区实验小学幸福校区，两校同学开展了“手拉手”结对活动，一起进入课堂学习，互送爱心礼物、玩游戏……在校外，十八洞小学的同学还在天安门观看升旗仪式，攀登了长城。一系列活动不仅开阔了学生们的视野，两校学生也结下了深厚的友谊，两校的深度联盟活动将会持续开展。

朝阳区实验小学不断深入开展对口帮扶，教师将朝阳区实验小学的优良教风带到贫困地区，全力以赴为贫困地区教育做贡献，充分发挥名师、名校长的示范引领作用，为更多的地方、更多的孩子送去先进的教育理念、优质的教研资源，为中国的基础教育做出更大的贡献。

（五）立足学生全面发展，共享优质教育资源

（1）共享课程。充分发挥朝阳区实验小学教育集团优质教育资源，集团总校为贵阳校区建立了“鼓”系列课程、篮球课程、数学思维训练课程、花

样跳绳、大小V课程等；为全体教师进行信息技术专题培训，研发并引进了集团4个学习助手App，对口帮扶学校相互共享，丰富了教学评价和学习的方式，丰富了学校的课程，受到师生的欢迎。

（2）引进社会教育资源。邀请知名医疗专家为孩子们进行近视防控讲座、义务体检等，受到了师生和家长的欢迎。

（3）朝阳区实验小学通过5G网络进行远程互助，让湖南十八洞小学、河北雄安校区、四川省凉山彝族自治州会理二小、海南三沙市永兴学校与北京的学生同上一堂课，从脱贫攻坚走向乡村振兴，让优质教育资源更加均衡、更加公平。

（六）开展学生主题教育交流活动

（1）手拉手结友谊。对口支援学校的学生与幸福校区开展手拉手活动，建立友谊。这些对口支援学校的学生到朝阳区实验小学研学、参观交流，做到同上一节课、同参加一次活动、同进一次午餐。孩子们走进课堂、走进活动、走进餐厅、走进校园，亲身感受学校的文化、体验学校的课程、参与社团活动，使其逐步浸润朝阳区实验小学的文化氛围，增进彼此沟通了解，开阔学生的视野，提升综合素养。

（2）开展主题教育交流和观摩体验活动。对口支援学校的孩子先后参加集团组织的球类联赛、英语戏剧节、科技节、啦啦操比赛、体验传统文化（皮影、木偶等）、走进冬奥场馆、走进北京梅兰芳剧院观看京剧、走进中央电视台同上开学第一课、“一带一路”主题展示等活动，促进了两校学生之间的沟通、学习和交流。在相处中，孩子们学会了关心、互助、交流、合作，进一步加深了彼此的友谊，促进学生相互学习，共同进步。

朝阳区实验小学的使命就是要把集团内的学校打造成一个发展共同体，服务教育大局，为党育人、为国育才。在推进集团化办学的过程中，学校积极探索并实践现代化的办学模式，总校带动分校，共享优质教育教学资源，最终达到“薄弱校变示范校”“校校都精彩”的效果，提升每个校区孩子的实际教育获得感，做到促进义务教育的优质均衡发展。在陶西平先生“实现教育过程的整体优化”的指引下，朝阳区实验小学执着追求教育公平与义务、教育均衡发展，致力于教育扶贫，为让每个孩子享有公平而有质量的教育而不懈奋斗。

营造绿色教育生态，实现学校教育的整体优化

北京市海淀区万泉小学　**景小霞**

万泉小学校长在与陶西平先生的多次接触中不断理解、内化、践行整体优化思想。在这一精神内涵的引领下，学校从管理体制改革探索做起，以积极的活力促动教育质量的提升，进而通过营造绿色教育生态，全面推进教育过程的整体优化。

——编者语

如果说陶老是当今中国教育巨匠，他众望所归、当之无愧。在我的印象中，陶老思维敏捷、观念前瞻、谦逊儒雅、风度翩翩，又极懂中小学校长的心，每一次听他老人家讲话或拜读他的大作，都会有种如沐春风、茅塞顿开的感觉，让你直呼过瘾、解渴！

初识陶老，我有一种高山仰止的敬重，非常谨慎拘谨，但很快陶老就会让我消除不安与畏惧。陶老非常体谅身边的每一个人，他不仅是师者，更像一位慈爱温暖的父亲。每年教师节前后，他都会惦记着将我们这些中小学校长代表召集到一起。大家也像他的儿女一样围在他身边，汇报我们在学校工作中取得的突破和进步，倾诉我们遇到的苦恼与烦忧。陶老都会像父亲一样用慈祥的微笑给予鼓励，用风趣幽默且三言两语的点拨让我们云开雾散、重树信心。2019 年教师节，他老人家将自己新出版的《涌动的潮流》《为生命而为》两本著作赠予我们，那是他将自己一生对教育事业的一片赤诚与无限期望转交给了我们后来人。近日再次细读精品，真是字字珠玑，句句诤言，

启发良多，受益无限。陶老的不幸离去是中国教育界的巨大损失，更是我们教育人心中无比深切的痛。

今天，我们缅怀陶老，再一次深入学习领会陶老“实现教育过程的整体优化”教育思想的核心主张，对促进学校内涵和可持续发展有着重要的意义。

一、对整体优化的理解

陶老“实现教育过程的整体优化”教育思想的核心主张，起源于学校的整体改革，贯穿于许多他的讲话和文字中，进而构建了他的教育思想体系。他在《在管理中体现价值导向》一文中，有这样的描述：“顶层设计”是指运用系统论的方法，从全局的角度对办学的各方面各要素统筹规划，重组流程，以集中有效资源高效地实现教育目标的过程，也是把实现办学愿景的规划具体化的过程。也许这正是他对实现学校教育过程整体优化的解读。在2019年出版的《涌动的潮流》自序中，也有相关的解读。他说，在教育目的上，要努力实现“规划与多样化的统一”“个性化与社会化的统一”“选拔性与普惠性的统一”“现实性与长远性的统一”。

陶老“实现教育过程的整体优化”教育思想的核心主张，其学理基础和本质在于通过教育过程的整体化促进人的全面发展；其核心价值就是追求教育公平和教育的可持续发展；其突破口在于大力推进学校内部管理体制的改革。

二、如何促进学校教育的整体优化

万泉小学曾是陶老任北京市教育局局长时推进学校内部管理体制改革的先行校之一；是20世纪90年代初海淀区“八种办学模式”中“企业承学”模式的学校之一；是北京市第一个尝试校长负责制，第一个实现民选校长的学校。而再次深度促进学校教育的整体优化改革是参加“十一五”教育部哲学社会科学研究重大课题攻关项目“我国学校教育创新研究”。经过实践探索，2009年我们确立了“营造绿色教育生态，传递教育幸福”的办学理念。从此，学校教育发展进入了整体优化深入发展期。

（一）绿色教育生态的内涵

我们认为，所谓的“绿色教育生态”就是优质的教育生态系统。如果我们把学校的整体工作看成一个教育生态系统，那么营造绿色教育生态就是要建立一个自然的、和谐的、美好的、多元的和可持续发展的最适宜于师生共同成长的教育生态系统。系统内部诸要素之间彼此交互作用，诸要素与外部环境之间不断地进行物质、能量和信息的交换，形成一个内部在不断地改进，内部与外部不断更新的输入和输出作用下相对不变“稳定态”的平衡系统。我们认为，这种向好的发展态势就是绿色教育生态，这一过程就是整体优化过程。

“营造绿色教育生态”是落实“教育过程的整体优化”的重要举措。绿色教育生态建设的过程既是优质教育资源的开发、积累和利用的过程，也是对影响教育发展的内外各种积极因素和消极因素进行调控的过程。作为一个开放的系统，绿色教育生态要对有利的因素进行吸收、维护和壮大，对不利的因素进行抑制、排除和转化，建立起兴利避害的运行管理机制，形成有利于教育资源开发和利用的可持续发展的良性循环机制。对外要有一种疏通、过滤和转化机制，及时将更多的社会资源转化为教育资源，同时要建立安全屏蔽系统和免疫系统，防止侵害和破坏；对内要有一种生成和转化机制，激发内部发展活力，保持和谐的环境，约束和抑制不和谐因素增长，及时化解内部矛盾，增强修复生长能力，始终保持稳定发展的态势。

（二）推进绿色教育生态建设举措

1. 学校管理：提升干部“三划能力”

陶老在《在管理中体现价值导向》一文中说，顶层设计要和终端激活相统一。在《呼唤学校管理流程重构》一文中又说，要以精益的管理理念，重构管理流程。对学校管理流程的重构，必将催生学校内部管理流程的再造。这样，教师也能在精益求精的氛围中，将精力真正用于提高教育教学水平。

我们将学校的“规划、计划、策划”统称为“三划”，将顶层设计的“规划”与终端激活的“策划”通过计划链接起来，重构管理流程，促进学校管理的最优化。

“规划”是对学校未来发展的整体设计，解决的是“干什么”的问题。人无远虑必有近忧，订好规划会让学校的工作目标明确，思路清晰，发展有条不紊。“计划”是落实规划的途径与举措，解决的是“怎么干”的问题，计划制订得好坏，决定走得稳不稳，干得实不实，效果是否达到预期。好计划会让我们忙而不乱，累而有果，累得有收获、有成就感，累后感到激动，干得有价值。“策划”是干部、教师队伍干好工作的方式、方法，解决的是“怎么干好”的问题，好的策划可实现低投入、高回报，时时带来感动，处处制造惊喜，使整个组织过程活力无限。

“三划”是学校发展的统领与核心，重构管理流程，可以实现管理的整体优化，有效地促进学校的可持续发展。我们坚信：“学校发展因规划而长远，日常工作因计划而扎实，校园生活因策划而精彩。”

2. 课程建设：关注“学习经历的意义”

2016年8月11日，陶老在《中国教师报》“课程榜”专刊刊首语“相遇美好课程”一文中谈到了课程。他说，整体和综合是课程框架构建的新趋势。所谓整体是要打破原有的分学段设计，将各学段打通进行整体设计，以加强学段间的紧密联系；而综合则是学科与学科之间的融合。以往的课程框架多为分科教学，而现实中，用单一的任何一门学科来认识世界是不可能的，用单一的任何一门学科来进行创新也是不可能的。因而，构建综合课程框架、进行跨学科课程实施与教学是至关重要的。这是陶老在推进课程整体优化中表述的内容。

我们在绿色教育生态理念指导下，深入贯彻课程整体优化的思想。我们强调自然、社会和人在课程体系中的有机统一，使自然、社会和人成为课程的基本来源。我们的课程观是“自然即课程，生活即课程，自我即课程”。我们以“学生在校期间的各种学习和生活经历的意义”为课程改革的深入发展点。课堂教学是学习，走出课堂也是学习，语文、数学是课程，社团活动、优美的校园环境也是课程。从这个角度看，在学校里，甚至可以说一言一行尽教育，一草一木皆课程，这些学习与生活经历相互关联，共同为学生的成长提供养分。

我们将国家课程、地方课程与校本课程有机整合，逐步建立绿色教育生态观为特征的课程体系。具体分为“四个领域”“三个层级”。“四个领域”，即“健康体魄、阳光心态、乐学善思、创新发展”；“三个层级”，即“基础性课程、综合性课程和选择性课程”。例如，“灯韵”课程，就是我们非常有代表性的精品课程之一。

3. 课堂教学：建设师生共同成长的生命课堂

陶西平教育思想致广大，又尽精微。广大并不意味着大而无边，必须落实到具体的改革载体上；同样，精微也不意味着丢掉全局而拘泥于细枝末节，不能跳脱出来。致广大与尽精微在陶西平教育思想中得到了完美的体现。他将这一核心关切落实在学校教育教学改革之中。他在论述教与学之间的关系时说，推进素质教育应聚焦于教与学，要为时代而教，为发展而教，为“不教”而教。陶先生在“教”与“不教”中让思想充满张力，诞生教学的精彩，最终是为了育人。对人的关切，对育人的关切，是陶老对素质教育的核心表达。

我校在课堂教学改革中，把“对育人的关切”放在首位。课堂不是教师表演场，而是师生之间交往、互动的场所；课堂不是对学生进行训练的场所，而是引导学生发展的场所。课堂是一个生态系统，它是教师、学生在课堂环境中相互作用、智慧分享、共同发展，充满着人文情怀的生命场。课堂是实施教与学的场所，是教师与学生共同拥有的生态空间，正像大自然中生生不息的动植物那样，相互依存、相互促进，从而构成课堂体系中的循环链。只有这个生态系统中各要素间形成良性的循环，才有利于教学质量的提高，师生关系的融洽，学生综合素质的发展。

我校的绿色生态课堂，第一，是一个和谐的情感课堂。强化师生间的内心感受与领悟，师生、同伴间互相激发、共同参与、合作交流、质疑探究，在浓郁的、生成的、互动的、幸福的、体验的学习氛围中开展学习。第二，是一个自主探究的兴趣课堂。学生是课堂的主体，教师是课堂的主导，这样的课堂是闪耀智慧光芒、洋溢成长气息的课堂。第三，是生生合作的有效课堂。在自主学习的氛围下开展生生合作，相互交流、相互合作、彼此分享，形成充满温情与友爱、互助与竞赛的课堂。第四，是拓展思维的创新课堂。

创新，意味着超越与突破，它的特点是外向与开放。培养创新精神永远是课堂追求的目标。第五，是多元评价的差异课堂。课堂是多元的，学生是有差异的，课堂要满足不同学生的不同需求，要建立相互尊重的、催人奋进、可持续发展的课堂。

4. 德育管理：让孩子们在自我反思、自我评价、自我感悟、自我服务中幸福成长

尊德性而道问学的人必然关注和研究德育。陶西平教育思想中关于德育的研究有三个重要特点。一是德育首先是对人的尊重。从尊重人开始的德育才是审美的、愉悦的，才是让人站立起来的有尊严的德育。二是研究德育流程。只有让德育流程回归德育本来的规定，德育才能够名副其实。三是增强德育的渗透力。道德教育应是无痕的，但最终是“有痕”的，是长期无痕德育在人的文化心理上的沉淀。“随风潜入夜，润物细无声”，这是智慧的渗透，其结果是“春种一粒粟，秋收万颗子”。

我校绿色生态德育体现了尊重，核心词是“生命、体怡、幸福”。生命，体现对人的尊重；体悟，是生态德育的主要形式；幸福，为孩子幸福人生奠基是我们的追求。我们努力贴近孩子的成长需要，开展好养成教育和丰富多彩的教育活动，引领孩子在自我教育、自我管理、自我发展、自我展示的过程中，学会认识自己，肯定自己，设计自己，发展和创造自己，亲身经历理解生命价值，获得生命的成长。

绿色生态德育基点源于对生命的热爱，动力源于生命的律动，价值根植于对生命的思考。因而关注生命，为孩子的幸福人生奠基，成为我校教师团队不懈的追求。我们怀着坚定的信念，播种希望的种子，浇灌稚嫩的幼芽，引领学生幸福地成长。

三、促进学校教育的整体优化效果

（一）提升了学校发展软实力

从2006年起，我们通过梳理学校发展历史，形成“营造绿色教育生态，传递教育幸福”的办学理念，并于“十一五”期间，出版了第一本教育专著《追寻绿色教育生态梦想——北京市万泉小学教育创新研究》，从整体角度规

划了学校的未来，明确了学校的发展方向。同时，“课堂接龙教学模式研究”获得了北京市基础教育教学成果奖二等奖。正是在整体规划思想的指导下，我们倡导人人做有思想的行动者，开始有了成果意识。在“十二五”期间对学校工作进一步进行整体优化，借助首都师范大学教育部人文社科“以 UDS 合作实践共同体为孵化器，促进教育学知识创生与实践转化的行动研究”项目，提出“日常高水平才是好教育”的观点，并努力落实到日常的教育教学活动中，最终由北京师范大学出版社出版了教育专著《在日常变革中追寻最好的教育：北京市万泉小学绿色教育生态实践之路》；“十三五”将出版《“灯韵”综合实践活动课程实施与探索》一书和我们开发的配套使用的“灯韵”教材。学校也被海淀区评为 10 所办学理念最深厚的学校，且被《北京日报》《北京晨报》等多家媒体评为“学生成长最具幸福感的品牌校”“学生培养最具增值力的品牌小学”“办学理念影响北京教育的品牌学校”。

我校每年都接待全国各地的校长、干部、教师考察、交流、挂职锻炼。校长本人多次应联合国教科文组织及陶老的邀请，参加国际教育论坛：2016 年 2 月作为唯一一位小学校长赴法国参加“高中国际教育研讨会暨中欧知名高中校长论坛”，作大会发言；2016 年 6 月赴法国参加“中法知名小学校长论坛”；2017 年 5 月赴北欧三国开展教育交流。

（二）提升了教师队伍整体素养

近十多年来，干部、教师队伍发展速度喜人。校本培训成为学校长盛不衰的王牌。从 2001 年学校只有 6 名学区级学科带头人，到 2022 年发展为拥有 2 名特级教师，1 名正高级教师，40 名中学高级教师，6 名市级骨干教师，12 名“紫禁杯”班主任，21 名区级学科带头人，24 名区级骨干教师和 86 名区级学科带头人。多位教师在市、区乃至全国崭露头角，极具影响力。特别是 2016 年我校推选出的 10 名学科骨干教师在区“风采杯”大赛中全部获得一等奖。2020 年海淀区第九届“世纪杯”小学青年教师教学基本功展示活动中，我校 27 名教师参加，17 人获课堂教学一等奖，6 人获二等奖；论文一等奖 12 人，二等奖 8 人。

（三）促进了学生全面发展

由于我们重视整体优化，协调发展，努力让幸福陪伴孩子一生，孩子们得到全面、和谐、健康的发展。我们的孩子带有万泉的基因特质：“高端大气、低调奢华”——温暖，又有追求卓越的品质；大气，而不失做人的真诚；灵动，做事却很踏实。

孩子们的优秀让他们在名校云集的海淀中关村地区不仅被认可，而且取得了突出的成绩。我们的金帆民乐团、银帆管乐团、交响乐团、舞蹈团、合唱团、话剧社团、英语戏剧、书法国画、篆刻影拓、健美操、武术、棒球、足球、科技社团都取得了骄人的成绩，才赢得了多次随访陶老走进法国联合国总部、美国联合国总部，走进瑞典蓝厅进行文化交流的机会。我们的民乐团和管乐团都是被免费邀请走进国家大剧院做专场演出的社团，舞蹈团是第一个推出自编的大型环保舞剧的社团。我们连续八年的六一儿童节为孩子们献上我们自编自导自演的 8 台精彩大剧，真是场场劲爆，场场精彩。陶老对育人的关切、对金帆的关怀、对教育的无限期待，引导激励我们在素质教育之路上，不断求索与突破，才让我们的视野更开阔、目标更远大，不断地贴近优秀，超越自我的信心更足、动力更强，为孩子们拥有幸福的人生涂抹好生命的底色。

最后，用陶老《为生命而为》第一辑开篇语作为我的总结。陶老说：“我认为，基础教育不是精英教育，基础教育也不是高等教育，基础教育不是培养这个家、那个家的教育，基础教育就是打基础的教育，为人一生的发展打好基础——这就是基础教育的任务。”

音容宛在，精神永存！让我们铭记陶老的嘱托，以为孩子们的幸福未来打好基础为已任，为实现学校教育的整体优化而不懈努力！

敬爱的陶老您永远活在我们心中！

实现教育过程整体优化，建设人民满意的新优质学校

北京市海淀区双榆树第一小学　丁凤良

北京市海淀区双榆树第一小学近年来发展迅速，成为海淀区新优质学校。校长在立德树人全面提高学校教育质量的探索中，以陶西平教育思想为理论依据，认真体会其中揭示的教育规律、办学规律，进行学校改革与创新发展，并总结提出整体建构、问题导向、资源整合的实践经验，这是对陶西平教育思想的灵活运用。

——编者语

“实现教育过程的整体优化”是陶西平教育思想的核心。陶西平先生立足于整体优化，着力建构一个较为健全的教育体系，将整体优化落实在体系建构中。陶先生的这些思想既是对教育经验的总结和提炼，也深刻地反映了教育规律。我们将陶西平教育思想运用于北京市海淀区双榆树第一小学（简称双榆树一小）教育教学改革与创新实践中，取得了丰硕的成果。

一、准确把握紧抓机遇，顶层设计引领发展

2018 年 9 月，在全国教育大会上，习近平总书记提出了关于教育的“首要问题”和我国教育的“根本任务”的重要论断。我国是中国共产党领导的社会主义国家，这就决定了作为基础教育工作者的我们，必须把培养社会主义的建设者和接班人作为根本任务来落实。因此，培养一代又一代拥护中国

共产党的领导，认同我国社会主义制度，长大后立志为中国特色社会主义事业奋斗终生的有用人才将是基础教育工作者必须明确而且持之以恒进行实践的坚定目标。“培养什么人，是教育的首要问题。”这是教育工作的根本任务，也是教育现代化的方向目标。培养德智体美劳全面发展的社会主义建设者和接班人，归根结底就是立德树人。要完成好这一根本任务，需要基层义务教育工作者厘清思路、花大力气、下真功夫。

2019 年 6 月，中共中央、国务院颁布《关于深化教育教学改革全面提高义务教育质量的意见》。意见中基本要求明确指出：“树立科学的教育质量观，深化改革，构建德智体美劳全面培养的教育体系，健全立德树人落实机制，着力在坚定理想信念、厚植爱国主义情怀、加强品德修养、增长知识见识、培养奋斗精神、增强综合素质上下功夫。”此外，意见还明确指出：“坚持德育为先，教育引导学生爱党爱国爱人民爱社会主义；坚持全面发展，为学生终身发展奠基；坚持面向全体，办好每所学校、教好每名学生；坚持知行合一，让学生成为生活和学习的主人。”

双榆树一小的发展需要回答三个问题：一是党的十九大、全国教育大会、北京市教育大会、海淀区教育大会相继召开，中共中央、国务院颁布《关于深化教育教学改革全面提高义务教育质量的意见》，教育部颁布《义务教育学校管理标准》，都对义务教育工作提出了新的、更高的要求。历史性的发展机遇摆在面前，学校如何更好地贯彻落实国家、市、区相关政策和精神，顺势而为、借力发展是学校必须思考的问题。二是如何在大校、名校和整体教育质量和水平处于高地的海淀区、中关村地区立足和生存，如何提升学校教育教学质量、缩小差距，争取生存和发展的空间是我们必须思考的问题。三是我校家长的内心很矛盾，既因对口直升中关村中学而欣喜，又因为担心我校原有生源质量和教学质量而犹豫，学校如何通过自身的改革与创新提升学校教育质量，打消家长心中的忐忑和疑虑是我们必须思考的问题。

结合陶西平教育思想，面对以上背景、问题，学校综合做出抉择：紧抓历史性的发展机遇，迎头赶上，积极回应百姓对优质教育的需求，深化学校教育改革与创新，积极提升品质，不断追求卓越。为了更好地落实以上精神，双榆树一小以“教育改革与创新发展”课题研究为引领深化学校办学实践。学校“教育改革与创新发展”实践分为四个系统，即，目标与价值系统、育人模式系统、制度管理系统和办学资源与条件系统，如图 1 所示。

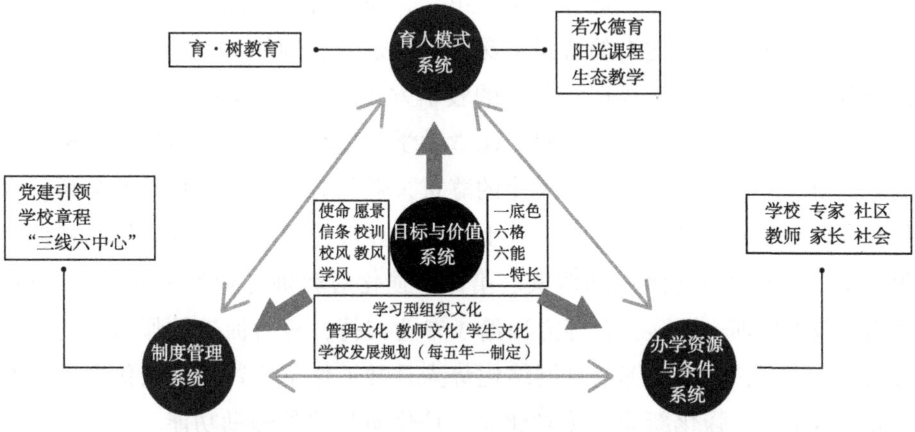

图 1　双榆树一小“教育改革与创新发展”系统结构

二、优化学校内部管理，建立机制完善流程

陶西平研究教育过程的整体优化，其中尤为重要的是学校内部管理体制改革。双榆树一小结合相关思想，进一步优化学校内部管理，建立机制完善流程。学校借助矩阵式管理理念，搭建“三线六中心”管理架构，如图 2 所示。我校“三线六中心”矩阵式管理架构，“三线”为纵，“六中心”为横，纵横交叉减少管理的盲点和漏洞。所谓“三线”是指：行政层级管理——强化部门负责人的引领作用，基层单元管理——强化年级、教研组长的联结作用，项目运行管理——强化教师个体的支撑作用。所谓“六中心”是指：学校发展规划中心、课程教学研究中心、学生成长研究中心、教师发展研修中心、信息网络传媒中心、后勤资源服务中心。六个中心的设立，是对学校主要管理领域的再划分。其强调三点：一是授权，重组后的各职能部门具有更强的专业领域自主权；二是重心下移，设立职能部门后，部门负责人和组长直接计划、实施、总结各项工作；三是激活每一个。这里的每一个指的是每一名员工，每一名员工都是学校发展的动力源，每人都有机会，每

人都起作用。

以上六个中心的设置具体体现为以下六个方面的强化，第一，强化学校发展规划中心的地位及作用，尤其在涉及资金支持、使用方面强化预算和落实，强化学校发展整体推进和落实。第二，强化对学校课程的科学、系统规划，尤其强化在课程建设的背景下深化教学研究。例如，不同学科课堂教学的侧重点不同，不同年级课堂教学的教学方式、方法、策略不同，教师要进一步深化研究，尤其强化在课程、课堂教学的过程中，提升学生学会学习的能力。第三，强化对学生成长规律的尊重，强化对学生年龄特点的分析，强化对有助于形成正确的价值观、人生观、世界观并做好打基础工作的特色主题活动、特色项目的组织和落实。第四，强化对教师专业发展的有力支持，尤其在教师培训、继续教育等方面给予专业支持，有力促进教师队伍的专业力提升。第五，强化发挥信息网络优势为日常工作留痕留档，强化学校工作正面宣传推介，强化新闻宣传对建立学校优质品牌的辅助功能。第六，强化后勤资源服务中心资源整合、服务意识导向，提前、预先、及时、快速响应，为教育教学工作提供优质资源支持和服务。

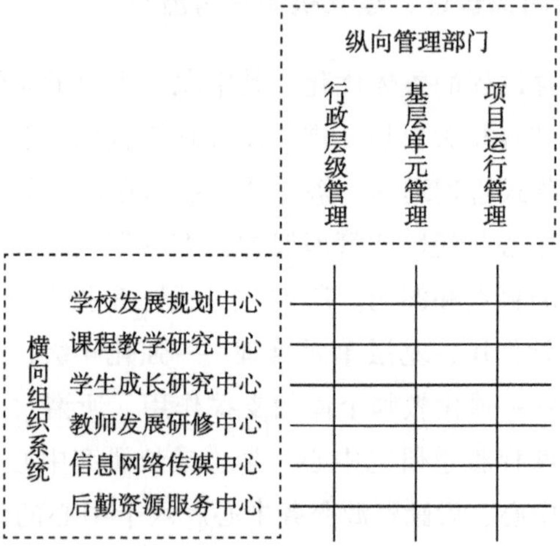

图2 “三线六中心”管理架构

学校内部管理还对强化流程管理做了完善。首先，学校强化计划的制订、解读、执行、反馈。双榆树一小的学期工作计划采用表格式，主要由学校发展规划、课程教学研究、学生成长研究、教师发展研修、信息网络传媒、后勤资源服务六个中心分别组织撰写。具体内容包括：党支部、行政、工会、共青团、对外交流、课程与教学、教师发展、学生成长、卫生、艺术、体育、科技信息和后勤安全共十三个方面。每个方面又具体包括计划内容、行动理念、常态工作、重点项目和月度工作五个部分。其中，最值得重点说明的是重点项目，具体指向某个领域本学期要重点解决的问题或者要重点实施的工作。重点项目又包括项目名称、责任部门、推进流程和具体安排四项细目。

其次，学校强化活动方案的制定和落实。一方面，学校强化了活动方案的撰写和设计工作。例如，主题活动有方案，主题为“我和悦读有个约会”悦读节方案、主题为“玩数学　益智慧”智慧节方案、主题为“少年志　足球情　中国梦”的体育节方案等。另一方面，学校细化了方案讨论决策流程。例如，重点活动或工作方案提交行政会讨论以及执行落实流程：主管主任撰写活动方案—与涉及部门沟通修改—再与校长沟通修改—提交办公室备案纳入行政会议议程—会议讨论决定是否实施—全体教师会部署—全体教师会总结，共计七个环节。

三、若水德育铸魂育人，立德树人着实底色

陶西平教育思想中关于德育的研究有三个重要特点。一是德育首先是对人的尊重。尊重是人性的起点，是道德的起点，当然也是教育的起点，从尊重人开始的德育才是审美的、愉悦的，才是让人站立起来的有尊严的德育。二是研究德育的流程。德育流程是基于学生品德养成过程规律的探寻。德育流程离不开德育方式，德育方式必定是道德的方式，假若方式不具备道德性，那么德育就会偏离道德的轨道。只有让德育流程回归德育本来的规定，德育才能够名副其实。三是增强德育的渗透力。道德教育应是无痕的，但最终是“有痕”的，是长期无痕德育在人的文化心理上的沉淀。

结合以上思想，我校致力于“若水德育”体系的构建。“若水德育”，

以水为象征，我们希望学生能够了解、学习并秉承水的特性：水柔有骨，定向而行；水明如镜，泾渭分明；表里如一，凝聚共荣；容物成仁，有容乃大。以培养具有“民族灵魂、家国情怀、世界眼光”的中国人，着好人生底色为目标，聚焦于培养“中国心”。培育家国情怀是我校德育工作必须要落实和坚守的，直接回答了培养什么人的问题。以“诚信、仁爱、勤奋、坚毅、明智、创新”六种品格的培养为载体，诚信和仁爱是做人的根本，勤奋和坚毅是成长的关键，明智和创新是不懈的追求。以“月度美少年、学期好少年、年度榜样少年”评价激励机制为导向，三个部分少年的评选紧紧围绕德、智、体、美、劳、新、能七个方面开展，月度以制作海报的方式表彰，学期以奖章的方式表彰，年度以奖杯的方式表彰；学期“好少年”奖章分为七种：胡杨奖（美德少年）、云杉奖（智慧少年）、梧桐奖（健体少年）、雅榕奖（艺美少年）、白桦奖（匠心少年）、银杏奖（创新少年）、金榆奖（优能少年）。以“班级、年级、学校、家庭、社会”五级建构为体系：班级在我校若水德育体系构建中处于首要位置，班级文化构建在我校若水德育体系中发挥着重要的前沿作用；年级在我校若水德育体系中处于关键位置，发挥着年级统筹和承上启下的联结作用；学校德育是指教育行为的实施者按照一定的社会规范，依据目标、制订计划、系统地对受教育者进行思想、政治、道德和规范等方面的培育和影响；家庭教育，尤其家长在我校若水德育中起到重要助力和支撑作用；社会资源，尤其是社区资源在我校若水德育中起到重要补充和延展作用。以“党建带团建、团建带队建”的一体化建设，推动党建工作和中心工作融合发展，为学校“若水德育”落实提供保障，见图3。

若水德育润泽无声，就是要在学生心中留下感恩、宽容、仁爱、向善、勤奋、坚毅的印痕，留下好奇心、同理心、合作探究、敢于实践的印记。立德树人着实底色，就是要在学生心中埋下我是中国人要有中国心，埋下热爱并传承中华民族优秀传统文化，埋下继承和发扬红色文化基因的种子。

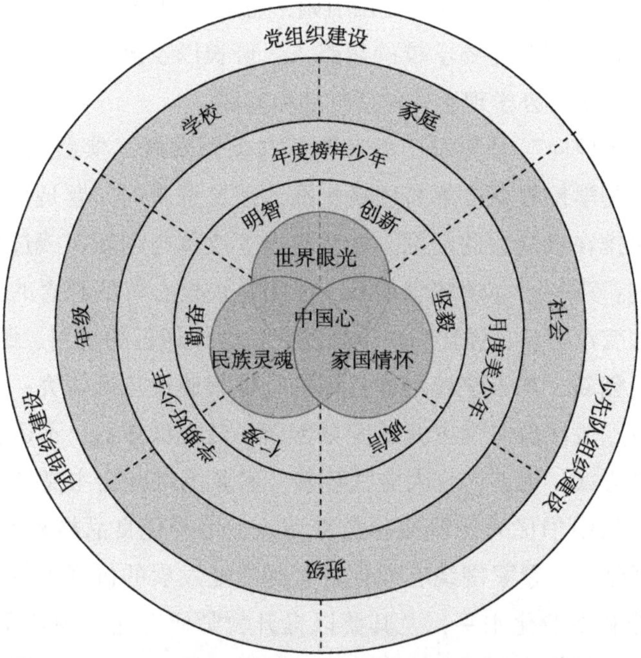

图 3　双榆树一小“若水德育”图谱

四、整体建构贯穿始终，问题导向资源整合

结合陶西平教育思想，在“教育改革与创新实践”研究的过程中，学校也总结梳理了以下理性思考，包括思想方法层面有如下三点体会和收获。

首先，思想方法层面。“整体建构”是学校“教育改革与创新发展”实践的重要思想。要尊重每一名学生，接纳每一名学生，培养每一名学生，发展每一名学生。学生主体观是学校存在的价值所在，也是学校发展的核心所在。整体建构需要四个系统紧紧围绕学生主体观进行构建，尤其要强调目标与价值系统的先导性作用，其他系统也要紧紧围绕目标与价值系统来建构。整体建构可以分阶段来推进和落实，是一个渐进过程，需要不断积淀、丰富和完善。整体建构的过程需要实践与总结、反思相结合，这个过程可以缩短，但是不能跨越。整体建构的灵魂是结构化，将整体建构的经验成果结构化是厘清学校教育创新实践的捷径。结构化所产生的化学反应会成为学校持续发展的不竭动力。整体建构强调的是上位引领，也就是说强调顶层设计的重要。学校教育改革与创新实践需要学校的领路人、班长以及班子成员、组长直至教师要依次理解学校的办学理念并付诸行动和实践。

其次，“问题导向”是学校“教育改革与创新发展”实践的重要方法。所谓问题导向就是学校教育改革与创新实践最需要解决的问题是什么，排列出来，优先解决排在最前边的问题。在我校教育改革与创新实践过程中，主要面对以下问题：第一，办学理念创新，强化学校核心价值观念的梳理和提炼；第二，管理变革创新，强化面向未来现代化学校运行的机制、制度创新；第三，课程建设创新，基于学校培养目标进行课程建设创新研究；第四，课堂教学创新，重点关注教与学方式的变革创新，转变低效的、不适合学生学习、成长的教学方式；第五，育人方式创新，紧紧围绕社会主义核心价值观进行育人，重点从中华优秀传统文化教育切入，培养优良品格和良好习惯；第六，教师发展创新，紧紧围绕有效促进教师专业发展的机制进行创新，提升教师专业素养和专业化水平，尤其要以提升教师研究能力为抓手；第七，信息技术创新，运用信息化手段改进教育、教学、管理的方式，提升教育教学质量和水平，提升管理的效率和品质；第八，后勤服务创新，立足服务学生发展、教师发展、学校发展，整合、优化资源供给，保障机制高效、平稳、有序运行。问题导向基于问题解决不是一成不变的，要结合学校发展阶段和实际状况进行调整，也会存在并行共进的局面。尤其，学校要结合教育行政主管部门的政策导向及时做出调整，学校要结合家长的需求、学生的需要、教师的期待及时做出回应和改进。

最后，“资源整合”是学校“教育改革与创新发展”实践的重要支撑。资源对于学校教育改革与创新实践来说包括多方面，从对象来讲包括教师、家长、学生，从范围来讲包括社区、社会、网络，从形式来讲包括知识、渠道、信息等。资源对于学校教育改革与创新实践而言，从未像今天这样重要。资源可以助力学校方方面面的发展和提升，比较常态的是提升课程的品质，丰富课堂教学资源，拓展培育学生的方式和途径等。整合是学校教育改革与创新实践，进而整体提升学校办学品质的唯一出路。整合需要先做到有资源，进而筛选资源，然后借助适合学校的有价值的资源用于学校管理、教育教学、教师培训、信息化建设、后勤服务等。资源整合的指向确定且唯一，那就是培育和发展学生。不排除资源整合后直接用于与学校教育改革实践有关的具体部门、项目的实施过程，或者直接作用于教师的专业发展，但是其最终指向的受益者必须是学生。

学校为什么要自我加压、主动作为、创新实践、追求卓越，这样做的理由既简单又直接，源自我们对陶西平教育思想的深入学习、理解、把握和运用，源自家长对于优质教育资源的渴求，还源自学生对学校学习生活的需求，更源自义务教育工作者肩负的职责，源自国家民族复兴赋予的担当。人民群众对教育的需求是日益增长的、日益提升的，这也决定了基础教育工作者也要不断深化改革，不断发展创新，因为只有这样，我们才能担负起人民群众的信任，担负起民族复兴的重任。

让每一颗种子朝气蓬勃地生长

北京工商大学附属小学　李庆华

北京工商大学附属小学是一所普通的郊区小学，学校借更名之机优化办学思路，提升教育品质。在这一过程中，学校学习了陶西平先生相关教育思想论述，最终将育人目标确定为“让每一颗种子朝气蓬勃地生长”。在办学中，学校关注每一所完小、每一名教师、每一个学生的发展，从环境、活动、制度等多方面为每一个的发展提供了有力支持。“每一个”集中体现了陶西平教育管理思想中对质量、活力、均衡的倡导与追求。

——编者语

教育是创造美好生活的根本途径。如何把一所学校办好，让领导放心，让百姓满意？如何实现党的十九大报告中指出的让每一个孩子享受公平而有质量的教育？这是我们每一个附小人的所思所想。“追求教育公平与义务教育均衡发展”是陶西平先生“实现教育过程的整体优化”的重要内容，整体优化不但指向教育过程中各要素的优化，更指向对完整的人的培养。作为郊区普通学校，我们结合自身特点仔细感悟陶西平老先生的教育观点，认真思考整体优化思想的践行方向，认识到：成就每一个学生、办好每一所学校才是整体优化所追求教育目标的最终体现。因此，我校以陶西平思想为学习动力，结合学校实际，整体思考，在实践中感悟，努力实现我校“让每一颗种子朝气蓬勃地生长”的育人目标。

一、整体建构学校文化，让发展有导向

学校文化是学校核心竞争力之一，是一所学校多年的积淀，是师生的自觉行为，也是不断发展变化的。学校文化是学校发展的方向引领，也是管理顺利实施的基础和保障。在已有强调实践和体验的文化基础上，我们再次对学校的文化内涵与表述进行了打造。

办学理念：行于实方乃成

办学目标：为每一颗种子创造生命成长的体验场

育人目标：让每一颗种子朝气蓬勃地生长

管理文化：服务于实　务实于行

课程文化：多元丰实　动静相宜

课堂文化：生态厚实　活力共生

党建文化：红色种子　行实先锋

教师文化：尚德求实　教学共进

学生文化：求真向善　求实达成

环境文化：灵动真实　自主体验

校　　训：求真向善　求实达成

学校文化体系的再次提升建构，使学校文化引领学校发展走向新的阶段，文化成为师生的自觉行为，真正地入脑入心入行。用文化引领学校工作，让文化融于学校工作，让各项工作夯实文化，努力为学生提供适合自己的多样化的成长路径，为学生积攒面向未来、回报社会的力量。

二、整体促进校区联动，让规模有质量

学校管理在继承和坚守中，面对新问题、新要求、新发展，不断思考创新，从而实现向管理要绩效的目标。北京工商大学附属小学一直坚守“服务于实，务实于行”的管理文化，遵循“高站位决策、低重心运行、近距离服务”的管理宗旨，实施“十个统一”的管理策略。在分校区规模不断扩大，社会、家长对均衡优质的教育资源需求更为迫切的今天，我们直面学校发展中的新问题、新要求，不断创新实践，促进三校区均衡优质发展。

在发展模式上，从1+n到1+1+1。2017年之前的中心校管理模式是：1+n，突出的是中心小学对完小的示范、引领、辐射作用。学校办学规模不断扩大之后，主动求变，开始实践校区管理的探索与实践：1+1+1。形成“中心主导，校区主抓，部门主做”的校区管理思路，即中心校区横向主管责任制，分校区纵向分管负责制。形成五级联动管理体系：校级干部分校区—宏观管（任各校区支部书记）；中层干部分校区、分部门—专项管；教研组长分学科—跨校管；一线教师分班级—主动管；后勤人员全参与—协同管。五级联动的管理体系，强化各层级的责任落实，横纵结合，有序推进。强化中层管理的作用，凸显校级干部对各校区的深入和指导，从而促进各校区均衡发展。

在身份认定上，从校区人到附小人。每学期，我们都进行轮岗体验活动，干部、教师在校区间轮岗体验。一是引领干部、教师打破惯性思维，跳出完小的小圈子，树立我是附小人的大局意识；二是通过轮岗，体验不同校区的管理优势，相互学习，取长补短。

在能力与特色上，从个人特长到校区亮点。太平庄校区的张春人老师擅长书法、王杰老师擅长花跳，东沿村校区的邢晨老师擅长小足球，我们都力争依托这些优质教师资源，开发相应的特色教育活动，乃至相应的特色文化，逐渐形成各校区有代表性的教育亮点。

三个校区如何做到优质均衡，是我们的着力点。把长项做长，让亮点更亮，各美其美，美美与共。满足老百姓在家门口上好学校的愿望，让更多的孩子享受公平而有质量的教育是我们学校管理的追求，也是对教育整体优化的校本化理解与实施。

三、整体打造育人环境，让校园有味道

我校力求以体验为主题，充分体现学生是学校的主人，充分尊重学生的儿童天性，以学生为中心，尊重学生发展和成长，建构了“灵动真实　自主体验”的环境文化，打造了“校园十大体验区”，让校园成为孩子们体验成长、快乐生活的乐园。孩子们在这样的环境中实现整体的、健康的、自主的、快乐的发展。

儿童味儿——颜色明快、设施符合年龄特点。构建了“种子成长课程”，

根基、磨砺、适性三类课程内容不断贴近孩子们生活，满足学生需求。

生活味儿——学校有花草，有小鱼，有休息的长椅，有到了秋天就会结果实的山楂树和海棠树，还有随处都可以安静看书的小角落。

体验味儿——围绕学校多年“体验教育”的特色，将学校环境文化打造成“生活技能、阅读体验、科技探梦”等十大体验区；倡导“生态厚实，活力共生”的体验式教学方式，让学生在探索、体验的过程中去学习、去思考。

主人味儿——校园中的所有作品都出自于师生之手，学校楼宇、院落、小路的命名，牌匾的书写都是孩子们的智慧；孩子们在楼道里可以随处找到自己和伙伴的影子，可以参与学校的管理，担任校园监督员、礼仪员、讲解员及校长小助理等管理服务工作，老师和孩子就是学校的主人。

故事味儿——在播种、浇灌、收割小麦的实践活动过程中，记录着孩子们成长的故事；“阅读漫笔”课程，让孩子们将书中的故事、自己的故事，在校园里演绎；一本本班级故事记录了师生间的感人瞬间；科技体验区中悟出的科学原理，呈现的是行实少年追逐科学梦想的故事；童年游戏体验区，带领孩子们传承着长辈们的童年故事，更有老师们乐业奉献的故事。

四、整体设计教育活动，让学生有素养

陶西平说过“教育的本源是为人的发展服务”。我校将“种子成长”课程建设作为促进学生全面发展的载体。将每个孩子看成一粒种子。依据“种子成长”的需要及种子的精神、特性，从根基课程、磨砺课程、适性课程三个层面构建适合“种子”全面而有个性成长的课程。即“13536”：

1 条主线：培养全面而有个性发展的行实少年；

3 大素养：健康乐学、顽强自立、求实向善；

5 个领域：道德与修养、语言与人文、科学与技术、体育与健康、艺术与审美；

3 类课程：根基课程、磨砺课程和适性课程；

6 项目标：一个好身体、一种好品格、一种好思维、一手好汉字、一篇好文章、一项好才艺。

首先，做到整体构建。根基课程遵循 3 个原则，用好 4 条路径，努力由

学科教学走向学科教育，让学校的育人目标落地。3 个原则为以校为本、以师为本、以生为本；4 条路径为做好学科课程规划—把握学科关键能—课堂落位实施—改变学习方式。磨砺课程凸显“德”与“能”的培养。主要包括道德体验、阅读漫笔、科技探索、体魄磨炼、艺术实践五大板块。

例如，道德体验课程主要包含行实习惯培养课程、行实品质涵养课程、行实特色滋养课程三部分内容。行实习惯培养课程以班本课程每学期 4 课时集中实施和日常教学、班级管理随时实施完成。行实品质涵养课程每年级重点落实一种品质培养，通过班本课程途径实施，每年级每学期 8 课时。行实特色滋养课程包括十大节日活动课程，每日八分钟课程，以六场建设为主的班级文化建设课程，以班级岗位体验和“一周一班一展示”的微课程为主要内容的班级体验周课程。道德体验课程聚焦传统文化、社会主义核心价值观和品行教育，整合各类课程资源，落实养成教育。

再如，十大体验区课程。学校发挥校内十大体验区资源优势，重构课程空间，给学生更大的选择性。构建了十大体验区课程体系，十大主题课程跨学科综合实施。适性课程：不同的种子有不同的特质，也有不同的发展需求，适性课程是促进个性发展的课程，学生自主申报，以社团形式出现。有梦想种子城、文学种子社、科学种子岛、体育火种队、艺术种子营五大社团课程，属于选修课程。课程实施中采取“整体规划+校区自定课程+学生选修+时间固定”的方式推进。

又如，民族鼓乐课程在三至六年级逐步实施推进。三年级：了解中国鼓文化；四年级：学习基本技法；五六年级：形成演奏能力。三个校区分别有自己的鼓乐特色：中心—中国鼓，太平庄—太平鼓，东沿村—花鼓。学校还编辑了民族鼓文化校本课程纲要和讲义。

其次，突出整合。一是三类课程整合。三类课程相对独立又相互联系，既有学科课程目标、学习方式的共同点，各自又有不同的侧重点，实施中作为一个整体进行推进。二是学科整合。例如，读书节以语文、英语学科协作推进；艺术节则以音乐、美术学科协作推进；跨学科实践活动课程则以品德与社会、科学、语文、美术等多个学科协作推进。科技节、体育节等都是由多学科教师参与，共同实施推进。三是时空整合。根据课程特点实施长短课结合（10 分钟+30 分钟+40 分钟+60 分钟），空间统整立体实施。室内外结合，校内外结合，以十大体验区重构课程空间。四是校际整合。结合各校区传统优势、场地特点和学生需求，学校的适性课程中心统一设计与各校区自主设置相整合。五是动静整合。学校构建了“多元丰实　动静相宜”的课程文化，“动静相宜”表达一种动与静完美相融，动中有静、静中有动的美好意境，给予孩子生长的力量。课程的发展动静整合（国家课程总体相对稳定趋于静，磨砺和适性课程在实践中调整趋于动）；指定选修与学生定制课程动静整合；学校提供的和个性发展需求的课程动静结合等。

此外，将“六个一”的培养目标细化到年级，使之具有可操作性。与此相配套，提出了文化引领策略、项目驱动策略、优势放大策略、重构课程空间策略、机制助推策略等五大实施策略，成为种子成长课程落地的保障。

五、整体推进专业发展，让教师有能量

（一）制度机制建设，促进教师队伍管理

师德建设有举措：每学年初，我校都要与每一位教职工签订师德承诺书。建立行实教师评选标准，行实团队标准，每学期进行评选表彰。编辑师生心中荣与辱宣传册，广泛宣传学习。教师例会进行“身边的榜样”宣讲，校园网刊登优秀党员事迹。

分层培养有落实：青年教师给机会、压担子；骨干教师重研究、强指导；成熟教师多分享，做榜样。

个人发展有规划：每一位教师都制定了职业生涯规划，做到有目标、有措施、有成效。实现自我管理，主动提升，由他觉到自觉。

专业引领有机制：学校成立行实教师发展指导委员会，成员均为高级教师，明确提出委员会委员要完成“三个一”，即：主持一项区级以上的科研课题，带好 1~2 名青年教师，每学年做一次不少于 30 人的讲座。委员会每学年组织一次行实教师发展主题论坛，每学期进行一次学科专项督导。

（二）教师成长学校，提升教师综合素养

2017 年 7 月，我校成立了行实教师成长学校，构建教师种子成长课程。

教师以争当“四有教师”、做学生合格的“四个引路人”为目标，通过行实教师种子成长课程的实施，促进专业发展，激发队伍活力，提高教师法律素养、道德素养、艺术素养、科学素养、健康素养、语言素养和学科素养，培养教师职业精神，打造充满正能量的教师团队。

我校制定了《北京工商大学附属小学行实教师种子成长课程暨教师学校实施方案》，以多种形式培训教师。教师成长学校成立三年多来，我校的干部、教师分别在市区各种大型教育教学活动中历练专业能力，30 多人次赴厦门、武汉、长沙等地观摩学习，并与美国德保罗大学两位教授进行主题研修活动，还在学校工会组织下进行花道培训、团队培训，观看话剧，到湖广会馆听相声等，提升了教师个人综合素养。

迟希新班主任工作室建设，提升班主任育人水平。一是统筹规划，明确“工作即研究、研究即实践”的发展理念。坚持“工作即研究，研究即实践”的发展理念，努力让工作室成为“班主任共学、共研、共享、共生的平台；成为将学校文化扎根班级，优化班级管理的平台”。借助工作室实现优化班主任团队发展，培育一批有爱同德、有研同行的班主任“大先生”。逐步完善丰富班主任个人发展阶梯目标，建立“一年入格—三年合格—十年优格”班主任成长体系。二是聚焦主题，研究活动贯通日常。自工作室成立以来，每学期一个研究主题贯穿日常。每个学期坚持“四个一”：每学期一次班主任工作论坛，每学期一次班主任基本功比赛，每月一次工作室研究活动，每天一次德育随机小教研。三是特色活动，助推班主任提升。学校转变工作思路，将各项工作聚焦常态。我们通过一月一赛一规范、一周一班一展示、一班一课一主题等以常规工作为出发点的特色活动引导班主任老师夯实常规、发掘特色、潜心研究，让行于实的特色活动成为班主任工作提升的助推器。2020 年 9 月，我校被评为“北京市‘紫禁杯’优秀班主任工作坊”。

（三）优化核心团队建设，促进教师专业发展

成立数学核心组。我校于 2014 年成立数学核心组。四年来，以体验式学习方式研究为主题，采取集体备课、反复研磨改进、专家陪伴指导的方式开展研究，推动学习方式的变革。近两年，研修团队进行了数学实践课程研发

和实施。已形成“456”数学综合实践活动课程体系。六大主题贯通一至六年级，各小主题与关键能力相对接。

成立班主任核心团队。在迟希新班主任工作室的基础上，13 位教师自主申报成立班主任核心组，他们的平均年龄 29 岁。他们是有思想、有干劲儿的年轻骨干力量。核心团队组织虽小，但每个人都有自己在团队中的职责。有的负责每次活动的组织，有的负责大家的读书分享，还有的负责每次活动后的资料整理。核心团队每周有固定的学习、交流内容，如集体共读一本书中的相同内容，并在每周日分享体会。董建梅老师目前正在参加国培班的培训，每天晚上，大家在群里都会看到小董老师的学习分享，不但有一天的学习内容梳理，还有自己的所感所悟。核心团队将大任务、远目标，通过化简为零的方式，将任务分解、目标细化，从小处着手，无负担但有目的地让年轻教师逐渐历练，促进其专业成长。

（四）打造行实课堂，提升教育教学水平

陶老指出“改革最终发生在课堂上”，要重视主战场，抓课堂教学改革，才是学校的主要任务。我校着力建设“生态厚实，活力共生”的行实课堂，让其成为课堂的灵魂。明确“3155”内涵要素。即，三实：教风朴实、训练扎实、容量厚实；一放：师生互动、思维绽放；五学：全学、乐学、真学、会学、学会；五会：会倾听、会思考、会表达、会合作、会分享。引领教师将行实文化落位日常课堂教学，让课堂成为学生自己的课堂、探究的课堂、生态的课堂。“我的学科我负责”成为每一位任课教师的工作准则。

教学工作不是单打独斗，需要各部门管理人员形成合力，共同作用于课堂。全体管理人员形成：人人上课了解课堂，人人听课发现问题。明确“四不”：不唯模式，只要学生有实际获得就是好课；不占用放学时间补课，只要上好每一节课就有把握；不折腾，搞活动都切忌形式主义，不能随意占用学生课堂时间；教师外出活动全都调课，不能耽误教学进度。

实行“小循环—常反馈”的管理方式。每月一次教学检查，每天做到：听、巡、查、导。听：行政听课每周一次，教学干部每天至少一节推门指导课；巡：巡堂、晨诵、午写；查：常规落位；导：指导方法。坚持管理兼课。

在课堂教学中突出两个变革：一是教学变革。①教学观念：加强课程资源意识。校内的教学资源及设备有专人管理并全部面向学生开放，同时，家长、社区、博物馆也走进了学生课堂；课程育人意识在加强，全科、全程、全员育人的行动在落实。②教学行为：体验分享的方式成为学生在课堂教学活动中的主要学习方式。二是评价变革。我校探索以“教、学、习”三个维度评价为主的课堂质量评价。引导教师遵循规律，着眼整个教学过程的优化，关注教、学、习三个维度。制定了行实教师课程实施评价标准。制定行实少年、行实班集体评价体系，各部门整合实施，同时发挥展示评价的激励作用，学校搭建各种平台动静结合，多层、多途径展示。多维度评价学生，不以分数论短长。

实现教育过程的整体优化是陶西平先生教育思想的核心主张，他不但关注教育的整体发展，同时也注重细小入微的教育环节。教育是培养人的活动，教育过程的整体优化也是基于人的整体发展的必然要求，促进人的全面发展。我校将继续全面落实党的教育方针，落实立德树人的根本任务，全面实施素质教育，秉承学校“行于实，方乃成”的办学理念，以陶西平教育思想为指导，整体优化学校教育教学工作，不断提高教育质量，努力为孩子们创造充分体验、无限生长的可能，让附小的每一颗种子朝气蓬勃地生长！

向美而生　与美同行

——安定镇中心小学实现教育整体优化的实践与探索

北京市大兴区安定镇中心小学　马　静

安定镇中心小学是一所普通农村校。新时期为提升教育质量，学校借鉴了陶西平先生教育思想，把“公平、质量和活力”作为学校发展的方向指引。学校积极开发本土教育资源，推动教师专业发展，通过五校区统筹发展联动，努力建立“崇尚美、践行美‘规范+特色’的优质花园式农村学校”。学校的实践是陶西平教育思想在普通学校的具体化体现。

——编者语

教育是国之大计。陶西平先生从哲学高度和价值观层面思考教育问题，敏锐提出了“公平、质量和活力”三大当今教育关注热点，直至生命最后一刻，不忘强调他毕生的教育追求：“我的教育追求就是实现教育过程的整体优化。”“实现教育过程的整体优化”是陶西平教育思想的核心主张，也是指导我们办学的理论法宝。

安定镇中心小学（简称安定小学）始终坚守初心，以文化人，以美育人，努力“实现教育过程的整体优化”，办人民满意的教育，培根铸魂、启智润心。作为一所一校五址的农村校，学校以“用美的教育成就美的人生”为办学理念、以创建一所“崇尚美、践行美‘规范+特色’的优质花园式农村学校”为办学目标，努力建设高质量教育体系，以教育评价改革为依托，五校区协同推进育人方式、办学模式、管理体制、保障机制改革，增强乡村教育服务的创新发展能力，培育活泼乐学、阳光多彩的美丽少年。学校以全方位整体优化为目标和路径，努力在公平、质量和活力三方面不断取得新进展。

一、不忘初心，坚守科学的教育公平观

党的十九大报告指出：优先发展教育事业，深化教育改革，加快教育现代化，落实立德树人根本任务，发展素质教育，推进教育公平，努力让每个孩子都能享有公平而有质量的教育。陶先生非常鲜明地提出：“树立科学的教育公平观”“为了真正的教育公平”“要更加注重教育公平”。实现教育过程的整体优化首先指向教育的公平，实现义务教育的均衡发展。

安定小学1956年建校，所辖33个自然村，一校五址，43个教学班，学生1424人，教师129人。通过创办特色学校，优化学校管理，丰富学校内涵，提升学校品位的重要举措，实现同步优质均衡发展。由于之前各校区之间的文化背景、周边环境、学生来源以及师资水平均有不同，这对安定小学而言既是机遇同时也是挑战。安定小学坚持五校区教育教学工作同步实施，制定统一的工作规划，明确五校区教育教学的目标、内容、主题，确保各校区进程的高度一致，建立统一的教育教学评价制度和激励机制；坚持教师发展研修制度全面覆盖，通过搭建研修平台，创设研修形式来提升不同学科、不同发展阶段教师专业能力；坚持学生培养目标同步实现，用平等与尊重接纳每一位学生，帮助他们尽快融入并缩小差距，使不同校区的学生在安定小学这个幸福的大家庭里公平、健康、快乐地成长。

二、整体优化，促进教育可持续发展

整体优化过程与可持续发展有着密切的内在关联性，陶先生将两者统一起来。他在担任中国可持续发展教育指导委员会主任时，着力推进可持续发展教育的时代特色、能力建设以及学校与地区的素质教育实施。显然，教育的可持续发展是“实现教育过程的整体优化”的重要目的和显著特征。我校通过资源整合、古镇特色、课程开发、和美队伍的建设积极创建学校独具特

色的可持续发展体系。

（一）理念引领，明确学校办学目标

百亩桃花园旁，御林古桑园边，安定小学——一所绿意盎然、生机勃勃的学校，就坐落在这里。创办特色学校，是优化学校管理，丰富学校内涵，提升学校品位的重要举措。近几年，学校借助大兴区教育委员会与北京师范大学品质提升工程这一平台，结合地域特点及学校特色，提出了“用美的教育成就美的人生”的办学理念，明确了“创建一所崇尚美、践行美‘规范+特色’的优质花园式农村学校”的办学目标，努力培育活泼乐学、阳光多彩的美丽少年。

（二）资源整合，构建多彩课程体系

为了满足学生个性发展的需要，学校创建了以人为本、多元文化融合的多彩美育课程，通过丰富的、有特色的课程激发师生的潜能，让每一名师生发挥自主性和创造性，促进学生真正发展。

1. 追本溯源，挖掘古镇文化特色

历史悠久的安定古镇，不仅拥有“桑园救驾”的历史典故，“双塔寺除恶”的“惊罢”传诵，朱棣屯兵养息的南阳古道，乾隆圣奉的安定村名，更拥有香甜可口的桑葚，隆隆震耳的百人大鼓，英姿飒爽的武术小将，翰墨飘香的书法文化。学校牢牢把握这一地域优势，带领学生深入研究安定古镇地域文化，培养地域自豪感和深厚的乡土情感，汲取地域文化精髓，培养具有安定古镇地域特色的美丽少年。

2. 课程开发，构建多彩课程文化

学校结合美育特色和10%学科实践活动进行创新，按照基础型课程和拓展类课程相结合、长短课时相结合的原则，将学校课程按照基础课程和主题课程进行构建。

（1）建构基础课程，夯实学习基础。学校将基础课程分为三类六个系列。在校本课程开发上，结合地域文化，开发了书法、大鼓等特色课程，从学生需求出发，注重实效性。多彩的课程为学生搭建了多彩的平台。

(2) 建构主题课程，打造多彩文化。学校开发了“八+X”主题课程。“八”指八个领域的主题课程，包括绿色生态、精品书香、多彩艺术、体育游戏、感恩收获、科技创新、生命阳光、中西文化课程；“X”指结合地域文化开展的项目式研究，如安定的古桑课程。

（三）塑德炼能，打造和美教师队伍

教师是学校的核心，直接影响着学校的发展方向和速度，对学校的可持续性发展和品牌建设起着决定性的作用。我校以加强教师队伍建设等文件为依据，以教育大会精神为指导，积极探索学校和美教师队伍建设的途径。

1. 目标愿景——打造高素质和美教师队伍

结合美的教育实践，学校把建设一支结构合理、师德过硬、业务精湛、开拓创新、独具风格的高素质“和美”教师队伍，作为目标愿景，“和”即“和以养德”，“美”即“美以导行”，从而明确管理观、教师观、课堂观。通过分析师资队伍现状，我们发现，师资优势：一是本科及研究生比例提高；二是教师工作认真努力。师资劣势：一是师资短缺，教师年龄出现断层；二是学习力不够、研究意识不强、对学校文化理念理解不深。根据目标愿景及师资现状，学校认真研究制定有效措施，努力打造和美教师队伍。

2. 实践研究——三条路径打造和美教师队伍

(1)“活动载体+师德践行+心灵共同体”路径。通过“活动载体+师德践行+心灵共同体”路径，实施师德建设工程，营造一个有利于教师严格自我要求的思想环境，打造心灵共同体。通过“四个100%”（100%的党员领导班子成员登台上大课；100%的党员中层管理干部主讲微党课；100%的党员教师牵头设计跨学科党建整合课程；100%的任课教师进行日常学科的德育渗透），“五个榜样计划”（学习榜样、教学榜样、服务榜样、德育榜样、教科研榜样），“六微六讲”（微党课、微学习、微活动、微宣传、微好事、微平台，党员干部宣讲队、党员教师宣讲队、教师宣讲队、学生宣讲队、家长宣讲队、社区志愿者宣讲队），明确目标任务，树立榜样人物，加强宣传引导，营造和谐氛围。

①以心明志，用“心”实现梦想。学校全体党员干部、教师，以打造一

所“崇尚美、践行美‘规范+特色’的优质花园式农村学校”为办学目标，不断开拓创新，用“六心”工作法，明确工作目标，实现美丽梦想。用“真心”办教育，用“爱心”教育学生，用“知心”培养教师，用“诚心”共建共赢，用“暖心”服务家长，用“恒心”拼搏进取，意在为每位师生涂抹上最富有深意的人生底色，寄托培养多姿多彩、美的灵魂的现代学生的美好希望。

②读研思行，用“爱”坚定信念。学校干部、教师认真学习党的路线方针政策，用习近平新时代中国特色社会主义思想筑牢正确的世界观、人生观和价值观，坚定共产主义信念。在日常工作与学习中，通过“读研思行”四字法，不断成长进步，并将习近平新时代中国特色社会主义思想贯彻到工作的方方面面，始终积极主动，不计得失，用爱心让同事、家长感受党的温暖，用言行感召周围的群众，让“党员”这一光荣称号在教师身上闪耀发光。

③率先垂范，用“美”凝心聚力。古人云“直而影正，以己以正而为人之标”，学校全体干部、教师努力打造“以人为本、刚柔相济、制度管事、榜样育人”的“和美”管理文化，通过人本化、精细化、人文化管理模式，促进师生美的习惯、美的课堂的形成。学校有爱岗敬业、如师如母的老师妈妈——刘秀梅，有不计得失、忘我工作的体育教研组长——韩庆彬，有乐观积极、善于沟通的青年教师——贾添，有为河北“京津冀联盟校”学生捐赠图书、为内蒙古察右前旗贫困学生精心设计“大美北京、大美大兴、大美安定”学生夏令营活动的干部、教师，太多的干部、教师让我们感动，太多的正能量教师引领学校前行。这一系列做法不仅得到学生、家长及社会各界的认可，更重要的是给学生、教师、家长树立了良好的榜样。我们的干部、教师用真心诚意待人，用欣赏鼓励育人，从小事情中去发现师生美的行为、美的故事，做“美丽家园、美丽教育”的宣讲员，并带动全体干部、教师、家长、学生、社区工作者做志愿宣讲员，让新时代中国特色社会主义思想入脑入心入行，弘扬社会主义核心价值观。

（2）“专业阅读+随笔写作+学习共同体”路径。通过“专业阅读+随笔写作+学习共同体”路径，实施读书工程，营造一个有利于加速教师学习能力提升的学习环境，打造学习共同体。

①明确目标，以“美日一刻”促良好习惯形成。为了激发教师、学生、家长的读书热情，促进自我不断成长与提升，通过开展读书活动，初步营造了一个有利于加速教师学习能力提升的学习环境。学校制定教师和学生“美日一刻·阅读100天·养成好习惯”读书活动方案和家长正面管教读书分享时刻，建立三个读书打卡群。教师和学生每天坚持读书，并在班级微信群或朋友圈分享读书体会。为了鼓励大家能够持之以恒，积极参与阅读活动，学校设置了读书奖励。对不间断阅读打卡30天、60天、100天，每天分享读书心得的教师、学生，分别评定为“悦读者”“品读者”“领读者”。

②搭建平台，提供展示交流平台。开设线上与线下读书分享会和写作交流会，“‘美’日一起读书吧好书推荐”“吴正宪数学读书分享会”“凝聚教育力量案例分享”等，促进教师形成“读书—研究—思考—实践”的读研思行习惯，提高综合素养。

③课题推进，打造阅读示范校。借助阅读课题，开展阅读分享课、导读课的研究，提高学习力，为教师终身学习奠基。

（3）“专家引领+读研思行+学科共同体”路径。通过“专家引领+读研思行+学科共同体”路径，实施校本培训工程，营造一个有利于教师发挥引领示范作用的制度环境，打造学科共同体。

①建设“教研—科研—培训”一体化的培训体系。结合教育教学活动中的热点难点问题，确定每学期的培训专题，着力构建四个层面的教研培训，使“教研—科研—培训”一体化，见表1。

表1　教研—科研—培训一体化培训

培训模块	培训对象	培训内容举例
成长型	青年教师	建立青年教师培训实施方案，聘请专家每周来校对其进行一对一指导，提高其业务能力
发展型	全体教师	通过教研组活动等提高教师教育科研能力
专题型	骨干教师	建立骨干“1+1”制度，让骨干教师在培养新教师的过程中提高专业能力，与新教师共同成长
研究型	课题成员	鼓励教师进行课题研究，自主实施课题或参与课题，提升科研能力

②探索“两依托两带动多维度”教师专业发展模式。

两依托：一是以“专家工作室”为依托（综合学科专家工作室、吴正宪小学数学名师工作室）。通过课堂教学指导、教材辅导、课例观摩、专题讲座、同课异构、一带一跟踪指导、双师同堂等形式，以专家指导和自主活动相结合，关注教师课堂教学和常规管理，强化教师学科专业能力，引领教师专业发展。工作室每年开展系列培训，培训教师300余人次。二是以“兴安杯”教学基本功大赛为依托。利用全员参与、全科参与、全程参与的教学基本功大赛，促进教师主动发展，并且通过“以赛代练，以赛代培”的形式，培养教师教学能力。

两带动：一是“1+1”骨干带动。发挥骨干教师引领带动作用，以骨干带徒弟，以新教师促中青年教师成长的形式，从备课、上课、教研、学习培训等方面进行带动学习，加大骨干管理力度和新教师培养力度。二是科研课题带动。学校把开展教育改革专题研究活动作为实现校本培训目标的重点工作，把课题研究与教师培训有机地结合起来。同时把课题研究作为引领骨干教师专业发展的另一途径，给教师发展提供平台，提供学习、研究和发展的机会，逐步形成科研管理、科研骨干、课题教师三支科研队伍。

多维度：结合“美的教育”实践，学校在“共建、互促、共赢”的和谐公共关系文化的引领下，通过构建资源圈、建设资源带、开发资源包的模式，挖掘镇域、区域文化资源，为教师拓展视野、发展育美能力提供资源。

利用校区散点分布优势，构建学校发展资源圈。以学校为圆心，确定能够开发、利用和整合的课程资源半径，借助各方资源，构建学校发展资源圈。一是加强沟通，形成共识；二是共同发展，互促互进；三是协同发展，互帮共赢。通过以上措施，我校开辟了校内、校外、家庭、社区多条实施途径，巩固了芳草地国际学校世纪小学、京津冀联盟校等多个教育联盟，形成了无限发展的广阔空间。有以中心校为核心的五校散点式均衡发展模式；中学、小学、幼儿园、成人学校、老年大学共同打造“三二一”一盘棋发展模式；魏善庄协作区、“一三一五”项目区域合作模式；芳草地国际学校世纪小学优质教育引领模式；京津冀教育联盟共研共学模式；全国十校教育联盟协同发展模式。

丰富区域资源整合形式，建设综合实践基地资源带。在现代课程资源观和教学观的指引下，基于安定镇作为“临空产业拓展区”“古桑旅游休闲地”的地缘优势，有效利用区域内政府、司法局、科协、消防队、农林基地、种植采摘园等社会场馆资源，为学校教育教学活动开放空间、提供场所和便利条件，将实践基地扩大到整个“小镇”，从而辐射到区内资源。通过搭建形式多样的“做中学”平台，实现校外教育与校内教育、学生素质拓展的有机对接。建立健全实践基地合作机制，共同培育综合社会实践活动、开放性科学实践活动、志愿服务等精品项目，为学生开展学工、学农、学军、生命安全教育等活动提供真实场所。

紧密结合镇域特色定位，深度开发优质课程资源包。立足镇域“古桑旅游休闲地”定位，以华北最大、北京地区独有的御林古桑园为重点依托，从农林生态、历史文化、人文交流、种植技术等多角度深度挖掘课程资源。将古桑园作为弘扬传统文化、展现乡土文化的高地，设计活动和学习任务，打造情景化课堂，引领学生亲近并探索自然，参与并融入社会，初步形成对家乡、社会和自然的整体认识，养成良好的生活、学习和交往习惯。

三、硕果累累，打造优质均衡美丽学校

近年来，学校办学品质逐年提升，形成了“5678”格局。“5”指五大校区均衡发展，做到校校有特色，校校有亮点。“6”指六大品牌特色突出，包括书法、法治、体育、科技、礼仪、阅读。“7”指七彩之星多彩发展，充分发挥七彩之星的榜样育人功能。“8”指八大主题课程实践创新。

花香时时修人性，绿篱道道筑爱心，在陶西平先生整体优化思想指导下，我们用美的教育成就孩子们美的人生。

以整体优化思想赋能学校教育集团改革与发展

北京市昌平第一中学　潘月春

昌平一中教育集团在其发展过程中学习、借鉴陶西平先生的“教育过程的整体优化”思想，并创造性地运用于本集团的办学实践，如，他们提出：把昌平一中教育集团作为一个整体来进行建设，在集团整体上形成共同愿景，践行共同的教育文化；在集团整体上形成和发展高质量的干部队伍与教师队伍；在集团整体上进行课程和教学改革，全面提升教学质量，走出了一条适应一中教育集团整体发展需要，具有一中教育集团特色的集团化办学改革之路。

——编者语

党的十八大以来，北京基础教育不断深化改革，基本的价值导向就是公平。“努力让每个孩子都享有公平而有质量的教育”，是党的十九大发出的时代强音。在新的时代背景和教育形势下，集团化办学作为一种办学形式在一定程度上能够解决人民群众对优质教育需求不断增长和优质教育资源稀缺这一矛盾，也是实现教育优质均衡发展的重要创新方式。

正是在促进基础教育高质量的公平发展这一大背景下，昌平一中教育集团得以成立，2019 年 7 月、8 月，两所薄弱学校昌平三中、中滩中学先后被纳入昌平一中教育集团，分别更名为昌平一中西关校区和昌平一中中滩学校。

昌平一中作为一所有着良好文化底蕴，在昌平本土成长起来的北京市示范性普通高中，面对集团化办学这一新的形式，该如何实现高质量持续发展，着实是摆在我们面前的重大课题。在昌平一中教育集团创建和发展的过程中，陶西平先生“整体优化”教育思想给了我们很多启迪。我们认为，在昌平一中教育集团内完整、准确和有效地实现教育过程的整体优化，至关重要的就是把昌平一中教育集团作为一个整体进行建设，在集团整体上形成共同愿景，践行共同的教育文化，在集团整体上形成和发展高质量的干部队伍与教师队伍，在集团整体上进行课程和教学改革，全面提升教学质量。正如陶西平先生所说：“我们谈的整体改革，是从整体出发，在整体意识指导下进行的各方面改革的有机融合。”“教育整体改革就是要使改革的阶段性目标服从于教育事业的长远目标，使教育改革的局部目标服从于教育事业的整体目标。”在陶西平先生整体优化思想启迪下，我们始终守教育初心、担时代使命，推动昌平一中教育集团“整体优化”办学向纵深发展。

一、用共同愿景凝心聚力，优化师资队伍

一个集团，三个法人单位，四个校区，500 余名教职工，4000 余名学生，昌平一中教育集团能发展成什么样、怎么发展？集团内外各种声音络绎不绝，有猜测，有担心，也有不舍，更有抵触。给集团领导层压力比较大的是两种声音。一种是来自集团外部的声音，“集团化后，一中的优质资源会被稀释，一中不但救不活那两所学校，反而可能会被拉下水”；另一种是来自原昌平三中与中滩中学干部和教师的声音，“我们被一中吞并了”“我们被一中化了”，一个“吞”字，一个“被”字，表达了教师们对原学校的爱与不舍，也流露出对加入昌平一中教育集团会出现“大吃小”的忧虑与抵触。把人聚在一起只能叫集合，把心聚在一起才是一个团队。面对新成员校教师中的各种认识与说法，我们要做的是想办法凝聚人心，引领大家关心学校，积极参与学校治理，“心往一处想，劲往一处使”。

（一）深度调研，把握成员校发展真实困境

集团化办学之前，我们只知道这两所学校比较薄弱，具体是哪些因素导致的薄弱并不清楚。对两所学校情况进行全方位深度调研，是增进彼此了解、凝心聚力的需要，也是集团进行顶层设计、精准帮扶、协同发展的前提。于

是，集团决策层通过问卷、访谈、座谈等多种形式，对干部、教师、学生和家长进行全方位全员调研。虽然这两所学校一个在昌平城区，一个在接壤北京市主城区的回天地区，有几个问题的调研结果却惊人地相似。例如，在对干部、教师的访谈中，出现了几乎雷同的问答闭环："你认为教委为什么把原学校并入一中教育集团？因为教育教学质量不行。""教育教学质量为什么不行？因为生源质量不行。""生源质量为什么不行？家长不认可，生源流失严重。""家长为什么不认可？教育教学质量不行。"又如，在面向教师、学生、家长的问卷调查中，对于"你心目中的学校"，同一维度教师的评分远远高于地区性常模分数，而家长和学生的评分却远远低于常模分数，教师自认为工作做得好，可家长和学生并不认可。从对两所学校的调研结果来看，成员校干部、教师对原学校存在的问题认识不深刻，对新集团的认同也尚未形成。

学生是学校的主人，学校服务的对象是学生。学生喜不喜欢、家长满不满意是决定学校生存发展的关键。我们组织两校干部和教师进行第二轮专题调研。对在校生及家长调研的主题是：加入一中集团后，你有什么样的需求和期待？对于可以对口直升的小学五六年级学生家长调研的主题是：在什么条件下，您的孩子会毫不犹豫地选择直升？这次调研的结果又是惊人的一致：在校生及家长觉得很荣幸成为一中集团人，希望和一中的学生一样，在一中文化的浸润下，共享一中的优质教育；小升初的学生家长则认为，只有在一中招生、一中培养、一中负责的条件下，他们才会毫不犹豫地选择直升。

在两轮调研结果面前，成员校干部、教师感受到学生与家长对加入一中教育集团的态度，抵触情绪没有了，大家认识到学校要想有吸引力就必须强大，要想强大就必须以集团化办学为契机，借势扬帆，顺势远航。

（二）共绘愿景，增强组织成员认同感和使命感

慢慢地，一中完整成熟的价值体系自下而上地变成了一中集团共同的组织文化。在此基础上，我们召开多轮全集团干部和教师代表的参与式研讨会，听取大家对一中教育集团未来长远发展的建议，最后通过集团党委会和校务会提出"六个一流"的集团发展共同愿景，即一流的教育理念、一流的师资队伍、一流的课程教学、一流的环境设施、一流的教育质量、一流的管理水

平，获得集团教师的广泛认同。另外，集团还制定《昌平一中教育集团章程》，明确了未来发展的“五共”治理原则，即文化共融、管理共通、课程共建、资源共享、发展共进，并决定在资源统筹、师资调配、教师培训、学生培养、质量评价、绩效奖励、管理机制七个领域推动集团一体化办学。

集团成立后，我们通过一次又一次的干部会、全体教师会、学生会和家长会，对一中教育集团的愿景和价值体系进行宣传，并在日常的教育教学中以各种各样的方式体现和渗透，潜移默化中，说集团话、办集团事、树集团形象，已成为各校区师生和家长的行动自觉。昌平一中教育集团通过描绘共同愿景凝聚了人心，增强了每一个集团人的组织认同感和使命感，每个人都以主人翁意识积极投入工作，建言集团发展，参与集团治理。

二、以机构改革推动合作共治，优化组织管理

（一）统一组织架构，建立跨校区多元共治格局

在集团一体化发展中，最容易做到的是以集团文化统一各校区主要文化标识，包括校名、校服、校内物化标识等。例如，我们将一中教育集团四个校区的常用名分别简称为昌平一中东关校区、西关校区、天北校区和中滩校区，让全体师生感受到无论在哪个校区都是一中集团人。当然这种外显的集团文化并不能从根本上推动集团向内涵发展，各部门如何实施落实更是关键。

三个独立法人单位的部门设置名称不同、职能不同，岗位设置和工作侧重点也各不相同，在工作中横纵沟通容易发生混乱和矛盾，多元合作、多元共治很难落到实处。于是，我们对教育集团的组织架构尤其是决策层做了整体设计和调整。首先，新成立的集团党委和集团校务会由多个校区的代表组成，在集团中发挥决策层的领导职能，统筹和决定集团跨校区的重大事务。其次，我们在各校区调整部门设置、统一组织架构，在各校区成立课程与教学中心、学生发展中心、服务保障中心、家长协同中心、党建与行政办公室，在集团层面成立网络与信息中心、督导与评价中心。各部门的岗位设置、职责与权限明确了，关系捋顺了，业务联系畅通了，干部、教师、学生和家长等各种治理主体参与学校事务的渠道和流程初步建立起来，依托各个机构、部门和人员的跨校区多元共治格局基本形成。

（二）推动交流轮岗，盘活集团教师人力资源

随着机构改革的推动，部门职能变多了，标准提高了、节奏变快了。谁来落实？人成为关键。为了使西关校区和中滩校区原有的干部、教师从思想上、行动上进入新的状态，我们通过集团内干部、教师交流轮岗优化各校区干部、教师队伍。这样就解决了结构性缺编问题，更重要的是利用“鲶鱼效应”盘活人力资源，为各校区治理主体赋能。目前，集团有53名干部和骨干教师跨校区交流任职，除东关校区外，其余三个校区的执行校长全部由一中本部选派，有12名干部跨校区或跨部门交流，有2名西关校区老同志主动辞去干部职务。

从“校区人”到“集团人”，人员流动起来统筹使用，说起来容易，做起来难。四个校区最远的相距40公里，家校距离是影响干部、教师交流轮岗的因素之一。为了让干部、教师交流轮岗成为新常态，我们只能从可改变的领域着手——绩效工资改革。

由于集团内四个校区性质不同、学段不同、师生比不同，因此不同校区从教委获得的人均绩效工资额度存在很大差异。为推动干部、教师交流轮岗制度持续深入，一中集团在绩效工资方案制定过程中，本着同工同酬、多劳多酬、优劳优酬、特劳特酬的原则，在集团内二次统筹分配各校区绩效额度，然后在各校区独立发放。集团制定绩效工资分配大方案，各校区遵循集团内大同、校区间小异的原则，结合实际情况制定各校区绩效工资分配方案，给集团共治和校区自治留有空间，让每个校区都享受集团化办学改革带来的红利。这样，干部和教师在哪个校区工作都能得到相应的激励，为人员流动提供了保障。

三、以教学改革提升育人质量，优化办学成效

（一）聚焦课程课堂，关注新校区核心竞争力提升

课程是学校育人的重要载体，课堂是课程育人的主阵地，课程和课堂共同造就学校的核心竞争力。陶西平“整体优化”思想中，有关课程整体优化建设和教学整体改革的主张也是重点部分。他在多个场合都曾深入阐述了课

堂教学改革和新的课堂文化的生成的问题，如在题为“改革最终必须发生在课堂上”的主旨报告中，他就指出，建设新的课堂文化，必须努力创建平等民主，和谐共处，互动合作，自主探究的课堂氛围，赋予课堂以生命价值。他认为，基础教育的课堂文化建设不能偏离基础教育的本位价值，不能脱离基础教育的基础性。习惯是基础素质的重要体现。我们可以说：“素质教育是什么？往简单方面说，就是培养好习惯”。那么，课堂文化建设往简单方面说，也就是创造培养好习惯的环境。对与课堂文化建设相关的教学方式等问题，陶先生主张要从“接受型教学”向“质疑型教学”转变，构建课堂的“审辨文化”。他认为，没有问题是最大的问题。在课堂中倡导以问题为纽带，发展学生的发散思维和批判性思维。使学生改变被动的盲目的接受型学习习惯和思维习惯，始终保持足够的好奇心，在探究的过程中获取知识和运用知识解决问题，发展思维能力和创新能力。陶先生有关课程整体优化和课堂教学整体改革的这些主张既是他的“整体优化”思想在课程和教学领域的具体体现，也为我们昌平一中集团课程建设和课堂教学改革提供了重要思想支撑。

“十三五”期间，昌平一中以尊重生命、贴近生活、促进生长为课程建设理念，将国家课程、地方课程和校本课程纳入学校“三生”素养课程体系；以培育学科思想、培养创新思维为课堂教学改革目标，建设“两思”素养课堂。形成了较为成熟的聚焦德智体美劳“五育”并举的“三生两思”生本素养课程体系。

家长所关心的一中招生、一中培养、一中负责，就是希望孩子能够享受到一中味道和一中质量的师资、课程与课堂，让孩子拥有一中孩子的获得感、幸福感和自豪感。而这些仅靠跨校送课和干部、教师交流轮岗带动示范，其作用都是有限的。因此，我们必须激活西关校区和中滩校区的原有资源，因地制宜，最大限度地催生其自身“造血”功能，使各校区在集团“三生两思”生本素养课程体系框架下，根据校区实际和学段特点推动课程自治、教学自治和管理自治，并最终实现自主、可持续、有特色的发展。

（二）助力教师成长，催生新校区“造血”功能

课程建设、课堂改革关键在教师，“造血”的主力也是教师。最大限度地

催生西关校区和中滩校区的“造血”功能，就是让这两个校区原有的教师动起来、强起来。因此，在前文所提到的“输血”方式之外，集团还以课题引领、项目推动的“输血”方式引领每位教师走上专业成长的快车道，让教师们跳出原来的“舒适圈”，争做学习型、研究型、反思型的实践派教师。例如，集团依托民间教育研究机构的专业力量，通过笔试、面试，在集团内共遴选60名实验教师进入“两思”领航教师加速成长计划，其中西关校区有11名教师、中滩校区有12名教师进入该计划。再如，集团成立9个“两思”名师教研工作室和8个“三生”骨干班主任工作室，西关校区和中滩校区共有7名教师成为负责人。这些“输血”措施有效地催生了两校区的“造血”功能，为校区自治奠定了良好的基础。

“造血”机能有了，各校区的自主治理能力得到明显提升。各校区深入推动“三生”课程建设和“两思”课堂教学改革，并结合校区实际形成了各自的特色。目前，西关校区的“西希”舞团、乒乓球、四季综合实践课程，中滩校区的人工智能、乒乓球、“逐梦”舞团，天北校区的“天心”艺术团、足球、健美操等均成为校区的特色课程和明星课程，深受学生喜爱。

昌平一中教育集团成立两年来，以教育过程整体优化思想为指导，以内部治理现代化为突破口，以增强师生的获得感和幸福感、促进集团整体高质量发展、办人民满意的教育为出发点与落脚点，稳步推进有关改革。2020年和2021年，连续两年，西关校区和中滩校区新初一招生人数均达到原来的2.5倍，生源回流现象凸显。片区内家长纷纷表示，不用再为择校操心费力、辗转奔跑，孩子们在家门口就可以上优质学校了。

集团化办学两年来，两所薄弱校实现了跨越式的发展，得到了社会各界的普遍关注和认可。回顾集团化办学改革两年来的奋斗历程，陶西平先生所倡导的“整体优化”，“真抓实干、兼容并包、求同存异，团结一切可以团结的力量”的教育主张，引领昌平一中教育集团同心同德、求实创新、攻坚克难，走出了一条具有集团特色的集团化办学改革之路。

中　篇

激发教师队伍活力　促进教师专业发展

激发教师队伍活力的实践路径与生成逻辑

——基于陶西平办学实践的分析

北京教育科学研究院基础教育科学研究所　艾巧珍

一、背景及意义

"十四五"时期是我国进入"两个一百年"奋斗目标的历史交汇期，也是我国教育进入高质量发展的新阶段。我国基础教育已经基本解决了"有学上"的问题，"上好学"成为人民群众新的期待。当前基础教育已进入全面提高质量的新阶段，而学校办学活力不足成为制约教育质量提升、实现学校内涵发展的关键因素，亟待进一步释放与增强每一所学校的办学活力。因而，以往作为评判学校内涵发展与办学质量的公平和质量维度已不足够，研究者将"活力"引入学界，成为研究和认识学校发展整体状态的一个新的维度和视角。[1]"教育大计，教师为本"，教师是学校发展的重要主体和第一资源，是学校发展的核心力量。要使学校充满生机活力，必然要让学校的教师充满活力，换言之，如果没有教师的活力，学校的活力则无从谈起。只有让教师充满活力地教书育人，学校才能充满生机活力地发展，才会有学生的全面健康发展。

陶西平先生（1935—2020）是我国德高望重的教育家，也是改革开放后

---

❶ 王熙，王怀秀．教师视域中的"学校活力"——基于教师访谈资料的文本分析［J］．教育学报，2017（1）：32-38.

较早关注学校活力并且在改革实践中启动学校办学活力的教育家之一。20世纪80年代，他开展的以整体优化为指导思想的学校内部管理体制改革大大激发了学校办学活力，使北京十二中在短时间内进入名校行列，后来在全市推广，对全国基础教育学校管理体制改革起到积极促进作用。十二中是一所老学校，1978年恢复重点学校制度后，被北京确定为首批重点学校之一。但当时的十二中经过“文革”的十年浩劫，遭到了严重破坏，骨干教师队伍还未形成，教师住房困难，教学设备简陋，教学质量也不高。[1] 因此，要办成一流的学校，教师队伍建设是陶校长面临的艰巨挑战。而在1980年至1985年，陶西平担任北京十二中校长的短短5年，为学校培养了一大批优秀教师，如语文组的王俊明老师、江云聪老师、刘会欣老师等；数学组的祖学模老师、吕慕营老师、胡桂芝老师等；历史组的李秉国老师，物理组的刘正己老师，化学组的付民老师等。他们都是特级或高级教师，多次被评为市区优秀教师，有的还拿着国务院津贴。[2] 正是这支强有力的教师队伍使学校在短时间内迅速提升了教育质量，带动了整个十二中的教育教学提升，让十二中蒸蒸日上，出类拔萃，闻名于北京甚至全国，成为当时教育界的“小岗村”。

近年来，随着教育改革的推进，教师队伍建设越来越受到重视，《国务院关于加强教师队伍建设的意见》，中共中央、国务院颁布《关于全面深化新时代教师队伍建设改革的意见》等政策和文件，极大地推动了我国教师队伍的建设和发展。同时，当前教师队伍建设还存在诸多突出问题和困难，例如，教师素质和能力不高，教师队伍配置不均衡，教师职业倦怠问题突出等。本文选取著名教育家陶西平先生曾在北京十二中进行的办学改革实践为例进行分析，着重探讨其教师队伍活力提升的策略及路径，以把握新时期提升教师队伍活力，激发学校活力的办学旨趣，以为当前教育的高质量发展提供一些借鉴和启示。

二、陶西平提升教师队伍活力的策略

办学活力是指学校组织活力或学校内部活力，一所有活力的学校，一定

---

[1] 柏生．一步一个脚印——记十二中校长陶西平［J］．人民教育，1986（6）：17-21．

[2] 仁心笃行　高山仰止——陶西平老校长追忆录［C］．北京十二中，2020．

充满着积极向上的精神面貌和不断进取的工作作风。从主体上来看，它包括校长的活力、教师的活力以及学生的活力，而其中教师活力是关键，是直接为解放学生活力服务的。教师活力包括胜任力、自主性、开放度以及认同度四个维度。[1] 在教师心中，学校活力与其自身的精神状态密切相关，甚至在不少教师口中，“我”的活力状况等同于学校活力的状况。[2]

陶校长是如何在短短五年内让十二中成为一所充满活力的学校的？采取了哪些措施激发教师队伍的活力，把十二中建设成为当时教育界的“小岗村”？在解读和梳理陶校长的办学实践历程中，以下四条实践路径尤为清晰和凸显。

（一）创全国首家校办工厂，提升教师专业发展自主性

教师发展的自主性是指教师自觉、主动地行为并进而实现自身专业素养，是教师自主专业发展的行为活动和能力的综合反映。[3] 教师发展自主性是教师专业发展的内在驱动，是实现教师专业发展的必要条件。但教师专业发展自主性并不是自动生成的，而是有条件的。20 世纪 80 年代，我国学校办学经费严重不足，教师待遇普遍低下，严重影响了教师专业发展的积极性。为了改善学校办学环境，给教职工创造良好的教学和生活条件，陶校长提出“不向国家伸手，力争一年一座楼，早日向现代化迈进”，开创了校办工厂的先河，办起了“全国第一家校办工厂”，也成为“全国效益最好的校办工厂”。1985 年，北京十二中校办厂已发展成为有港商投资的外向型企业，办厂经验在北京市、华北地区乃至全国得到推广，堪称一面旗帜。

校办工厂的收益大力改善了教师的生活，解决了教师的后顾之忧，让教职工能够全心投入教育教学工作。陶校长为教师盖了服务楼，设有淋浴房、理发室、洗衣室、缝纫室等，为教师的生活带来了极大便利，大家个个喜气洋洋，干劲倍增。他关心教师的身心健康。当看到教师废寝忘食、夜以继日

---

[1] 黄晓磊，邓友超．学校活力评价指标体系建构——基于德尔菲法的调查分析［J］．教育学报，2017（1）：23-31.

[2] 石中英．学校活力的内涵和源泉［J］．河北师范大学学报（教育科学版），2017（3）：5-7.

[3] 苏刚，石玉．中小学教师专业发展的自主性研究综述［J］．现代教育科学（普教研究），2012（6）：71-72.

地工作后，为提高教师的健康水平，特批每月给每位教师五斤鸡蛋，每月给10元订奶钱；为提高教师的精神风貌，还给他们定做了毛料校服，每年组织教师旅游，观看祖国大好河山与美景，陶冶情操；建立为每一位教职工在生日当天送上庆生蛋糕的制度，有时候，教师忙得连自己的生日都忘记了，但是陶校长总是记得让学校总务人员把蛋糕送到教师手里；还提高了课时费和班主任费……学校教师发自肺腑地感慨“在这样一个健康快乐美好的大集体里，我们能不快乐地生活、学习，努力工作吗?”❶ 这一切使得十二中教职员工的福利达到了一流水平，也让教师真切地感受到“我们陶校长心中时刻装着我们教职工”，感受到自己在校长心里的存在与位置。在学校近百名教师队伍中，无论老、中、青教师，人人都感受到自己的工作受到学校的关心和尊重，大家都甘愿为十二中“奔第一流”而奋力拼搏。❷ 正是陶校长办厂创收的这一举措，为教师专业发展提供了充足的经费保障，大大激发了教师专业发展的自主性。

（二）实行内部管理体制改革，推进民主治校

学校是一个组织，教师是在学校这个组织场域中实现专业发展的。学校组织的民主氛围以及校长的领导作风会大大影响教师的专业发展积极性与主动性，对教师产生正向引导和激励作用。民主治校是学校的一种管理思想和原则，也是一种管理手段，其核心是以人为本，尊重学校的每一个主体，实现个人成长与学校发展、个人幸福与集体繁荣的和谐统一。❸ 近年来，人们对学校民主管理方式的重视程度逐步提升，在学校管理中实施民主管理、促进多元主体参与的理念已基本达成共识。❹

陶校长眼里从来就没有高低贵贱、长幼尊卑之分。每天早上，他站在学校大门口，主动问候每一位进校的师生；无论在哪里，无论碰到了谁，他总是主动热情地先打招呼，丝毫没有校长的架子。无论是一线教师，还是二线

❶ 仁心笃行　高山仰止——陶西平老校长追忆录［C］. 北京十二中，2020.

❷ 仁心笃行　高山仰止——陶西平老校长追忆录［C］. 北京十二中，2020.

❸ 曾先林. 学校管理中民主治校的实践探索［J］. 教育科学论坛，2018（4）：79-80.

❹ 孙雪莲，李刚. 参与民主：学校管理方式的转变［J］. 华东师范大学学报（教育科学版），2018（1）：29-34.

职员，甚至是校办工厂的普通工人，在他的观念和视野里都是教育整体优化过程中不可或缺的力量。❶ 同时，在担任十二中校长期间，陶西平借助系统论，提出以整体优化思想对学校内部管理体制进行整体改革，建立了以校长负责制、教职工代表大会制和教职工聘任制“三位一体”的学校内部管理制度，实现领导体制、管理体制和分配体制相协调的管理体制改革。教职工代表大会不仅参与学校重大问题如规划、计划、改革方案的讨论和决策，还对校长工作定期进行评议，对师生员工发挥民主管理作用提供平台。例如，在一次评议会上，教职工代表大会代表对陶校长提出了诚恳而尖锐的批评。从某个问题决策的失误，到有时作风不够民主，态度急躁，甚至对在一次讲话中的文风有错误都提出了批评意见。教职工代表大会还起到了维护教职工正当权益的作用。例如，在陶西平任校长后，许多教师对他说：“希望你当校长以后，能时刻想到自己当教师时希望有个什么样的校长”，以此提醒校长要时刻想到教职工的切身利益。教职工代表大会的代表还能直接提出各项提案来维护教职工利益的作用。例如，有五条提案都是要求迅速解决托儿所问题，陶西平便连夜召开行政会讨论提案，迅速采取行动，很快就把过去长期没有解决的教职工子女入托问题解决了。教职工代表大会正是通过经常克服校领导的官僚主义，对增强群众观念起到很好的促进作用。❷

（三）立足学校内涵发展，提升教师胜任力

教师胜任力是对教师成功完成教学所必需的自身因素的综合界定，既包括教师的知识和技能，也包括教师的品格、意志、态度和动机等，它是提升教育教学质量的关键。❸ 好教师是学校核心竞争力的集中体现，教师胜任力是实现学校内涵发展、提升学校水平的核心。陶西平刚任十二中学校长时，十二中虽然是丰台区的重点中学，但和其他老牌重点学校比起来仍有很大差距。这种差距不仅表现在学校硬件设施上，更是体现在教师的专业水平和教育教

❶ 杜志强，王新烨．我国基础教育教师队伍建设面临的问题及对策［J］．中州学刊，2020（10）：90-94．

❷ 柏生．一步一个脚印——记十二中校长陶西平［J］．人民教育，1986（6）：17-21．

❸ 赵辉．基于教师胜任力的学校管理创新［J］．教育与教学研究，2012（8）：1-3．

学上。他认为要突破这种局面，必须要依靠教师，要狠抓教师队伍建设，只有提升教师教育教学水平，打造一流的师资队伍，才能提高教育教学质量。为此，他采取了多种措施来提升教师的胜任力。

第一，课堂教学深入引领。陶校长经常与教师一起研究教材、听课、评课。那时候学校经常定期组织开放课堂，有老教师的示范课，有年轻教师的研讨课，有新入职教师的公开课等。每次陶校长都去听课，然后大家一起漫谈听课的感受与得失。同时，学校还实行教研组、备课组共同研讨、集体备课等制度，有效提升了课堂效果，保证了教学质量。陶校长会在每次的全体教师会上分析听课的情况，同时大力提倡教学改革。在学校教职工大会上，会议的主要内容是他经过认真准备的专题讲座，带领大家深入浅出地学习教育、教学理论，探讨新的教育教学理念。同时，学校还创办专门刊物，有《教学研究》《思想教育研究》、快讯简报等刊物，用以发表教师的研究成果，营造学术氛围，提高教师的科学研究意识和水平。

第二，开门办学拓展空间。陶校长倡导"走出去，请进来，开门办学"的思想，一方面，他亲自带领教师到北京四中、北京八中等名校听课，把北京市的知名教师请到十二中为师生开办讲座。另一方面，他建立了全国"十二中联盟"，几乎每天都有外地教师入校参观、交流。[1]十二中所有教师的课都对外开放，听课的人可以"推门而进"，不必事先约定或告知。学校还设立了开放日，让来自全国各地的学校领导和教师都可以进校听课。这种"开门办学"的理念为教师创造了良好的发展环境。在开放交流的实践中，学校的教师队伍不断优化，逐步形成了"老中青，多学科，强重点，有特色"的教师梯队和教师结构体系。

第三，青年教师平台搭建。青年教师是学校的新生力量，也是教师团队的重要组成部分，陶校长非常注重青年教师的培养。他特别关心年轻教师，对年轻教师敢于用，真培养，敢于给青年教师提供条件，并且亲自带头为青年教师的发展"把脉问诊"、指引方向。同时，为使青年教师尽快成长，他开师徒制先河，在任期间，亲自安排教研组长带领新教师，要求年轻教师每天

---

[1] 仁心笃行 高山仰止——陶西平老校长追忆录［C］. 北京十二中，2020.

听师傅一节课，以帮助他们能够在师傅的引导下快速掌握教学方法，在教学上少走弯路，进而通过不断学习，实现自身加速成长。他还找青年教师谈心谈话，鼓励青年教师要有事业追求，制定职业发展规划，及时指出其课堂教学存在的问题，并且经常为教师的进步和成绩给予肯定和鼓励。1982 年，学校还专门设定了“青年教师优秀奖”，获奖者不仅可以获得学校颁发的、在当时含金量很高的“教师新秀”荣誉证书和荣誉称号，同时每学期还必须要上一次全校公开课。学校为青年教师专门设立奖项，这也是当时北京市的首创。[1] 他还经常为青年教师创造机会，搭建展示平台，不断让他们接受新的挑战和任务，让他们在锻炼中得到提升。正是在陶校长办学思想的指导下，一批青年教师迅速成长，成为独当一面的教学主力和骨干，使学校教学尽快走出了当时教师断层、断档的困境，为实现打造一流教师队伍的目标奠定了坚实基础。

（四）确立共同愿景目标，增强教师组织认同感

学校文化是一所学校的灵魂，它凝聚了全校师生共同的价值观、共同的信念，以及共同的愿景与共同的努力方向，学校文化对学校发展起着统领的作用、规范的作用、激励的作用以及熔炉的作用。先进的学校文化能够让教师产生强烈的组织认同感。组织认同有利于教师在思想、行为和观念等诸多方面与其所属学校具有较高的一致性，进而使教师个体对其所属学校的教育教学及管理活动表现出强烈的主人翁意识和高度的责任感。[2]

陶校长带领全体师生确立了“同心同德，兢兢业业，求实创新”的校训，这已经成为几代十二中人的精神源泉。上任之初，陶校长就和书记一起提出了“同心同德，兢兢业业，为十二中在 1990 年进入首都一流学校的行列而奋斗”的改革目标。在共同目标的引领下，全体教师为了同一个理想，团结一致，共同奋斗，同心同德；几代人为建设一所名校辛勤付出，历尽艰辛，在教育改革的浪潮中，兢兢业业，毫不松懈；扎扎实实做好教育教学工作，勇

---

[1] 仁心笃行　高山仰止——陶西平老校长追忆录［C］. 北京十二中，2020.

[2] 洪明，吕三三. 中小学教师的组织认同、职业认同及关系［J］. 乐山师范学院学报，2016（3）：136-140.

于开拓，勇于追求，求实创新。在这种氛围中，十二中师生之间、生生之间、师师之间、干群之间关系融洽，大家心情都很舒适、愉快。“教师们感到虽然压力大，难度大，要求高，但是却有一种幸福感”❶。全校教师都为十二中感到骄傲和自豪，每个十二中人都热爱着他们自己的学校。显然，十二中在陶校长的带领下，形成了良好的组织文化，使教师在工作中产生了很高的积极性。直到今天，现任校长李有毅在回忆时说道：“对于这十二字的校训，老师们早已内化于心、外化于形。校训已经不仅是陶校长的教育理念，也成为北京十二中真实的校风传统。”❷

三、激发教师队伍活力的生成逻辑

通过分析和考察陶西平办学思想与实践，可以看到教师队伍活力的内在逻辑的深刻性——历史逻辑、理论逻辑、实践逻辑。其中，历史逻辑为激发教师队伍活力提供了背景和问题，理论逻辑为激发教师队伍活力提供依据和支撑，实践逻辑是教师队伍活力实现的手段和路径。

（一）历史逻辑

马克思曾经指出，“人们总是在既定的历史条件下创造历史的。”历史条件和历史问题是历史逻辑形成的关键所在。在“文革”的十年浩劫中，新中国成立后建立的基础教育管理制度被彻底否定，师范教育被迫砍掉，教师培训渠道也被堵塞……整个中小学教育处于混乱局面。❸ 而基础教育师资队伍建设作为中小学教育的基石，更是国家恢复与发展中小学工作的重中之重。改革开放之初，中小学学校内部普遍存在三方面突出问题：第一，领导体制不明确，党委和校长职责不清，学校没有明确的工作目标和责任制；第二，教职工参与学校管理没有体制保障，民主权利无法正常行使；第三，教职工收入低，分配制度沿袭大锅饭，干和不干一个样，干好干坏一个样，积极性不

❶ 仁心笃行　高山仰止——陶西平老校长追忆录［C］. 北京十二中，2020.

❷ 罗洁. 陶西平先生纪念文集［M］. 北京：教育科学出版社，2021：156.

❸ 彭泽平，姚琳. 新中国基础教育改革与发展：历程. 经验. 展望［M］. 北京：人民出版社，2018：330.

高，教师队伍流失严重。总体状况是学校缺乏激发活力的体制和机制。陶西平敏锐并清晰地认识到这一系列问题的存在，是改革开放后较早关注到学校活力问题的教育家之一，并且举办校办工厂、改革管理体制、提高教师队伍水平等学校改革实践取得了启动办学活力的突出成效，并且在《启动学校内部活力的理论与实践》一书中形成了其关于学校活力的思想成果。

正是基于对中国教育的社会背景和历史发展的深刻理解认识，促使陶西平对于基础教育管理和教师队伍发展活力激发从实践的探索，到形成理论的主张以及大范围地铺开试验，逐步摸索出学校改革的有效模式。当前新时代背景下，要构建学校活力，激发教师队伍活力也应当具备时代意识、历史逻辑，坚持基于历史条件和基础解决时代问题为导向的改革，才能真正实现激发学校活力和教师队伍活力。

（二）理论逻辑

理论是灰色的，当学校实践与理论有机地结合在一起时，会焕发出强大的生命力。陶西平便是一位非常善于将理论与实践相结合的教育家。从其教师队伍建设的实践来看，他始终把人放在最重要的地位，教师是学校第一宝贵的资源，教师队伍建设是学校发展的核心要素。陶老建设教师队伍的实践处处散发着人性的光辉，其中贯穿着马斯洛需求层次理论，可以说需求层次理论既是陶西平激发教师队伍活力的理论逻辑，也是陶老的贯穿始终的办学智慧，他始终把握住了人的需求，立足于人的需求，尊重人的需求。从需求层次理论来看，人的需求包括生理需求、安全需求、归属和爱的需求、尊重需求以及自我实现的需求。当时，十二中的办学条件落后，教学设施落后，教师经费紧张，教师待遇和地位都很低下，陶校长首先从创办校办工厂入手，解决教师待遇和教师经费问题，满足教师的生理和安全需求，激发教师更高层次的需求。同时，建立教职工代表大会制、校长负责制以及教职工聘任制“三位一体”的学校内部管理体制改革，从制度上保障教师能够享有在组织中的被尊重和主人翁的权利和需求。陶老还秉承开门办学的思想，创造各种条件，提高教师的胜任力，让教师能够在教学岗位和各种场合中展示自己并得到成就感，充分信任教师，敢于给教师压担子，积极创造条件帮助教师成长，激发教师自我实现的潜能和需要。正是基于组织激励理论和人的需求层次理论的逻辑，十二中教师的活力得到大大激发，短短五年内建立了一支强有力的师资队伍，而且不论老中青哪一个年龄阶段，都充满干劲地为学校的目标而不懈努力着。

当前，在教师队伍活力激发过程中，也要有强烈的理论意识和理论逻辑，摈弃依靠经验的方式，随意照搬所谓名校的做法，而是要以科学的理论依据作为支撑，在学校经费、管理制度、评价、文化建设等各方面贯穿理论的逻辑，不断使学校办学的设想和框架更加科学与完善。切实基于学校组织的发展，人的需要，教师的需求，在理论指导下解决教师的后顾之忧，关注教师的切身利益，帮助教师克服和跨越专业发展的实际困难，为教师的发展搭建平台，这是学校教师队伍内在活力的根源。

（三）实践逻辑

“教育实践既是教育理论的思想源泉，又是教师实践者的栖息地。”[1] 不论是教育思想还是教育理论，终究需要教育实践将其转化与落地。“一个好校长就是一所好学校”在陶校长办学实践中得到了充分的体现。陶西平在激发教师队伍活力方面可以说体现了卓越的办学能力，一是能够把自己的教育思想转化成为办学的整体框架，在学校管理的目标、计划、资源、组织、实施等各个环节中都充分调动了教师的积极性，使教师产生强烈的组织归属感和认同感，从心底里愿意为学校的共同使命和愿景而奋斗；二是通过教育思想、教育理论为学校发展搭建完善的办学框架，创造了良好的发展环境，吸引和团结了一大批优秀教师来到十二中，为学校发展营造了积极向上的氛围。

当前，在教师队伍活力激发方面缺乏统一的实践逻辑，学校的文化往往只是写在墙上，学校组织愿景的确立没有让广大教职工广泛参与，不能深入教师的内心和得到教师的认同。对于教师的教学自主权不能给予充分的尊重和肯定，在教师遇到发展的瓶颈和难题时不能给予及时和有针对性的帮助。

[1] 刘庆昌. 教育实践及其基本逻辑［J］. 山西大学学报（哲学社会科学版），2015（3）：97-106.

并且，在学校管理中缺乏民主，把教师看成是管理的对象，而不是看成学校的主人。如此，教师的认同感、自主性、胜任力等各方面都不能得到良好的发展和发挥，久而久之，教师队伍便会缺乏活力，容易产生职业倦怠。因此，实践的逻辑不容忽视，它呼应了历史逻辑的现实要求，同时也是理论逻辑的实践表达。学校要将这三种逻辑有机地融合与运用，才能切实有效地释放和激发教师队伍的活力。

四、新时代学校教师队伍建设的实践经验与举措

陶老“整体优化”办学思想不仅在20世纪80年代引起了重大反响，对于北京十二中以及北京市乃至全国的教育管理体制都起到了重要的推动作用，其办学思想所蕴含的深刻历史逻辑、理论逻辑以及实践逻辑仍然指导和影响着一大批北京市中小学校在新时代不断进行新的探索。这些学校在陶老办学思想的引领下，将教师作为学校整体发展的关键要素，根据自身学校发展实际，在教师队伍建设方面进行了卓有成效的探索，激发了教师队伍的活力，为学校整体发展注入了源源不断的动力。

北京八中是最早推行“素质教育”的学校之一，并且早在1985就举办了超长儿童实验班，开创了基础教育超常教育的先河。为了打响“素质教育”和“超长教育”这两个金字招牌，学校将教师队伍建设作为学校发展核心的核心，注重结合学校特色发展和建设教师队伍，建立学习型组织，从育人目标的共识、课程建设的锤炼、育人成效的驱动、文化氛围的创设等多方位全面提升教师素养，为教师的个性化发展创造条件。经过几代校长和北京八中教师的努力，北京八中的教师队伍建设取得了显著成果，形成了一支师德高尚、素养全面、梯队合理、能力超强的干部、教师队伍，使北京八中教育、教学、科研等方面成绩斐然。

十一学校自20世纪90年代以来，在几任校长的领导下，一直站立在基础教育改革的潮头，不断进行改革创新，实现了学校的整体转型。而学校转型的关键是每一位教师的转型。因此，学校树立了“每位教师都是一座富矿”的教师专业发展理念，开发教师发展新方式的模型，构建教师发展的新课程体系，并建立强有力的支持保障，从而不断激活深埋于教师内在

的经验，挖掘教师个体实践经验的价值，帮助教师梳理经验形成组织知识，在整合梳理的过程中帮助教师建构起自己的个人特色和风格，进而引导教师成为具有自主成长意识的、内生动力强大的、持续迭代进阶的卓越教师。

翠微小学始终铭记陶老所说的“教育改革教师成长是关键”，立足教师专业成长，创设独具特色的培训文化。学校建立了完善的教师培训体系，构建起教师培训机制，学校的培训工作逐步走向规范化、科学化、系统化。近年来，学校精心设计培训内容，并且针对不同群体和层次，对教师进行有针对性的培训，正逐步形成“一师一特点”的教师队伍发展态势。

西城区师范学校附属小学秉承“居敬守静”精神，“让教师站立在教育教学正中央”的教师队伍建设理念，引导教师参与学校文化建设，以形成文化认同；让教师深度参与学校的管理，以形成组织认同；为教师专业发展广搭平台，以提升职业胜任力，形成职业认同。西师附小在发展进程中积极思考，不懈探索，秉持“以人为本”的原则在教师队伍发展方面取得了卓越的成效。

北京一中是一所百年老校，1990 年，时任北京市教育局局长的陶西平在东城区教委领导陪同下到一中现场办公，确定了北京一中作为北京市实验学校小学中学整体综合改革的方案。几十年来，学校一直在实践中践行陶老的“教育家”“真教育”精神，多措并举，努力培养德才兼备的教师队伍，使学校发展焕发出勃勃生机。

方家胡同小学高度重视教师队伍建设。近年来，学校在新的时代背景下，以陶西平先生整体优化思想为引领，开展了以“建精美党建，促内涵发展”为主题的学校党建引领教师队伍建设的实践探索。着力建设一支“党性观念强、业务能力强”的高素质干部队伍；打造一支“政治站位高、师德水平高，业务能力强”的师资队伍；形成“德艺双馨、一专多能”的人才梯队，实现学校高质量跨越式内涵发展。

北京市第十八中学在深刻理解陶老整体优化教育思想的基础上，结合学校的实际，在教师专业发展方面探索出了“教师专业自发性发展”的指导思想，采取了培养教师的教育情怀、加强教师教育叙事研究、关注教师专业发展的“过程”、优化教育生态等举措，全面推动学校教师专业水平的整体提升。

以上七所学校是一大批在陶老直接引领下成长和发展的学校典型代表和缩影，他们都在自身学校发展实际与需求的基础上，在教师队伍建设上积极探索，成效显著，为激发教师队伍活力和学校改革发展提供了典型案例。

建学习型教师组织　创“超常”与“素质”金字招牌

——记陶西平先生关怀八中教师队伍建设

北京市第八中学　王俊成

陶西平先生与八中渊源甚深。在学校发展历程中，陶老对八中的“超常教育”与“素质教育”给予了高度评价和深入指导，同时提出，必须要打造高素质的教师队伍，才能适应学校特色发展的要求。多年来，北京八中着力构建学习型教师组织，形成了一支师德高尚、素养全面、梯队合理、能力超强的干部、教师队伍，为学校树立“超常”和“素质”的金字招牌提供了有力的支撑。

——编者语

2020年5月19日，当代著名教育家陶西平先生逝世，这位在教育理论和教育实践方面都卓有建树，以行促思、以思导行的教育智者，在教育行业躬耕几十年，泽润杏坛，韵启后人。

陶西平先生与北京市第八中学（简称八中）素有渊源，多年来一直关注八中的发展，给予学校多方面指导与支持。他多次叮嘱：“一定要把八中的素质教育和超常教育这两个金字招牌做好。”他还说：“什么是素质教育？素质教育实质上就是高素质的教师所实施的教育。”这些话鼓舞和指引着八中不懈探索素质教育、超常教育的规律，努力打造出了一支高素质教师队伍，支持和保证了学校高品质发展。

一、结合学校特色发展，建设学习型组织，提升教师整体水平

陶西平先生说：“提高教育质量就应当加强教师队伍建设，加强教师队伍建设就应当将教师集体建设成为学习型组织。”八中结合学校素质教育特色发展，围绕学校“着眼于未来，着力于素质”的办学理念，整体构建学习型组织，在培养学生成才的同时，提升教师整体质量和水平。

（一）“素质教育”开“教师培训”新局

1986年4月，面对当时渐趋严重的“片面追求升学率”现象，当时八中校长陶祖伟同志主持制定并实施《北京八中学生素质大纲（试行草案）》（以下简称《素质大纲》），陶西平先生给予了高度评价，他说：“他高举素质教育的大旗，努力将自己的主张付诸北京八中的教育实践。这份《素质大纲》的制定，标志着20世纪80年代，北京八中的素质教育就已经由理念进入到可操作的实施层面。”[1] 陶西平先生与时任八中校长的陶祖伟同志就学校素质教育的理念进行过深入交流，多次以不同方式宣传和介绍八中的《素质大纲》，并指导学校教师队伍建设，从师德、师品、师能等方面给予引领。强调素质教育既面对学生，也同样应包括教师的教育。八中根据《素质大纲》要求配置足量音、体、美、技术教师，建设质和量双优的师资队伍，同时强化“素质教育”理念和教育教学技能学习与培训，让教师在“素质教育”实践中学习和提升“素质教育”技能，理论与实践相结合，开创了“教师培训”的新局面，使教师的综合素养得到全面而迅速地提升。

（二）“课程改革”探“教师成长”新径

学校是育人之所，课程是育人载体。学生通过学习课程成长，教师借助实施课程提升素养。1986年版八中《素质大纲》，明确了八中实施素质教育的23项期望目标、实施手段和考核方法。这23项期望目标，体现了学校将

[1] 陶西平．向素质教育的先驱致敬［J］．中小学管理，2009（3）：58.

德、智、体、美、劳全面发展的教育方针，具体化为实施操作的要求。如“有高尚的道德行为”目标，初一年级的主要落实手段是：①贯彻实施自编的《八中学生道德行为规范》。以政治课为主，班主任、少先队和年级教师协同一致，并求得家长方面的配合。②实行“记功、记错”制度，作为相应的管理办法，与上述行为规范配套。再如，落实“时效观念较强”的目标，各年级、各处室、各组织的主要手段是：在教师和学生中，自上而下地开展“守时活动”，上课、下课、各种会议和活动坚持守时。教师在推进课程开设与实施过程中，国家课程素质教育学校实施和素质教育校本课程创新开发，需要针对课程的目标、内容、实施、评价等多方面内容进行探索，无成法可依，教师们就充分发挥个人与集体的智慧，开始了校级课程建设的探索之路，经过几十年的探索，完成了课程推进，练就了教师本领，参与课程建设虽艰难，却是教师成长的正路。

2012 年，八中成为北京市自主课程实验校，为素质教育课程化实施提供了新机遇，学校建设起“一主两辅四阶梯”教学课程和德育课程经纬融合的网状课程体系。其中，“一主”即以国家课程为主，“两辅”以生涯规划课程和自主实践课程为辅助，“四阶梯”为国家课程设置“领域基础课程”“领域研究课程”“领域拓展课程”和“个性发展课程”四个学习层级，以提升学生生存能力、提升学生生活品位、提升学生的生命价值，促进社会发展，促进人类美好。完成学校素质教育新课程体系搭建，实现了校级层面素质教育课程体系化落实。自主课程实验，使八中素质教育进入科学化、系统化的实践探索新时期。教师队伍建设也进入更宽阔的高速路。

1.《北京八中学生素质大纲（试行草案）》修订，让教师全局而理性思考育人体系

2019 年，王俊成校长根据新课程要求和素质教育的新形势，组织团队将 1986 年制订的《北京八中学生素质大纲（试行草案）》修订为《新时代北京八中学生素质大纲（讨论稿）》（以下简称《新时代素质大纲》）。《新时代素质大纲》继承、发展原《素质大纲》的总体架构并适当调整，培养目标结合新课程方案要求和“中国学生发展核心素养”内容调整为 16 条，“实施手段”调整为“实施途径”，“考核方法”调整为“评价”，评价包括“评价主

体”“办法”“学分”等。《新时代素质大纲》的制订在北京八中素质教育发展历程中具有里程碑式的意义，为学校新时代素质教育实施提供了依据，参与大纲制订锻炼了教师的眼界，让教师站得更高、看得更远、干得更明白。有利于培养明师、名师。

2. 建设“五维一体两翼”素质教育新课程体系，在落实课程实施中提升教师素质

配合《新时代素质大纲》的修订，在“一主两辅四阶梯”课程体系基础上，建设“五维一体两翼”素质教育新课程体系。“五维”，即党和国家要求的“德、智、体、美、劳”全面发展的五个维度。“一体”，即“着眼于未来，着力于素质”的学校主体理念，学校的课程要立足学生未来的发展，着力培养学生的核心素养。“两翼”，即一翼是学生发展指导，遵从学生身心发展规律和学习认知特点，引导学生主动参与、勇于实践、深刻体验，深入反思，促进核心素养形成，实现全面而个性化的发展；另一翼是学校课程供给，包括“国家课程”“个性发展课程”“学业发展与人生规划课程”“自主实践课程”等四类课程，为学生成长提升课程供给。面对新时代、新形势、新要求，教师在研究课程实施过程中，特别是新课程将立德树人、学生全面而个性化的发展作为总体目标，与八中素质教育实现了深度融合，教师实施的过程就是实践的过程，实践出真知，实践强素质。

3. 构建“本真致美”的学校德育课程新体系，赋能素质教育中教师全员育人新使命

1986年版《素质大纲》制订并实施后，到1990年，形成了包括行为教育系统、实践教育系统、环境教育系统、榜样教育系统、理论教育系统、学科教育系统、阅览参观教育系统、心理咨询教育系统等方面的德育系统。进入新课程实验，结合新课程方案要求，借鉴国内外最新教育学、心理学、成功学及生涯规划研究的最新成果，丰富和完善原有德育教育内容与形式，构建“本真致美”的学校德育课程新体系。教师在学科教育中育人、在社团活动中引领、在生涯规划中指导，人人是导师，处处能育人，学校德育课程新体系让教师真正将教书和育人紧密结合，塑造教书育人的全能型教师。

（三）“超创实践”登“教师发展”新高

1985 年，八中创办了中学超常教育实验项目班（简称少儿班），填补了我国基础教育领域的一项空白，开创了中国基础教育领域超常教育的先河。1995 年，钱学森先生专门致信八中超常教育：“北京八中的确办了件好事，证明教育改革，18 岁成硕士是完全可能的，不是空想。”2010 年，八中开办智力优秀学生综合素质开发实验班（简称素质班）。八中拥有了国际已有的“加速式”（少儿班）和“充实式”（素质班）两种典范超常教育模式。

2015 年，陶西平先生评价道：“30 年来，八中超常教育有了不少理论成果也积累了不少实践经验，多年来一直代表我国参与超常儿童教育的国际研究，受到国际超常教育界的重视。是我国基础教育富有实效的重要的研究课题之一。”他还说：“教育的公平首先在于有教无类，同时在于因材施教，最后为人尽其才奠定基础。智力超常的儿童少年和低智商的人群一样都需要创造适合他们身心发展的教育，所以国际上超常教育的实践就成为教育研究的重要课题之一，而北京八中正是以其研究的成果进入了世界这项研究的前沿行列。”

世界基础教育群峰林立，超常教育创新实践是基础教育的那座“珠穆朗玛峰”，攀登“珠峰”的过程虽艰辛，但也积累了经验，锻炼了队伍，八中的超常教育规模逐渐扩大，教研、科研一体化的管理使这支教师精英部队由少到多，渐成规模，承担起了超常教育这项重任。

1. 明确的超常教育育人目标，锻炼了教师立德树人大局观

超常教育要创造适合学生潜能最好发展的教育，使其成长为“志向高远、素质全面、基础扎实、特长明显”的具有创新精神的优秀高中毕业生，具有国际竞争力的拔尖创新人才。少儿班育年轻英才，素质班育拔尖创新人才。明确的育人目标，为教师提出了挑战，也磨砺了教师在朦胧中寻找方向的敏感性及善于围绕育人目标创新教育教学模式的大局意识。

2. 独特的超常教育课程建设，锻炼了教师高效施教针对性

根据学生的年龄特征和智力、体力、心理发育的特点，构建独具特色的课程体系和安排，满足这些“智优”孩子的成长需要。少儿班设置安排包括

必修课+选修课+综合社会实践课（统筹整合、循序渐进、重数理），素质班设置安排基础必修60%+拓展型选修课30%+综合社会实践课10%（丰富增润、文理兼备、学科综合），让教师从20世纪80年代起就进行个性因材施教之策。

3. 显著的超常教育实践成果，增强了教师自我成长驱动力

八中超常教育作为基础教育超常教育的开路者，成为超常教育的“品牌”，依靠的是不断开拓创新、自我完善。八中首创的“自然体育课”由开始单纯到自然中强身，发展成融合人文、自然、艺术、体育和劳动诸领域的综合学科。超常毕业生不但高考、各类竞赛成绩优异，实践活动、科技创新等方面成果丰硕，而且体质水平远超同龄人平均水平；超常儿童在线自我体验甄别系统，获得国家六项知识产权证书，解决了科学、高效选才的难题，成为信息与教育教学深度融合的典型。超常教育研究的特殊性与个别性，没有相匹配的质量评价标准和系统，但八中超常教育毕业生的自信、全面、优秀，为国家超常教育积累了经验，证明了几十年的超常教育是成功的，肯定了超常教育教师的探索，为教师的自我成长提供了驱动力，达成了师生共成长的良好效果。

（四）“文化氛围”创“教师成才”新境

“学习型组织”的构建，为教师成长创设向上、和谐、浓郁的文化氛围。学校定期向教师推荐阅读书目，建立书香校园，向教师征集书目由学校配置阅读图书等；开展每月一次的个人和组织部门“我做得怎么样”“我该怎么做”的“自我省察”活动；每学期借助第三方进行学校“自我诊断”，帮助教师进行反思梳理，自我完善；每年组织全校教职工进行征文比赛、演讲比赛，讲述自己和身边的教育故事；通过青年教师沙龙、教研组学科特色和教研文化建设等促进教师专业成长；每年组织“双感双有”（“双感”，即感动、感恩；“双有”，即有担当、有价值）活动，与分校、友好校及外省市某些条件相对薄弱的学校结对开展的系列交流活动，既发挥了示范校优质资源的辐射带动作用，又提升了教师的教育能力、教育境界；“三优工程”以先进的教育教学理论为先导，以优秀课堂教学实践为典范，立足于校本行动研究，通

过全员参与、扎实高效的“学习优秀，不断优化，成就优质”，促使全体教师更新教育理念、创新教学方式，全面提升教师队伍整体素质，全面提高教育教学质量。

二、着眼教师素质提升，开拓多样性路径，促进教师个性化发展

陶西平先生说：“素质教育的追求从根本上讲，就是促进人的全面与和谐发展。八中把握住了这一实质……这的确是抓住了素质教育的根本。”“教师队伍建设是其中最关键最核心的因素。”八中注重结合学校特色发展锻炼和建设教师队伍，全面提升教师素养，更重视教师素养全面提升基础上的个性发展。

（一）机制建设成长环境

学校根据不同年龄、不同层次教师成长的内外需求，先后制订并实施“阳”系列教师队伍建设方案、“春”系列优秀教师评选方案，让学校的所有干部、教师都在自己的最近发展区里得到提高。

1.“阳光工程”引领学校队伍建设

包括“朝阳”“艳阳”“骄阳”“重阳”“暖阳”的“阳光工程”教师队伍建设系列工程，旨在通过人才的可持续发展、团队的整体优化、愿景的规划引导为学校发展提供引擎动力，进而加快学校师资队伍的整体提升。

“朝阳工程”培养青年教师，是“阳光工程”的开始，受众人群为35岁以下青年教师，全力提升青年教师专业技能，为学校发展提供源源不断的新鲜血液。“艳阳工程”打造名优教师，是“阳光工程”的深化和升华，受众人群为中年教师，通过“艳阳工程”促进骨干教师的成长、成名，发挥彰显名师的效能，带动整体的提升。“骄阳工程”提升干部能力，是“阳光工程”的深化，受众人群为中青年干部，通过“骄阳工程”打造一支结构合理、素质优良、作风硬朗、勤政务实、真抓实干的干部队伍，真正使干部成为学校发展的引擎动力。“重阳工程”发挥老教师余热，是“阳光工程”的延续，受众人群为即将退休和部分已经退休的老教师，“尊重”和“发挥”老教师的作用，理解、尊重、关心和量才量力使用，发挥人才库和智囊团的作用，

使老教师老有所为、老有所乐。“暖阳工程”帮扶解困、凝心聚力，是“阳光工程”的物化，受众人群为学校全体教职工，通过这种看得见、摸得着、感受得到的方式，团结广大教职员工，全力提升教师的幸福指数，让每一位教职员工在学校都能感受到强烈的归属感和认同感，有效地凝心聚力，共同奋斗。

每项工程都包括具体明确的指导思想、目标任务、主要措施、预期成果和组织保障等几大部分。其中的培养措施明确具体，操作性、层次性强，设置了“发展指标体系”“培养课程体系”“交流展示平台”“服务助推机制”和激励评价机制。例如，青年教师成长的“朝阳工程”中的“发展指标体系”，规定在9年时间内，从新手教师的“写一份三年成长规划”“读一本教育心理学专著”“写一篇教学设计”“做一次家访”，到胜任教师“写一手漂亮的粉笔字”“做一次班级导师”“讲好一个教育故事”“开好一次主题班会”“讲一次区级公开课”，再到“成熟教师”的“发表一篇高质量论文”“命制一套模拟试题”“主持一次沙龙活动”“主持一项科研课题”“组织一次学生社会实践活动”，步步提升，搭建起教师成长的攀登阶梯。

2. “春”系列评优办法激发内在动力

为建立教师成长的长效机制，学校研制实施了“春”系列优秀教师激励机制。包括“春蕊杯”优秀青年教师评选及奖励办法，“春华杯”优秀教师评选及奖励办法，“春润杯”优秀班主任评选及奖励办法，“春耘杯”优秀服务育人评选及奖励办法，“春雁杯”优秀干部评选及奖励办法，“春风杯”优秀部门组室奖评选及奖励办法，“春光杯”学校发展特殊贡献奖评选及奖励办法等奖励措施。每项奖励办法都包括评选对象、评选条件、评选名额、评选程序、奖励方式等内容，其中评选人数占参评人数的10%，评选对象由中心推荐、学校组织评审、经过公示确定结果。

“春”系列评优奖励办法照顾到各个层面、各类员工，目的明确、程序科学，既是肯定，也是规范，更是引领，极大地激发了广大干部群众的干事创业热情。

（二）平台搭建成长舞台

干部、教师成长，既是个人的事情，更是学校的重要工作内容。学校利用各种机会，为干部、教师搭建了多种进修学习的平台。

1. 利用外部资源，丰富教师培训内容

一是走出国门，培养具有国际化视野和人类情怀的师资队伍。2015 年 10 月，八中与连续五年教育学院排名全美第一的范德堡大学联合，成立“北京八中国际化教育教师职业发展基地”，组织学校教师分批参与包括国内国外课程的培训；理论学习、实践研究、课堂观摩、实地考察、座谈交流等丰富的培训内容，即开拓了教师眼界，提升了教师比较的机会，在比较中思考鉴别，坚定中国基础教育的办学自信，也了解了西方先进国家的教育长处，做到兼收并蓄，取长补短。

二是放眼国内，与全国名高中结队交流，在共同研究中解决难题、提升教师素养。2015 年 11 月，八中与辽宁实验中学、浙江镇海中学、呼和浩特二中联合成立了“优质中学联盟”。联盟成员校充分发挥各自的资源优势，通过学术交流、同课异构、活动观摩，进行深度合作交流、探讨研究、实践创新，互为借鉴、共谋发展；为学校干部、教师的学习交流和学校的高品质发展搭建了优质的平台、开拓了丰富的资源。

2. 创新内部机制，增加教师成长机会

一是构建教师教育校本课程体系，用课程保障教师队伍建设学习的规范化、科学化。八中在积极参与上级组织的各级各类培训活动外，构建了常态化、系统化的教师教育校本课程体系。例如，新入职或新调入教师的基本素养类课程，这些课程既有学校传统和文化学习，也有教师基本规范和教学常规学习，还有教师基本功及基本素养内容学习；再如，面向全体教师的专业知识类课程，主要是学科专业素养提升类、教研科研融合类、学生学法指导类内容，着眼于教师专业素养的形成与提高；又如，着力于骨干教师的专业能力类课程，主要进行学科专业研究开展与提升、学校重点学科优势学科打造、名师工作室建设等。

二是教师培养活动与学校其他活动水乳交融、相辅相成，共同完成教师队伍建设的任务。如对新教师设置的校本课程与“朝阳工程”提出的青年教师 0~9 年发展指标相呼应，青年教师培养课程以促进青年教师发展为目标，以青年教师专业发展需求为内容，以提高青年教师实践能力为核心，以激发青年教师自主发展为重点。课程框架包括“专业理念与师德”“专业知识”“专业能力”三个维度，“师德师风”“职业理解与专业规划”“教育学与心理学知识”“教学设计”“教育科研”等 14 个模块和“了解我们的学校的历史——本真致美做教育”“如何正确理解教育的价值和意义?”等 45 个研修主题。

综合平台的搭建讲究培训与实战一体，学习与应用贯通，体现学校美美与共、和谐共成的理念，为八中教师的成长提供了强大的组织背景和集体助力。

（三）活动激发成长活力

实践出真知，活动激活力。八中将各种教师队伍建设规划、教师素养培训计划、教师能力培养方案设计成相互融合、交织有序、有效的常规与创新活动，在丰富多彩的活动中认同情感、提高认识、提升能力和锻炼队伍。

1. 教师大会

定期组织“教师大会”，专题研究教师成长的规划、方案，聚焦教师成长过程中需要解决的问题，开展问题解决研讨。例如，“青年教师大会”，特请教育部基教司领导，为青年教师举行“深化普通高中育人方式改革，为培养时代新人奠基”报告，引领青年教师放眼未来、立足现实；王俊成校长亲自解读《北京八中青年教师发展三年行动方案》，明确青年教师成长的期望、路径和策略；唐挈书记举行“青年教师成长”专题讲座，结合自身成长经历，从理论到实践对青年教师进行点拨。“青年教师大会”为青年教师健康快速提升确立了方向、指明了路径、提供了策略。

2. 教师半月谈

学校每半月举行“教师半月谈”，就各年龄层次、各发展阶段教师成长中的突出问题举行专题活动，活动由教师主持，内容有专家讲座、名师辅导、典型发言，就事论事，不拘一格。例如，首期“青年教师半月谈”，由青年教师梁东升主持，聘王俊成校长讲述自己的教育经历，为青年教师解答成长路上可能遇到的疑难问题；第二期由青年教师汪勇主持，聘请唐挈书记讲解青年教师成长的路上需要注意的事项。其后，学校特级教师、学科骨干、有专长的教师等一路接续，选择青年教师成长过程中遇到或可能遇到的主题或专题，与青年教师展开对话，和谐的氛围、切身的话题、殷殷的态度让青年教师如沐春风，入耳入心。

3. 课堂嘉年华

教师嘉年华作为一个展示平台，给教师提供了自我展示、自我成长的舞台，如粉笔字大赛、演讲比赛、教学设计大赛、课堂教学大赛、命题设计大赛等。帮助教师解决“教什么”“怎么教”的问题，推动教师思考“为什么教”。经过不断锻炼与展示，帮助教师进行教育教学反思，逐步形成个人教学风格。

4. 公开课展示

课堂教学是教师的基本功，是教师承担职责体现价值的最重要环节，为提升教师课堂教学能力，八中的每学期各级各类公开课，已经成为教师的例行节日。青年教师讲公开课，层层推送，打磨精研。全校展示时教师所备的课早已经脱胎换骨，青年教师在一次次的备课磨课中，摸爬滚打，渐渐成熟；骨干教师展示课，精选课题，反复推敲，呈现出来时各具特色、风格渐成。

5. 各类学科沙龙

学科沙龙灵活多样、针对性强，是学科个性化培训的有效形式。八中每学期的学科教研和科研计划都包括沙龙举办的内容。或聘请校外专家学者、教研员到校内指导，或推举校内骨干或新秀进行经验分享，或梳理教育教学中存在的问题进行研讨，内容广泛、形式自由活泼，深受广大教师欢迎，在教师成长中发挥了积极的作用。

经过几代校长和八中教师的努力，八中的队伍建设取得了显著成果，形成了一支师德高尚、素养全面、梯队合理、能力超强的干部、教师队伍，使八中教育、教学、科研等方面成绩斐然，在深化素质教育、落实“立德树人”教育根本任务之路上充满自信，没有辜负陶西平先生的殷切关怀和厚望。

仁者永生，陶西平先生离开我们一年多了，陶先生对教育事业、对八中发展的影响是广泛、深远的。八中不断开拓创新，在素质教育的全面推进和高水平实施各方面不断突破，获得了长足进步，取得了丰硕成果，这离不开陶西平先生几十年来对八中的指导引领。雨泽杏坛枝叶茂，韵启后人律音清。致敬陶西平先生。

挖掘每一座“富矿”，促教师主动成长

——北京市十一学校教师队伍建设的机制与策略

北京市十一学校　郭学军

北京市十一学校在不同的发展阶段，都得到了陶老先生的大力支持和深入指导，其“整体优化”思想贯穿于十一学校的办学实践之中。对于这样一所不断改革创新的学校，陶老曾指出，一支优秀的师资队伍是十一学校未来发展最大的潜力。多年来，十一学校秉持“每位教师都是一座富矿”的教师发展理念，充分挖掘每一位教师的潜力，提高教师的专业素养，从而实现学校的成功转型，挺立于基础教育改革的潮头。

——编者语

陶西平先生主张“实现教育过程的整体优化”，这一教育思想贯穿于北京市十一学校（简称十一学校）的办学实践。从李金初到李希贵，两任校长治理下的十一学校一直站立在中国基础教育改革的潮头，带领全体师生员工创新育人模式，“从课程本位转向学生本位”，“从以知识、能力为导向转向以素养、价值观为导向”，“从教为中心走向学为中心”，“从管理走向领导”，最终实现了学校的全面转型，践行了陶先生提出的学校教育的整体优化思想。论到教师队伍建设，陶先生曾经高度评价十一学校的办学改革成绩，“十一学校的历史不仅在于体制改革，还有师资队伍建设，因为一支优秀的师资队伍是十一未来发展的最大潜力。”

教师是育人模式体系的重要支撑，在选课走班背景下，新的育人模式对教师素养提出更新、更高的要求。学校转型的关键是每一位教师的转型，教师的专业素养决定学校课程建设的高度、宽度和深度，为此，十一学校从确立教师专业发展的理念，搭建教师专业成长的平台，为每位教师提供可选择的专业发展课程，驱动教师持续的专业成长的内动力等方面，探索教师队伍建设的机制和策略。

一、树立“每一位教师都是一座富矿”的教师专业发展理念

教师专业发展属于成人学习，有着丰富的第一手实践经验，并且可以在学习过程中充分应用。教师自我发展的主动性、积极性在其成长中起着举足轻重的作用。因此，激励、支持将成为教师专业成长的核心价值观。遵循成人学习理论，不断激活深埋于教师内在的经验，挖掘教师个体实践经验的价值，帮助教师梳理经验形成组织知识，在整合梳理的过程中帮助教师建构自己的个人特色和风格，进而引导教师成为具有自主成长意识的、内生动力强大的、持续迭代进阶的卓越教师。为此，我们提出“每一位教师都是一座富矿”的教师专业发展理念。

每一位教师，无论是刚刚入职的新教师，还是有二三十年教龄的成熟教师，乃至享誉一方的卓越教师，他们都有对学校价值观的独立思考和见解，都有自己专属的生活阅历、学习经历，更有自己对专业发展的差异化需求，这些构成了“每一位教师都是一座富矿”的现实诉求。当我们放下身段，沉下心来，细细倾听来自每一位教师的成长历程时，都会为教师的光彩所照亮。耐心地倾听需求、精准地识别需求、积极地满足需求、有条件地创造需求，这是“每一位教师都是一座富矿”的理念落地的可操作路径，也是实现教师专业发展新方式的方向要求。

比如，一位刚刚入职的教师，将自己的职业发展目标定位在三年内成为一名出色的化学竞赛教练。对于这样的职业目标很多人会觉得难以实现，更不会把竞赛的担子放在一个初出茅庐的新教师肩上。但是十一学校秉承着“每一位教师都是一座富矿”的教师专业发展理念，大胆地将化学竞赛任务交

到这位年轻教师身上，并且配以德高望重的师傅进行指导帮助，经过三年的努力，竞赛团队果真不负众望，获得了第30届中国化学奥林匹克决赛“4金1银”的成绩，创造了十一学校化学竞赛历史上的最好水平。

二、开发教师专业发展新方式模型

该模型由一个理念、一种组织形式、动力机制、多样化的平台和过程性评价五大要素构成，各个要素发挥不同的作用，各个要素又相互作用，构成我校教师专业发展新方式（见图1）。其中，一种新理念即“每一位教师都是一座富矿”的教师专业发展理念，这是教师专业发展的新方向；一种新组织形式即用学术引领代替行政命令的“书院式”校本研修的组织支持系统，这是教师专业发展的组织保障；动力机制即发展需求的发现机制，多平台、多层次的分享机制，弥漫式的全方位的激励机制，跨学科听评课机制，新老教师共同成长双轮驱动机制，这是实现教师专业发展的动力机制；过程性的评价是核心；教师专业发展课程体系、与之匹配的教师专业发展多样化平台建设，是支持教师专业发展的有效载体。在这些内容中，“新理念”是教师专业发展的方向保证；“新组织形式”是实施教师专业发展的组织保障；“新机制”是教师专业发展的动力支持系统；“新途径”是实现教师专业发展的有效载体；“过程性评价”是核心，五位一体，共同指向从注重外在的培训内容、形式转向关注驱动教师内在发展动力的方式，从“你要发展”转变为“我要成长”，由行政命令转向学术引领的教师专业发展之路，促进教师自我成长意识的觉醒。当然，促进教师专业发展的最终目的是更好地服务于学生，服务学生的健康成长，最外圈代表教师专业发展的终极目标，这也是教师职业幸福感、获得感的活水源泉，正如十一学校的行动纲要：教师的职业定位在于，在学生未来对社会的贡献里发现自己的人生价值，在学生今日之爱戴与未来的回忆中，寻找富有乐趣的教育人生。

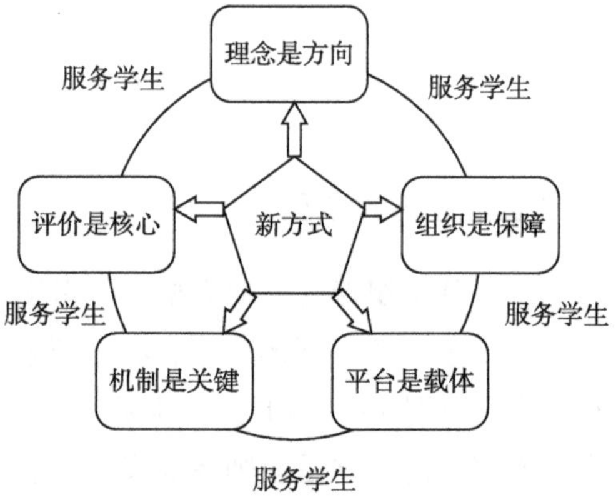

图 1　十一学校教师专业发展新方式模型

三、构建可选择的教师专业发展课程

我们对教师专业发展的期许来自我们对教师的职业定位。《北京十一学校行动纲要》第九条明确提出，“教师的职业定位在于，在学生未来对社会的贡献里发现自己的人生价值，在学生今日之爱戴与未来的回忆中，寻找富有乐趣的教育人生。”这是我们每一位教师成长发展的一个高度、一份追求。在新的育人模式体系下，我们对教师专业发展的思考是：

其一，教师是存在差异的。不同群体、不同学科、不同年级、不同发展阶段的教师的学习认知与实践状况存在着较大差异，他们对自己专业成长的祈求也是不同的。学校应充分考虑到这些需求，提供每位教师可选择的专业发展课程，以便为教师的专业成长提供有针对性的帮助。

其二，让教师的专业成长成为一种自觉的行为。教师的发展不单具有相对于学校课程改革或学校改进等目标的工具价值，它本身就具有重要的内在价值：唤醒教师专业自觉，促进教师的职业认同，提升教师的追求和动机。这本身是优质学校教育不可缺少的构成要素。所以，对待教师发展，要更着眼于其自身的职业规划和发展内驱力。

基于这样的思考，我们设计了教师发展课程。

（一）教师发展课程设计的原则

1. 通过民间的力量，而非行政力量，推进教师发展课程的建设

2009年，学校成立教育家书院，负责学校教师发展和专业培训工作，意在用学术的力量推进教师专业成长。这样一方面不让教师有太多的压力，避免抵触情绪；另一方面，按需索取，使每个人能得到更有针对性的帮助，增强个体发展的效果，也在一定程度上提升教师发展的自觉意识。教育家书院秉承“商榷、求真、民主”的工作风格，用一种无形的力量将教师的专业发展凝聚起来，形成教育的合力。把课程的设计、实施与每一位教师的发展需求对接起来。

2. 整体规划，构建教师专业发展课程体系

重新梳理学校组织和开展的各种校本教研和培训活动，从课程的层面上进行系统建设，形成基于不同发展阶段、不同发展水平、面对不同问题的专业发展课程体系。帮助教师突破各个成长阶段的瓶颈，力图让每一位教师由初入职走向成熟，由成熟走向优秀，由优秀到卓越，逐步成长为教师教育家。

3. 通过成立工作室、工作坊等形式，形成发展共同体

通过工作室、工作坊等平台，以优秀教师的引领、带动教师群体的快速成长。斯坦福大学的格鲁斯曼（Grossman）等以案例研究为基础，对教师专业共同体的内涵、特质及组建过程进行了较为详细的描述与说明，明确指出了“教师专业共同体”和“一群教师”之间有着本质的区别。发展共同体内共同的目标愿景、自觉自愿的宽松氛围、面对的共同的问题以及优秀引领者的影响，更能够帮助广大教师站在集体的肩膀上飞翔。

（二）构建可选择性的教师发展课程

我们从目标推动、经验分享、答疑解惑、教研、课程建设和亮点宣传几方面对传统的学校校本教研和培训活动进行了系统梳理。同时，依据现在学校正在进行的课程改革的需求，增加了课程建设方面的教师发展课程，逐步形成6大类，16个领域，40门教师专业发展课程（见表1）。

表 1　教师专业发展课程

类别	领域	课程	适用对象	目标
目标推动类	教师教育家成长工程	导师引领课程	14 名优秀教师	优秀教师成长为教育家
		学术论坛课程		
		教学思想研讨会		
		自主阅读课程		
	卓越教师研究室	王春易课程变革研究室	具备 5 年及以上教龄、有比较优异的教育教学成绩，经验能够推广	能够在 2～3 年的时间完成，并且能够培养一批学科研究骨干
		方习鹏教学评价研究室		
		周志英自主探究研究室		
	工作坊	贺千红过程性评价研究工作坊	各年级负责评价项目的老师	对过程性评价平台和学生诊断数据系统进行探索、研究
	青年教师助理岗位	学部主任青年教师助理	入职 5 年以下的青年教师	帮助青年教师快速成长
	青年教师成长工程	有效课堂的组织管理课程	新入职教师	促进新入职的青年教师快速成长
		师生相处的艺术课程		
		青年读书沙龙		
		管理学常识课程		
		实践活动课程		
		师徒结对课程		
		青年教师基本功大赛		
经验分享类	名师大讲堂	由在某个学术领域有深刻思考或有独到见解的教师主讲。每周三下午	全校师生	体验优秀教师的人生感悟和学术思想
	教师读书会	读书征文	全校教师	交流读书感悟和人生心得，营造书香校园氛围
		读书分享会		

续表

类别	领域	课程	适用对象	目标
经验分享类	购书活动	购书、推荐图书、借阅书籍	全校教师	推荐新书；拓宽知识视野；培养阅读习惯
	文化传承与交流	老教师经验传承会	全校教师	传承老教师的优秀经验
	中外教师教学论坛	中外物理教师课堂教学论坛	全校教师	围绕某一个专题，各抒己见，开阔视野
		世界未来教育研讨会	境内外教师	
	教学沙龙	导师工作分享会	全校教师	选课走班实施过程中的经验分享
		过程性评价分享会		
		学生日常管理分享会		
		课程标准细目编写分享会		
		优秀学生培养分享会		
		教育顾问工作分享会		
答疑解惑类	教师互助中心	沙龙会谈式	全校教师	针对工作难题，专业咨询，答疑解惑
		专家引领式		
教研类	教研组活动	各学科教研组备课活动	同一教研组教师	课程实施的质量监控
课程建设类	研发课程	编写教材	全校教师	确保课程研发和教育教学质量
		编写课程标准细目	同一课程任课教师	
		研磨学段诊断试题	出题人	
亮点宣传类	青年才俊、月度人物等	贺词贺卡颁奖典礼	全校教师	发现教师日常工作的闪光点，不断放大教师工作的优秀细节
		月度人物		
		青年才俊		
		党员风采		
	学术积分	学术积分奖励		提升业务素养和学术能力

四、建立教师专业发展支持保障系统

在学校育人模式变革中，我们提出了“为每一位学生的学习而设计”的理念，迁移到教师专业发展上应该是“为每一位教师的专业发展而设计”。就像每一位学生一样，教师更是一个具有独立特质和鲜明个性的个体，每一位教师的专业发展之路必然各不相同，研修的方式也应该是丰富多样。

（一）成立教育家书院，探索“书院式”校本研修

我校成立教育家书院，秉承古代书院式“商榷、求真、民主”的教育模式，以学术的力量推进教师专业成长。“书院式”校本研修，以学术而非行政的方式，启动教师自主、自愿参与研修，在发现教师需求、满足教师需求、引领教师需求的过程中促进教师专业的成长。“书院式”校本研修在课程视域下逐步形成基于不同发展阶段、不同发展水平、面对不同问题的模块化专业发展课程体系。课程内容丰富多样，分层、分类设置课程，使按需施训、个性化发展成为可能。教师在弥漫于整个组织的浓厚学习氛围中，自主选择问题，寻找适切的平台，自我能动解决问题的个性化学习模式。“书院式”校本研修组织形式的突出特点在于以学术而非行政的方式，不与评价晋级挂钩，教师自主、自愿参与研修。

这种研修方式，面向教师整体的共同专业发展做保底，实现上不封顶的支持性自主发展。其间关注基于教师需求的生涯设计与协商规划，并提供深化专业的项目课题引领，加之弥合边界与问题探讨的自组织沙龙形成创造性张力。从而形成十一学校教师专业发展文化，这样的专业发展逐步逼近专业，触动教师在促进学生发展的同时实现自我专业发展。

我校“书院式”校本研修秉承学校的管理理念，实行扁平化管理。教育家书院设院长、书院助理两个岗位，其他工作人员均是骨干教师兼职，院长与各个平台主管是协商、协作的关系，他们共同为教师专业发展提供坚实的组织保障（见图2）。

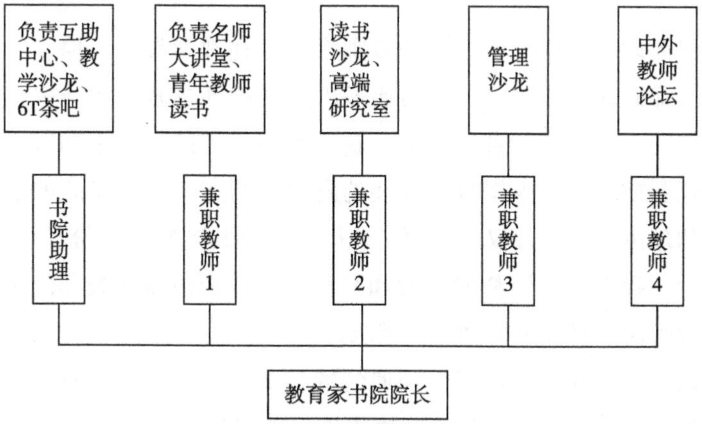

图2　北京十一学校教育家书院组织结构

（二）创建教师成长需求的发现机制，为教师主动成长提供安全保障

立足于“教师专业发展课程”，通过教师自由表达自己专业成长中的问题，识别教师专业发展需求，进而预见教师专业发展可能趋势并给予及时满足。为此，学校通过发放问卷、面对面访谈、听评课、跨学科交流等方式，让教师在课上课下、正式非正式场合，自由自在、安全地表达自己的各种需求，这种需求包括真实的与不真实的，高利害的与低利害的，宏观的与微观的，现实的与长远的。我们对来自不同渠道的需求进行甄别筛选，在对学校现有资源整合的基础上，将不同类型的需求与学校现有的资源进行统整，分门别类地实现供需对接，满足教师专业发展的需求。需求通过自由表达得以被及时发现的机制给予教师极大的安全感和舒适感，帮助教师解决成长中的困惑和工作中的难题，既尊重了教师的自尊心，又满足了教师自我实现的需求。

比如，新教师培训，以往我们都是以培训者的视角来看新教师需要什么，然后配给相应的资源。现在每学期初，我们都会通过调查问卷调研新教师胜任岗位的基本情况、在工作中所遇到的困惑和难点。调查问卷涉及教育教学、新教师生活等方方面面，通过对数据进行深入分析和梳理，列出新教师亟待解决的问题。通过对新教师进行访谈，凝炼成核心问题。定期走进新任教师的课堂，通过观摩常态课，对新任教师的课堂教学活动进行观测和研究，在课后的评课活动中，认真聆听新任教师个人陈述教学设计思路、听取教研组长等学科教师的评价和建议，从而梳理出新任教师在教学实践中亟待解决的困惑和难点。每学年初的拜师会上，新教师除了传统意义上向师父学习、听课交流，还要求新教师根据自己发展的愿望，制定本学年发展的目标并说明目标制定的理由，在拜师仪式上师父和徒弟需要共同研讨这份规划的可行性。拜师结束后，我们通过资料的整理和归档，通过走访新任教师的师父，充分了解新任教师对自身发展的期望和需求。

通过以上方式发现了新任教师遇到的林林总总的问题，我们整理归纳成《初职教师20个怎么办?》由新教师通过自荐或推荐的方式认领问题，以访谈、听课、聊天等自己喜欢的方式向不同学科的资深教师学习，并获取解决相关问题的方法、工具、策略等；新教师以案例的形式记录采访过程，并融入自己的思考和实践，在不断分享、修改、完善的基础上，梳理出带有共性的解决相关问题的方法与工具；对资深教师提供的方法、工具、策略冠以知识产权，将其汇编成册正式出版，作为下一届新教师培训的重要资源，并期待通过每一年新教师的加盟使共同的智慧结晶能够实现迭代更新。这种做法把新老教师放置在同一个问题解决平台上，促使双方充分“开采”出自身资源，并与他人的优势产生链接，在相互协同中构建积极的自我认知，让新教师培训摆脱了“我供你需”的单向输出式的传统路径，形成了新老教师“双赢”的供需对接的闭合系统。

（三）多平台分享的动力机制，构建教师主动成长的自我系统

教师专业发展的动力源泉和根本支撑是内因，内因是事物发展变化的根据，因此促进教师专业发展的关键在于唤醒教师内在的积极性、创造性和潜能。为此，学校搭建了十几个教师专业发展的平台，有面向全国展示教师研究成果的教育年会，有扬长学术魅力的名师大讲堂，有痛点研究、经验分享的教学沙龙，有提升服务质量的服务沙龙，有破解管理难题的管理沙龙，有开阔视野的读书沙龙，有答疑解惑的互助中心，有初任教师的主题研修，有提升领导力的读书会，有教学驱动机制的分享会等。

我们的教师专业发展理念是提倡每一位教师都是一座“富矿”，我们的使命就是把这些潜藏于每位教师经验背后的宝藏挖掘出来，把每一位教师放在一个平台上进行相互切磋、相互点燃，在相互协同中构建积极的自我认知，进而形成“看得见的自我成长轨迹”。多平台、多层次的分享解决了校内资源不足与严重过剩的矛盾，形成了每一位教师发展的不同范式，助推了每一位教师主动成长的原动力。地理老师韩英担任学校职业考察顾问，在她上任之后面临着一个困惑就是职业考察失去了往日的吸引力，老师不愿意牺牲周末的时间参与指导学生考察，学生也失去了对于职业考察的浓厚兴趣，报名人数大大降低，职业考察面临“破产”的危险，而这项课程又是学校引领学生职业考察的重要课程，如何突围成为韩英老师当前最大的“痛”。在餐厅的闲聊中同事了解到韩英老师的困惑，建议韩英老师利用教学沙龙这个平台进行智慧众筹，在大家集思广益下解决了韩英老师的困惑，拓宽了职业考察课程的思路，职业考察项目走上了自主研发课程的道路。分享会后一批资深教师成为职业考察顾问，为后续活动的开展做好了充分储备，这种智慧众筹的方式也成为韩英老师解决问题的一种思路。

多平台、多层次分享的动力机制给教师搭建了一个自主、自愿、自由的平台，让教师在安全、平静的状态下展示自己的成果、抒发自己的困惑，分享自己的喜悦、表达自己的苦恼，在彼此的陪伴中，在相互的激励下，自主选择自己的成长路径，规划自己的教育人生。这样宽松的氛围激发了每一位教师的创造力和主动性，仅 2019 年，我校就有 33 位教师出版学术论著，88 位教师公开发表论文，有 290 位教师主持或参与市区级课题研究，520 位教师主持或参与各级项目研究，有 97 位教师上了市级研究课。教师在不断历练中提高了教育教学和科研水平，逐渐扩大了影响力，至 2020 年 5 月，我校有特级教师 27 人，市学科带头人 3 人，市骨干 11 人，31 位教师跻身区学科带头人和 62 位教师跻身区骨干的行列。教师获得了充分的自我实现的满足感。

（四）全方位的激励机制，持续增长教师主动成长的幸福感

激励作为管理的一项重要职能，是建立在满足个人某种需求期望的基础

上的。我校的行动纲要明确提出：要用恰当的方式把赞美别人的话说出来。传递赞美成为学校的一种文化。学校内有教师对学生的赞美，年度荣誉学生的隆重表彰、每节课后过程性评价的表扬；面向全体学生的有设计感的表彰会、针对学生个体的个性化鼓励，赞美无处不在。有学生对教师的赞美，学生教师节的自制贺卡、毕业典礼为每一位教师撰写的赞美词、谢师会上深情的回忆，赞美传递爱。有对教师本人的奖励，比如学术积分、校区市各种荣誉的获得；有对家属的奖励，有教职工子女的升学奖励，有教职工子女各种优异的奖励，有邀请家属参与的功勋表彰会。有正式的表扬，卓越教师教育教学思想研讨会、成熟教师的课堂教学研讨会、获奖研究课论文课题的各种红榜；也有非正式的表扬，月度人物、青年才俊、党员风采、教师论语等每月海报展示。可以说，每一位在我校工作的教师都在不同场合、不同方式、不同程度地受到赞美、受到奖励，全方位的奖励机制极大地调动了教师的工作热情和积极性，全身心地投入教育教学中，更多地赢得了学生、家长、社会的赞誉。很多到校参观的来宾都十分感慨地说：学校的教师每个人都很忙，但是每个人都很快乐，看不到职业的倦怠感。

多年的实践表明，教师专业发展课程为教师主动成长提供了课程支撑；自由表达需求的发现机制为主动成长提供了良好的外部机制；多平台分享的动力机制激发了教师主动成长的内在动力；全方位的激励机制尊重了教师劳动的创造性，让教师获得尊严感、成就感、幸福感。这些都坚定了教师的职业理想，让学校教师发展呈现出良好的生态文化，每一位教师在自主、自由的沃土上开出了一朵朵美丽的成长之花，一大批优秀教师不断涌现。

在过去的 5 年中，我校承担国家级、市级教育教学研究课题共 20 项。各级教育教学项目共获得国家级成果奖 3 项、市级成果奖 8 项、区级成果奖 19 项。其中，“落实立德树人，构建选课走班背景下普通高中学校育人新体系”获得基础教育教学成果北京市一等奖、国家级二等奖；“聚焦学生的学习：教学方式转变的动力机制研究”获得基础教育教学成果北京市一等奖、国家级二等奖。

2020 年 9 月，王春易老师主编的《从教走向学：在课堂上落实核心素养》和朱则光老师主编的《以学习为中心的教学设计》分别出版，凝聚了十一学校一线教师在从教学走向学习的改革实践中的智慧与经验。此外，在过去的5年中，教师们自主整理自己的教育教学成果，作为主编公开出版了《走下讲台做教师》《重构学校文化》《一所学校的教育蜕变》《点燃教师，照亮教育：学校生长日志》等图书。

涵养“居敬守静”精神　站立于教育教学正中央

——西师附小教师队伍建设的实践与思考

西城区师范学校附属小学　李庆元

西城区师范学校附属小学多年来一直重视教师队伍建设，将教师放在学校整体发展的“正中央”。在发展过程中，学校借鉴和吸收陶西平在不同时期关于教师队伍建设的理念观点以及实践举措中的养分，形成了“居敬守静”的教师发展理念，并探索出一条符合学校办学实际需要的教师队伍建设路径。

——编者语

陶西平先生曾谈道，“教师是教育的关键”。在不同的阶段，陶西平都十分重视教师队伍的建设和教师专业发展，20 世纪 80 年代，他曾为北京十二中培养了一支强有力的教师队伍。20 世纪 90 年代，他担任北京市教育局局长时期，时常亲自带领北京青年教师送教帮扶海南、贵州等各地教育发展，当时我就是其中的一员，对陶老这种用开放的理念引领教师发展的方式深有体会。在陶西平担任北京市教育局局长时期，他还有一个坚持多年的惯例，就是为全市校长做报告，无论多忙他都会和校长们分享自己的思想和对政策以及实践的看法和观点。北京市近年来进入深化基础教育综合改革阶段，他还对教师发展进行过重要阐述，让校长们都深受启发，他的“整体优化”思想的精神内核也深深植根于我们西师附小的教师队伍建设中。

西城区师范学校附属小学（简称西师附小）始建于 1953 年，是一所有近 70 年历史的西城老校。近 10 年来学校进入快速发展期，规模不断扩大。现学校一校三址，拥有六铺炕、展览路和低年级部 3 个校区，共 118 个教学班、4562 名学生、313 名教师。教师队伍中，正高级教师 1 名，高级职称教师 41 名，市区级学科带头人以及骨干教师 92 名，北京市“紫禁杯”优秀班主任 11 名。

近 70 年来，西师附小顺应时代潮流，不断积淀、丰富学校的文化，努力探索教育、教学规律，为国家培养了大量的优秀人才。百年大计，教育为本；教育大计，教师为本。学校在科学育人的同时，聚焦教师队伍成长，注重教师职业精神和专业能力的双提升，历练出了一支踏实勤奋、专业过硬、低调内敛且富有爱心和责任心的教师队伍，他们静心读书、潜心育人的同时，不断探寻生命的意义，将自身发展与学校发展相融合，真正站在了学校教育教学的正中央。

一、涵养精神，引导教师参与构建学校文化

文化理念是学校发展的灵魂，决定学校的发展方向，决定教师的教育理念和教育行为。在价值观多元化的今天，学校注重对教师的价值观引领，始终把立德树人作为学校教育的根本任务，坚持社会主义办学方向，坚持社会主义核心价值观，围绕学校“使每一天都有意义”的核心理念，涵育教师居敬守静、崇德向善、无私奉献的职业精神，促其树立坚定的职业信念。

（一）教师与文化共成长

多年来，西师附小坚守着“尊重规律不折腾，继承传统不动摇，改革创新不懈怠”的工作思想，依据社会发展对教育的需求，在不同的阶段，采取不同的教师队伍发展策略。

2001 年，西师附小成为北京市新一轮课改的样本校。学校干部、教师共同领会学习课改精神，大胆实践，勇于创新，走在了新一轮课改的前列。课改带来的教育观念的更新，推进了素质教育的实施，也促进了教师队伍整体水平的大幅提高。

新一轮课改进入常态化后，学校发展进入了新阶段。为了促进学校的可持续性发展，学校文化体系建设被提上议事日程。2009 年，学校提出“使每一天都有意义的”的文化理念，在深入探索学校历史发展的基础上，于 2012 年确定了“点滴积累，使每一天都有意义”的核心理念，并以此为中心构建了完整的学校文化体系，丰富并发展了教师文化、学生文化、课堂文化、课程文化和制度文化等一系列文化理念及治校思想（见表 1）。

表 1　西师附小文化体系

办学理念	使每一天都有意义
培养目标	健康第一、基础扎实、学有所长、国际视野、全面发展
校　　训	点滴积累，使每一天都有意义
校　　风	积极、主动、严谨、勤奋
教师文化	居敬守静
学生文化	让健身成为习惯、让文明成为习惯、让学习成为习惯
课堂文化	知识对接心灵
课程文化	科学、实践、开放
制度文化	制度主张文化，文化润泽制度

10年的时间，西师附小教师在理解学校文化深刻内涵的基础上，不断提升对学校文化的认同感，并以此为行动指南，践行自己的教育教学使命。日渐壮大的教师队伍，成为学校文化的受益者、构建者、传播者和践行者，每位教师都成为学校文化的主体和代言人，为学校的可持续发展带来了无限的生机与活力。

近5年来，学校从1个校区发展为3个校区，教师从190人增加到313人，学校进入教师自主发展的时代。在对教师队伍进行常规培养的同时，学校大胆创新、开拓思路，通过分层培养、APDA（Analysis，Presentation，Demonstration，Assessment）新理念教研和多元动态教师培训，从“教”“研”双向提升教师的专业能力。鼓励教师走特色发展之路，成立教师自主管理的专业委员会，为高水平、个性化教师成长搭建平台，使其成为教师队伍的领航者。

（二）“居敬守静”做教师

西师附小提倡“居敬守静”做教师。《论语·雍也》中言，“居敬而行简，以临其民，不亦可乎？”所谓“居敬”，即抱着对生命的敬畏之心做好本职工作。《道德经》中言，“致虚极，守静笃”。所谓“守静”，即静下心来学习，静下心来思考，静下心来生活。教师要有等待个体生命不断成长的耐力与勇气，淡定地接受付出与收获之间的差距。“居敬守静”，只有对生命存有敬畏之心的教师，才能与学生一起日复一日地碰撞出生命的交响曲，最终合成生命之礼赞。这实际上是一种安静的却充满诗意的生活方式。

10年来，西师附小教师把“居敬守静”的教师理念内化于心，外化于行，“居敬守静”四个字也已从最初的一种职业境界，变成西师附小教师的真实写照。

（三）围绕“主题”做工作

学校“使每一天都有意义”的核心文化理念不是抽象的概念或停留在纸面的文字，而是在各项教育教学工作中分领域、分步骤、分阶段推进的行动指南。从2013年开始，学校每学期都提出一个工作主题，所有部门和教师都围绕着这一主题制订计划、开展工作。学校文化体系构建完成之后，首先提出了“理念至上，知行合一”的主题，引导教师将内心所想付诸行动，做到内外统一。之后学校又陆续提出了“简单的事情用心做（2015）”“开放、创新（2016）”“简单的事情做深刻（2017）”“合抱之木，生于毫末（2017）”“大器源于小成（2018）”“主动、自律（2019）”“包容与协作（2020）”“海不辞水，故能成其大；山不辞土石，故能成其高（2020）”等一系列工作主题。

一方面，这些主题体现了学校核心文化理念的不同内涵，明确了主题，即明确了工作要求和方向，进而起到规范教师的工作态度与教育教学行为的作用；另一方面，主题中每一个简单的词句，都蕴含着深刻的行为处事的道理，从“简单、小成”到“大器”“海之大”“山之高”，体现了学校规模、理念和发展的过程，也是学校教师队伍从 150 人到 200 人、到 250 人、再到 300 人，学校处于不同规模时对于教师的思想引领。人心齐，泰山移，只有凝心聚气，调动所有教师的智慧，心往一处想，劲往一处使，才能使西师附小这艘大船乘风破浪，行稳致远。

（四）汇聚向善正能量

学校倡导“向善、求真、唯美”的核心价值观，引导教师处理好自己与自己、自己与他人、自己与社会、自己与自然的关系；相信“人之初，性本善”，传承中华传统美德，树立大局意识，以学校和集体利益为重，引导每一位教师成为更好的自己。各个年级组在日常工作中定期总结好人好事，引导教师关注彼此的优点，学习彼此的长处，在点滴小事中，鼓励每个人都做到更好。

校内、校外共建和谐。在营造校内和谐氛围的同时，学校还带领教师走到校外，深入社会了解我们所生活的这个时代。学校组织青年教师参观雷锋纪念馆，学习雷锋无私奉献、为人民服务的精神；分批组织教师参观北京现代汽车有限公司、弱智学校、戒毒所、临终关怀养老院，通过了解不同层面大众的生活，让教师对自己的职业选择有更加理智和客观的认识，以此来坚定他们的职业信念。学校每年将新入职教师的家长们请到学校，召开一场特殊的“家长会”，在校长与家长们“唠家常”般的家校沟通中，赢得他们对学校的认可、对青年教师工作的激励和支持。

学校在教师制度保障方面力求规范化、民主化、人本化、精致化，让规约彰显人文情怀。职称名额有限，学校实行低职高聘制度，用制度来肯定教师的能力和价值；学校鼓励青年教师进修高层次学历，并给予资金支持；在连续扩招的情况下，为充实师资，学校积极争取编制，吸收高水平毕业生，尤其是确保一定数量的非京指标，向高学历应聘教师倾斜，保证教师队伍的高学历比例保持在高位；在党组织建设中，对优秀党员与优秀教师开展双向培养——把优秀党员培养为骨干教师，把骨干教师培养为优秀党员，以此保持优秀骨干教师的先进性、示范性和先锋性。

学校严格执行“三重一大”制度，通过多种途径对教职工校务公开。校长办公会定期邀请教研组长、普通教师代表出席，参与学校重大事项的商讨；党支部牵头，定期分批召开教师座谈会，及时倾听一线教师的声音；工会牵头，每年召开教职工代表大会，对学校的财务情况、班子履职、评优评先以及绩效方案等关系教职工切身利益的问题进行集体讨论，民主决策。规范透明的校务流程，让教师切身体会到学校决策的科学性、合理性，让他们安心、放心，把他们的质疑和顾虑化解在起点上。

此外，学校的后勤保障工作也细致入微，充满温情。为消除教师的后顾之忧，促其全身心投入工作，学校2015年开始在校园设置电动自行车、电动汽车充电桩；为方便哺乳期教师，学校在校舍并不宽裕的情况下，专门腾出一个房间，装修成温馨的“母婴室”；2021年寒假，相当一部分教师响应号召留京过年，整整一个假期，学校为这些教师提供一日三餐，并在除夕夜组织大家一起守岁、包饺子，让这些不能回家团聚的教师也能感受家的温暖。

在“以人为本”的理念引领下，学校、校长设身处地为教师着想，为他们办实事、谋福利，使教师自身的发展与学校的发展水乳交融。正如校长所说，“西师附小是大家的依靠，大家也是西师附小的依靠”，就是在这种心心相印之中，汇聚了西师附小人向善、向前的无穷正能量。

二、深度参与，让教师站在学校管理的正中央

现代学校的特点之一为自主管理，既体现在学校管理的独立性，也体现在教师参与管理的主体性。近5年来，随着教职工人数的不断攀升，西师附小结合学校发展需求，积极创新管理思路，采取多种办法，发挥教师主体性、主动性和自主性，激发教师的创新动力，让教师站在学校管理的正中央。

（一）组建管理团队

2020年9月，学校新增低年级部校区，形成六铺炕、展览路和低年级部三个校区的新格局。随着学校规模的扩大，各校区和各年级的师生数量急剧增加，每个年级的师生总数在700~900人，个个堪称“大体量”教学单位。为了保证三个校区达到同一水准的教育教学质量和服务水平，学校坚持“高度的统一”和“高度的灵活性”原则，推行“下沉式管理与团队式引领”的管理策略，在一至六年级和展览路校区、低年级部成立八个管理团队，管理团队由校区主管或年级组长、同年级下组干部和部分教研组长组成。在学校对全校工作进行部署之后，各个管理团队结合本年级或校区实际情况，进一步细化实施步骤和方法，确保把学校工作落实、落细。经过一学期的尝试，管理团队成为学校工作得以落实的有力环节，发挥了团队作战的优势，提升了干部、教师自主管理的热情和效率。

（二）创办阅读沙龙

为践行“让教师站在学校管理正中央”的创新理念，让阅读真正成为西师附小人的一种生活方式，2019年1月，学校成立西师附小悦读分享委员会，由来自不同学科的11名一线教师担任委员，自主策划、自主管理，面向全校师生开展阅读沙龙活动。

全校教师自主认领书目，分组担任沙龙的主讲；阅读沙龙活动不分学科、不分年级，让喜爱同一本书的教师、学生甚至家长走到一起，快乐阅读、用心分享。这些活动实现了“所有的学生互为同学，所有的老师成为所有学生

的老师”的特色师生理念。

目前，阅读沙龙活动已经开展了 4 个学期，全校共举行《画说汉字》《红岩》《史记》《故宫博物院》《将军胡同》《声律启蒙》《哈利 · 波特》和《西游记》等 17 本书的阅读、共计 90 场沙龙活动，教师 263 人次参与主讲，2678 名学生参与其中。如今，阅读沙龙已经成为备受学生和家长喜爱的“金牌”活动，学校多次收到家长来信，要求增加沙龙的场次和名额。

值得一提的是，90 场沙龙活动全部由悦读分享委员会教师独立策划、组织完成。他们在组织过程中从零开始，逐步摸索，不断积累，不断总结，逐步形成了一套完整严谨的操作流程，沙龙活动设计的层次也不断提高，从最初的“聚焦单本书”模式升级为本学期的“主题引领式”，教师的智慧在活动中得到了完美展示，学生和家长对活动的喜爱，也燃起了教师将精彩继续下去的热情。

（三）成立青年学术委员会

学校推动教师自主管理的另外一个创新做法为成立青年学术委员会。2020 年 9 月，西师附小第一届青年学术委员会成立。13 位来自不同学科、不同岗位的青年教师被聘为委员。目前，学术委员会已经成功组织了第一届“知行杯”论文评比，116 位教师参加了论文撰写和评比。教师参与教科研工作的热情被极大调动。随着学校教科研工作的不断推进，青年学术委员会还将继续组织各类论文评比、课题申报等工作。

三、创新思路，广搭平台为教师专业赋能

对学校而言，高质量的课堂教学是学校教育的主渠道、主战场，是学校稳定发展和实现育人功能的核心环节；对教师而言，精进的教学和过硬的专业则是一名教育者的立命之本。学校在教师专业培养中，创新思路，点、线、面结合，对不同发展阶段的教师进行分层培养；依托“知识对接心灵”的课堂文化理念，通过开展学科特色表达研究和 APDA 新理念教研，引领教师在实践中深入探究课堂教学本质，为教师专业发展强基赋能。

（一）定向规划，分层培养

学校对教师进行分层规划、定向培养，激发教师自我发展的内驱力。对处于青年期、上升期、熟练期和成熟期等不同发展阶段的教师进行分析，确定其专业优势和能力短板；引领教师制订个人成长规划，通过规划定向，使教师产生自主发展的需求。

1. 分层培训

每学期，学校对新入职、新调入教师进行入职培训，对年级组长进行年级管理培训，对教研组长进行学科教研管理培训，在班主任教师中开展德育及班级管理经验分享活动，对青年学术委员会委员及骨干教师开展科研培训。所有的培训都有明确的目标和参与主体，每一次培训都明确问题导向，致力于解决特定教师群体在工作中遇到的特定问题。

2. 分层展示

学校分层搭建平台，给每一位教师展示的机会。鼓励青年教师上汇报课，要求兼课的干部和骨干教师上引路课，推荐优秀的青年教师上国培示范课，邀请在校级“阳光杯”和区级“西城杯”比赛中获奖的教师上展示课。此外，校长每学期在全校范围进行点课，听部分教师的随堂课，每学期点课多达160节，学科主管、教研组长、年级组长以及同年级下组干部一同听课、评课，校长会对主讲教师以及本学科的教学精准把脉、深入剖析，高站位地指出改进思路和方向。同时，每学期全校每一位教师都要在APDA研究小组内完成一节研究课。

学校的每一节课都是精研深磨的结果，要体现学校“知识对接心灵”课堂文化理念，要做到知识的传授准确、深刻，知识的教与学符合逻辑，教学过程开放智慧，师生互动和谐唯美。学校结合教学新发展，进一步丰富了课堂文化，在四个核心要点的基础上，提出每节课要体现课程逻辑、生活逻辑和认知逻辑等三个逻辑的有效融合。

3. 分层引领

对于不同发展阶段的教师，学校采取不同的引领策略，以期助力青年教师启航，激励骨干教师领航，鼓励成熟期教师续航。

对于青年教师，入职前，学校安排他们到校实习，对他们进行“影子培训”，富有经验的教师手把手从零教起。入职后，学校给每一位青年教师配师傅，有的班主任教师甚至有两位师傅：一位教学师傅和一位德育师傅，两位师傅分专业对徒弟进行指导。每一对师带徒搭档时间为三年，长期稳定的师徒关系，确保青年教师的持续成长。对青年教师的影响更多的是他们身边同年级、同学科、同支部教师的言传身教，干部们模范担当、坦荡无私的奉献精神和教师们兢兢业业、友好向善的敬业精神成为他们无形的教材。在他们工作遇到困难时，身边教师们的热情帮助和毫无保留的经验分享成为他们不懈学习的动力。

对于骨干教师，学校支持他们参加校内外各类学术培训和交流活动，推荐他们参加校级、区级、市级和全国的教学比赛，在高水平的赛课中得到磨砺和锻炼。学校积极向市区推荐学科带头人和骨干教师，提拔青年担任教研组长，吸纳优秀教师进入悦读分享委员会和学术委员会，给他们“搭梯子”、压担子，使其成为学校发展的中坚力量。

成熟期教师多年的教育教学经验是学校的宝贵财富，学校鼓励这些教师积极发挥传帮带作用，在师徒活动、教研组活动、APDA 活动和各类经验交流活动中分享经验，为青年教师的成长指点迷津。

（二）“学科特色表达”研究与 APDA 新理念教研

2019 年年初，学校提出开展“学科特色表达”研究的设想，这一设想成为推动教师教学与研究的核心驱动力。从“规范表达—验证表达—提升表达”的研究三阶段，到围绕“学科特色表达”开展的研究，各个学科对于“学科特色表达”的认识更加深入，对于学科本质的理解更加精准，对于学科教学目标的把握更加清晰，对于学生能力培养的方向更加明确。经过前期的校内研究和北京师范大学专家指导，各个学科已基本确定“学科特色表达”的文字表述（见表 2），接下来对于文字表达的研究将从宏观转向微观，聚焦方法与策略的研究。

表2 学科特色表达

序号	学科	特色表达
1	语文	以文写字，以境促读，以思成达，以情传道
2	数学	会思考，善应用，有数学眼光
3	英语	善用英语交流，注重语言积累，关注思维意识，拓宽国际视野
4	音乐	兴于声，立于情，成于乐，美于心
5	体育	爱运动，会健体，懂自律
6	美术	感知世界，与美对话，善悟其心
7	科学	发现科学兴趣，开展科学探究，形成科学素养（暂定）

2019年9月起，结合"学科特色表达"的研究，学校推出APDA新理念教研模式，即同教研组内教师自由结合，四人一组，分别从分析（Analysis）、说课（Presentation）、上课（Demonstration）、评课（Assessment）等不同维度集体完成对一节课的研究。在开展APDA教研的两个学期中，全校共完成200多节研究课。

在各学科研究课的推进过程中，教师们进行了大量的文献学习，对每节课深入研磨，各个年龄层次及教学水平的教师之间取长补短、相互学习，彼此之间成为能力提升的推动力。这种集独立研究与合作探究相结合的全新教研形式，激发了教师的研究热情，将学校的教学与学科理论研究提到了一个新高度。

（三）多措并举，促教师专业提升，向研究型转变

在学校文化建设和课程建设的过程中，学校成长起大批优秀教师，他们有深厚的教育情怀，有丰富的从教经验。然而随着素质教育的推进，教师以"研究者"角色出现在教育实践中已成为一种必然的趋势。在教师队伍的建设过程中，西师附小努力促进教师从经验型向研究型转变，不仅要思想到位，还要做到行动到位。

专业特色培养。西师附小在音乐、美术、科学和体育等学科有很多专业

突出的高水平人才，学校珍惜人才的同时，鼓励他们在业务上不断精进。学校提出附小的教师要“站得了讲台、上得了舞台（办得了画展）、做得了科研”，对有特长的教师在培养方式上也更加开放，鼓励并资助他们通过听音乐会、参观画展、观看体育职业比赛等活动，不断提高专业素养、精进业务专长。

学校从人力、物力以及资金上支持各个社团的发展，鼓励历经多年发展的音乐合唱、科学天文以及美术社团申报北京市“金帆艺术团”“金鹏科技社团”和“金帆书画院”，引导他们在不断的梳理、提炼和总结中提升专业实践能力。

用好内外资源，开拓教师视野。作为西师附小教育集团的牵头校，作为西城区的品牌校，西师附小努力发挥辐射带动作用。与集团内的北京建筑大学附属小学、力学小学和顺城街一小走理念共享、特色发展之路。多次派教研组长、骨干教师和优秀青年教师到各校进行示范指导、交流研讨。

在教育区域协作中，我校与张北北辰路实验小学结为对口帮扶校，与通州南关小学结为手拉手学校。近 3 年来，学校先后选派 3 位教师到张北支教，两校往来交流 10 次，我校 12 位教师做示范课，50 位教师参与研讨和经验分享；与南关小学往来交流 20 次，29 位教师做示范课，70 位教师参与了教育教学研讨交流。

学校在用好国内资源的同时，也通过请进来的方式，与国际教育专家直接对话。2017 年，邀请芬兰赫尔辛基教育专家到学校举行论坛。2018 年，我校作为分会场承办 2018 世界课例大会，来自世界各地的三十几位教育专家出席了活动，他们高度评价了我校“眼中有人”的教育理念。活动中，我校 6 位教师做展示课，全校教师聆听了外国专家的发言，面对面地与外国专家探讨前沿教育理念与思想。

总结提炼、多练笔。为丰富教师的校园生活，鼓励教师之间的思想交流，学校创办了校刊《附小·视角》，设“教学研究”“育人园地”“家校共育”“教师成长”等七个版块，刊发教师的原创文章。截至目前，校刊已经推出 28 期，149 位教师参与撰稿，共刊登教师文章 288 篇。校刊的创立极大地鼓励了教师的笔耕积极性，促使他们把在工作中的领悟、反思以及积累的教育教学经验和教学体会进行思考、梳理、总结，并真正落到笔头，为科研成果积累素材。学校还推荐教师们的优秀稿件到市区媒体，进行发表。

此外，青年学术委员会成立之后，在成功举办第一届论文比赛的基础上，将继续开展科研推进工作，为提升全校教师的科研水平再搭阶梯。

结语

教师是教育发展的第一资源，是国家富强、民族振兴、人民幸福的重要基石。西师附小在发展进程中积极思考，不懈探索，秉持“以人为本”的原则在教师队伍发展方面做了很多有益、有效的尝试。在教师队伍建设中，我们有自己成功的地方，同时，我们也深知教师队伍的发展任重而道远。西师附小将继续坚持“使每一天都有意义”的核心理念，坚持向善、求真、唯美的价值导向，带领“居敬守静”的教师们在育人之路上做最好的自己。

用“教育家精神”办“真教育”

北京市第一中学　艾　英

北京市第一中学在20世纪90年代初陶西平任教育局局长时在全市推动的基础教育整体优化改革中，取得了显著的成效，促进了学校整体发展。30多年来，学校沿着普及高中的改革道路，秉持陶老倡导的“教育家精神”，致力于培养做“真教育”的“教育家”型教师，多措并举提高教师队伍素质和水平，取得良好实效，激发了教师发展的内在动力与活力。

——编者语

北京市第一中学（简称北京一中）是一所百年老校，始建于清顺治元年（公元1644年），前身为清八旗官学，历经几代沿革，至今已有近400年的历史，具有深厚的文化底蕴。

1989年12月，北京一中召开实验校一周年纪念会，时任北京市教育局局长的陶老作了讲话，表彰北京一中的教育改革精神，称赞北京一中改革“方向对头，成果显著”。1990年北京一中校庆期间，陶西平局长在东城区教委领导陪同下到一中现场办公，确定了北京一中作为北京市实验学校小学中学整体综合改革的方案，目的是打破小学升初中、初中升高中考试两道门槛，使学校彻底从升学战车上摆脱出来，走出一条普及高中的道路，以培养适应21世纪需要的、和谐发展、有特色的一代新人。

转眼30年过去了，在陶老的殷切关怀下，学校现有特级教师、市区骨干教师20余人，北京市“紫禁杯”优秀班主任11人，还有数百名教师获得北京市优秀党务工作者、东城区人民教师、教育新秀、师德标兵称号，并多次在全国、市区教师技能大赛中获奖。2015年，北京一中在东城教育改革背景下，加入了北京五中教育集团，实现了优质资源共享，形成了集团成员校协同发展，共同成长的理念，为北京一中今后的发展提供了广阔的远景。2011年全国中小学校长论坛上，时任中国教育学会副会长、中国民办教育协会会长的陶老虽然年事已高，但仍关注教育，在论坛上作了主题报告，谈到三个主题，其中一个：当代世界教育的共同关键因素，就是教师队伍的建设。

加强教师队伍建设是推进素质教育最关键的一环，教师是科学文化知识的传播者，是思想道德素质和创新能力与实践能力的培育者，要全面推进素质教育，就必须建立德才兼备的教师队伍，正如陶老所说，“没有好的教师队伍，所有教育目标都是空谈”。为加强教师队伍建设，我校实施多项举措，促进教师发展，取得了显著成效。

一、以党建引领，加强教师队伍师德师风建设

2021年两会上，习近平总书记强调，“一个国家、一个民族不能没有灵魂。文化文艺工作、哲学社会科学工作就属于培根铸魂的工作”。

基础教育是立德树人的事业，教师的工作就是启迪思想、陶冶情操、温润心灵，承担着以文化人、以文育人、以文培元的使命。师德更是教师的灵魂，是教师行为的典范，师德建设就是重中之重。

党组织是学校的政治核心，引领校园文化的构建，使校园文化更好地发挥其独特的育人功能。我校教师队伍中党员的比例接近半数，另有十几位教师是民主党派人士。在党建引领下，北京一中党员教师带头示范，坚定教师的理想信念，增强教师的道德情怀，满足教师的专业发展需求，“以点带面”促进教师队伍的整体发展。

学校贯彻五中集团“培养有精气神的学生，办有精气神的学校”的教育方针，弘扬精气神文化，把培养师生良好的精神状态作为主要目标任务，强调学校是师生共同成长的家园，学生培养与教师发展同等重要，教师以自己的精气神感染学生，点燃学生人生的精气神。逐步形成了以“精气神”文化

为引领的学生培养目标、教师发展目标和办学目标。

学校通过开展形式多样、扎实有效的师德教育活动，如“身边的榜样”人物宣讲活动，“我和我的祖国”演讲比赛等；利用校园各种宣传途径，树立榜样，挖掘典型，发扬事迹，用身边的小事感染人，用平凡的精神激励人，在学校里营造良好的敬业爱生的氛围。

在2021年建党百年之际，我校在校园文化中融入正气、昂扬的红色教育味道，开展“学党史、强信念、跟党走”主题活动，加强师德师风建设的同时，也涵养学生的精神，熏染学生的人格，实现以文“化”人，营造风清气正的校风、教风和学风，师生和谐共生，共同成长，实现可持续发展。

二、以导师制的方式传帮带，助推青年教师成长

青年教师是学校可持续发展的基础，一直以来，我校十分重视青年教师的培养，努力提高青年教师的综合素质，促进青年教师尽快脱颖而出，成为思想过硬、业务精良，具有团队精神的教育教学能手。

有别于过去师徒制的“传授”，我校青年教师培养的核心是“帮扶、带领”。除系列青年教师教育培训活动外，还开展“青年教师拜师学艺活动”，设立了以老带新的教学导师团队，安排每一位青年教师与一位经验丰富、师德高尚的老教师结成帮扶对子，采取一对一的帮扶模式，有的甚至是双导师模式，一个指导教学，另一个指导德育，在教学和德育两方面同时进行指导。学校充分利用优秀老教师的教书育人经验，对青年教师进行教学教育指导，提升青年教师教学经验，积累育人经验。

青年教师在导师帮扶期间，需定期将教案给老教师批改，并依照老教师的建议进行修改，此外老教师在课堂教学时，青年教师需要跟课学习，观察老教师的教学过程，尤其是课堂管理和学生互动方面，仔细斟酌如何调动课堂学习氛围，并做好跟课学习笔记，定期上交给相应的老教师。青年教师在课堂教学时，老教师也需要定期观察其授课情况，并做好评价和反馈工作。

我校以老带新的导师制方式，有利于快速提高青年教师的教学经验，缩短青年教师的成长周期，让他们迅速向“合格教师”“骨干教师”华丽转身。

三、以形式多样的教研教学活动拓宽教师视野，共同进步

除了以老带新培养青年教师，其他各段教师也需要多参加各种教研活动和教师培训活动，从其他优秀教师的总结报告中汲取先进的教学经验，从中学会并掌握更多的教学技巧。

（一）坚持岗位练兵，全面提升教师业务水平

每个月每位教师都有课堂开放，学校全体教师任意选听。每学年，我校都组织教师基本功比赛，说课比赛，通过观摩其他老师的课堂，打磨自己的课堂，教师之间相互学习，共同进步提高。

（二）贯彻终身学习理念，强化继续教育培训

学校严格按照国家和北京市继续教育的规定，把教师继续教育纳入学校工作目标考核体系。每学年都组织教师业务培训，对新任教师开展岗位培训，让教师进一步熟悉本职工作要求，尽快实现角色转换；对国家、市级更高层面的培训，按照要求，积极选送教师参加。

（三）“请进来”策略

不定期从外校邀请骨干教师、名师、专家到我校开展培训讲座，让教师与名人名家名师现场对话，了解教育行业的新动态，教育发达国家的新观点、新思想、新做法，新尝试，进一步消化、吸收这些新内容；鼓励教师和专家互动，大胆提问，与专家、前辈交流取经，对照自己的工作方法，学习更多的教学经验。

（四）“送出去”战略

积极开展学校、学区、跨校交流，同课异构，联动教研，做到教研多元化。我校在加入五中教育集团后，利用现有的集团资源，在集团内部开展教师交流，本校教师跨校授课的同时也是跨校学习同行经验的良机，后期带回到本校，交流分享给其他教师，继续进步。

（五）异地交流，思想锤炼

我校每年还承担对边远省份的支教工作，目前主要是新疆和田地区和河北张家口市崇礼县。对河北崇礼县的支教工作期限是一年一批次，对新疆和田地区的支教工作期限是两年一批次，持续不断，尽管人数不多，但我校一直在持续不断地输出我们的各学科优秀教师，带去首都学校相对先进的教学理念，力求带动当地教师一起成长进步，引领这些教育资源薄弱的地区一起发展。同时，这些派出的支教教师也在办学情境不同于首都学校的情形下，与当地师生产生教育思想的碰撞，教师们的教育观念想法也在经受着各种锤炼。支教工作完毕后，几位在不同地区支教的教师会在新学年里将支教工作的感受和经验进行汇报，和全体教师进一步交流，让全校教师进一步了解边远省份兄弟学校的教育现状，以及这些地区在教育中存在的问题等，为后续支教工作更好地开展做好铺垫工作。

通过这几方面的教师之间、教师与专家之间的学习交流、教研培训等活动，让教师们看到其他优秀教师的闪光点和可以学习的地方，在教研培训活动中优化自身教学水平，并在课堂教学中进行实践，实现自身的快速成长。

四、以书香校园的氛围，滋养学习型教师团队

终身学习已逐渐成为全社会的共识。教师整体更要终身学习，要有持续走上坡路的意识，提高自身各方面的学识修养，与时俱进，才能拉近与学生的距离。

阅读是一项长期的工作，无法一蹴而就。学校除了倡议教师每天阅读，还积极营造读书氛围。工会每年的生日慰问是发放购书卡给教师作为生日礼物，鼓励教师去选书、买书、读书。2021 年教师节，每位教师收到的礼物是一袋精心挑选的书籍，全校教师共读一本书，一同提高综合素养，促进常态化、俱进式的阅读氛围的形成。

爱读书的教师会影响学生进一步热爱阅读。我校对全体师生开放图书馆、阅览室这样的基础设施，在每层楼道、每个班级的教室里都设有图书架、图书角，定期上架新出版的人文、社科、心理等各类图书、期刊。三观正确的

期刊让全体师生及时了解国内外时事、大事、发生的事实以及如何解读事实，引导师生形成自己独立看问题的角度，形成自己的观点；类别丰富的图书能让师生在有阅读宽度的同时也能找到自己的阅读兴趣点，进一步发展出自己的阅读深度，往博雅的方向打造自己。全校处处散发着书香，做到了书籍就在不远处，让师生随时可得，随手可得。

书香校园氛围的营造，引导师生养成了多读书、读好书的良好习惯，也树立了良好的学风和教风，提升全校师生的人文修养和专业素养；促使教师在自我阅读的基础上进一步思辨，产生观点的碰撞，进而推动教师的自我反思和专业思考。同时也契合了陶老说的“素质教育就是有素养的老师教育出高质量的学生”。

五、以科研课题为引领，培养研究型教师队伍

研究型教师是实施创新教育的骨干力量，培养研究型教师是我校教师队伍建设的重点之一。我校建立了“立足以校为本研究，注重骨干带动学科，着眼全局整体发展”的教育科研机制，确立了“个人反思，同伴互助，专业引领，整体提高”的教育科研思路，鼓励教师要敢于进行教学研究、善于进行教学研究，要努力成长为研究型的教育者。学校开展了从教育教学中的小事情、小现象、小问题入手，以小见大，实实在在的校本小课题研究，通过小课题研究，切实解决课堂教学中的实际问题，提高教学有效性，促进教师专业发展。在北京市首届“教师专业能力”教育教学研究成果征文评选中，我校推出了29篇教育教学论文、案例或教学设计，经过专家的评审，共计18位教师获奖。

除此之外，我们关注课改的热点难点，围绕学校发展、提升学校办学质量、促进教师专业发展、促进学生健康全面发展和学校和谐发展等方面的问题，结合办学实际，以制约学校发展的主要矛盾为切入口，将其提炼形成科研课题，积极申报，组织全校教师进行研究、实践，构建了“国家、市、区、校”的四级课题研究体系。全校小学、初中、高中各个学段的一线专任教师，基本都参与了研究，全校教师参与教育科研的人数达到90%以上，逐渐形成了一支科研骨干队伍。每年都有一定数量的论文在内部、公开刊物上发表或

获奖，有效地促进了教师专业发展，推动了学校教育教学改革的稳步前进，取得了可喜的教育科研成效。

六、以“COP 项目”为依托的教学实践，促进教师专业成长

为了适应课改新形势下的教育需求，我校参与了 COP 项目，借助“教师在线实践社区”这个平台，促进我校教师的专业成长。

全称为“基于网络的教师专业发展 COP 项目”是一种由中小学教师、助学者、大学专家等角色组成的，着眼于提升教师实践性知识与能力的一种正式学习和非正式学习相混合的学习型组织，也是一种新兴的教师网络教研的方式。在 COP 平台上，开设有丰富的版块，有合作社、观摩室、故事坊，其中既有专家理论的精髓，助学者提供的丰富的资源，也有成员们上传的自己的教学案例、教学设计、教育故事。我校 COP 团队通过平台进行自学和交流，边学习、边切磋，交流自己的教育信念，研讨教育教学实践中存在的问题。队员们在掌握课堂观察、教学反思、知识管理等方法与技术的基础上，显著改进课堂教学，发展实践性知识。

通过 COP 实践，我校教师的实践能力、专题教学能力和科研能力快速提升，促进了教师专业的发展；同时教师之间形成了良好的伙伴共生关系，实现了自我的良好发展。我校 COP 队员、语文组董新玲老师在第五届 COP 学术研讨会上做了公开课展示，将白板技术与我校的 PEQ 教学模式相结合，在展示交流中表现优秀。在“第七届全国基于网络的教师实践社区 COP 学术交流观摩培训活动”上，我校 COP 团队的 5 名教师作为特邀专家对全国研究课进行了现场点评，3 名教师获得“全国明星教师”称号。

COP 是对教师专业学习的变革，除了内容和方式的变革，还有技术和机制的变革。我们的课堂正在发生更多改变，我们的教师也在继续学习中迭代前行。

七、应用 PEQ 教学模式，形成各学科、个人的特色教学模式

教学模式在教学中易于被理解和把握，利于教师的应用和推广，对先进教学理论和教学经验的推广具有实践价值。通过对新的教学模式的研究与开

发来丰富和发展教学理论，对促进教学实践的发展和提升教师教育教学水平具有重要作用。

“十二五”以来，我校积极落实新课程理念，以校本培训为根基，通过建立学习型组织，促成教师之间形成伙伴共生关系，借助专家引领，在深入研究学校发展历史的基础上，将生命课堂理论与百年老校的教学理念相结合，提出了 PEQ 教学模式研究课题。学校以骨干教师和学科为龙头，大胆进行“PEQ”教学实践。通过教研组“链式教研”，深入展开 PEQ 常态课研讨，最终形成了北京一中 PEQ 教学模式下的宏观模、学科模和一些具有教师个性化特点的教学模式。

PEQ 是基于高效课堂和教学实际而开发的教学模式。其中“P”为 previewing（预习），是指课前预习和准备；“E”是英语单词“Exploring”（探索）和“Evaluating”（评价），是指探究学习和评价生成；“Q”为单词“questioning”（质疑），是指学习的质疑升华。该模式，是以发展学生思维为核心标志，着力培养学生的自主思维、批判精神和创新意识，促进学生全面健康成长。“PEQ”的指导理念是“两心一线”，即“学生为中心，思维为核心，质疑探究为主线”，其价值取向是“突出思维培养，人人走向深度学习”。

通过 PEQ 教学模式的建构与实践研究，我们探索出了 PEQ 宏观模式下的有效的教学行为；构建起了 PEQ 学科模式；缩短了教育理论与教育实践的距离，提高了教师分析问题的能力，培养出了一批具有自己教学风格或行为特色的骨干教师，为其更好地从事教育教学实践打下了坚实的基础，有力地促进了教师自身专业能力的提升，促进了教师群体的专业能力发展。

八、身体心灵两手抓，塑造积极阳光的教师队伍

学校在营造和谐愉快的教育环境的同时，为有效缓解教师压力，增强教师职业幸福感，树立教师乐观向上、健康阳光的积极心态，不定期邀请著名心理专家为全校教职工做心理健康专题讲座，校内设立心理工作室，积极疏解教师的心理难题；借助三八妇女节、六一儿童节、教师节、九九重阳节等学期中的小节日，积极组织教师开展各种团队活动，为教师之间的沟通创造良好的氛围，也加强了教师的凝聚力；同时借助地理位置的优势，每学期邀

请鼓楼中医院的各科专家为我校教职工做健康专题讲座，现场为教师们的健康问题答疑解惑；学校设有教师专用健身房，配备哑铃等各种健身器械用于教师健身锻炼。通过以上种种措施，学校尽力确保教师身心两方面的健康，努力塑造积极阳光的教师队伍。

教师队伍的建设最终是为了培养出更优秀的下一代。建设培养好一支优秀的教师队伍，才能培养出优秀的学生，才能做到青出于蓝而胜于蓝，让青年教师胜过老教师，让新一代的莘莘学子胜过辛勤耕作的教师们。

陶老说，“真正的教育家，新时代的教师们，是要做真教育，真做教育的。我们要有定力、能创造、肯担当，真正发扬一种教育家精神”。北京一中这所老校，走过了古代官学、民国学堂、人民学校的不同时期，历经 370 多年历史，带着发展过程中的特色历史印记，在新时代大潮里，谨记陶老的话语，在实践中体会“真教育”和“教育家精神”，努力培养一支德才兼备的教师队伍。这所老校正在焕发着勃勃生机。

创设独具特色的培训文化，助推教师专业成长

北京市海淀区翠微小学　**许培军**

在陶西平先生的亲切关怀与直接指导下，金帆乐团成为北京基础教育一张闪耀的金名片。翠微小学是小学当中最早一批的金帆成员之一，在发展过程中得到了陶老的大力指导和关注，为学校的素质教育发展提供了有力的支持。同时，学校也一直铭记陶老提出的“教育改革最终发生在课堂上，教师成长与活力是关键”，创设独具特色的教师培训文化，为提高课堂质量，促进学生全面发展提供坚实基础。

——编者语

教师培训是以学校为基本单位，以提升教师专业知识、专业能力、综合素养为目标；以国家课程改革理论为依据，以学校的发展需求、教师的专业技能、教学方式改进、课堂问题解决为基本内容。

著名教育家陶西平在2018年（第五届）全国中小学校长论坛上作了题为“改革最终发生在课堂上”的演讲。在这个演讲中，明确了学校教师培训的重要性：“教育改革最终要发生在课堂上，教师成长是关键”。在他看来，教师培训的重点放在推进教师观念的转变上，试图通过教师观念的转变，带动教学活动的创新，这无疑是一条正确的途径。传统教育理念不改，新的教学理念也就很难在教师的心目中牢固地形成。所以，“加强回归基础引领，激发教师热情，发挥教师积极性和创造性，最大限度减少对教师自主性的束缚，是

校长智慧的集中体现，也是深化课堂教学改革的关键。”这些至理名言，让我们深切感受到陶老丰富的教育经验、宽阔的教育视野、敏锐的教育洞察力、高超的大局驾驭力和深刻的教育思想。同时也让翠微小学找到了教师培训的可为之处。

翠微小学的教师培训始终铭记：“教育改革教师成长是关键”，一直秉承“着眼教师发展，关注教师需求，提升教师专业技能，提高课堂教学效益”的思路来开展。创设了独具特色的培训文化——翠微教师培养工程，从而形成了学校独有的教师培训特色，助推了教师专业成长。

一、教师培训设计规范化、科学化

教师培训是一项长期而艰巨的工作，我们努力在实践中探索、积累经验，不断调整、充实培训内容，逐步建立了教师培训体系，构建起教师培训机制，使学校的培训工作逐步走向规范化、科学化、系列化。

翠微小学的办学目标是：创建受社会广泛认可的翠微教育品牌学校。培养目标是培养明德笃行、自觉自为的阳光少年。为此，翠微小学追求美玉一样的特质，追求至真、至善、至美的道德和理想境界。依据学校办学目标，教师培训工作就在这美的境界中开展。

为保证学校教师培训有序有效地进行，本着促进教师的专业发展的目的，学校成立了教师培训的组织机构：由许培军校长担任组长；孟桂民副校长担任副组长；各校区主任担任成员的学校领导小组，实现了各教研组和年级组层层落实的网状管理结构。学校每学期将教师培训纳入学校重要的研究计划中，依据干部和教师的需求设计更加科学、合理的培训项目（见图1）。

在学校办学理念和育人目标的指导下，翠微小学的教师培训目标明确，使干部和教师都有了明确的方向。

1. 依据干部需要，建设团结奋进、业务精良的干部团队

第一，创新干部任用机制。学校干部的选拔与任用坚持“德才兼备”的原则，制定任用标准，逐步引入竞争机制，通过自我推荐、民主选举、学校考察等方式，选拔政治素质好、组织能力强、业务素质高、业绩突出的人员担任学校领导干部。

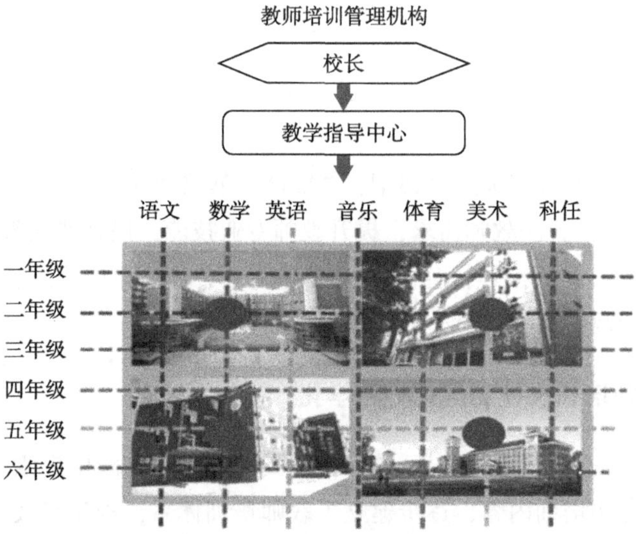

图 1　教师培训组织机构

第二，加大干部培训力度。健全学校干部培训制度，制定培训规划，健全培训网络，通过研修班、岗位培训、挂职锻炼、课题研究、活动组织等形式，提高他们的综合素质，促进干部快速成长。学校坚持每月一次的行政人员全员培训，开学初制订培训计划，由中心和校区分别进行，其目的是让干部立足自身管理能力，脚踏实地，注重实效；立足管理工作现状，实事求是，与时俱进；立足学校教育质量，改革创新，服务大局。

学校提出了明确的培训要求：

· 压实责任。专题培训坚持从学校长远建设发展目标出发，契合学校重点工作，狠抓培训内容的落实落细落地。

· 搞好结合。坚持专题培训与实际工作相结合，总结反思与具体实践相结合，形成培训、实践、反思、再实践的成长路径。

· 确保实效。培训中要力戒形式主义，坚持时间服从质量，形式服从效果，切实通过培训为学校教育教学和高效管理工作打下坚实基础。

干部培训活动仅以本学期为例，见表 1。

表 1　干部培训活动

时　间	内　容	主讲人
2 月 25 日	1. 学校 2020—2021 学年度第二学期重点工作解读	许培军
	2. 学校 2020—2021 学年度第二学期工作计划解读	孟桂民
	3. 学校“五六年级学生学习心理品质报告”解读	吴久勤
	4. 教育部 2021 年春季学期八项重点工作	许培军
3 月 23 日	1. 学党史	许培军
	2. 课程改变学校　让学习深度发生	孟桂民
4 月 27 日	1. 学党史	许培军
	2. 如何实施教育惩戒	吴久勤
5 月 25 日	1. 学党史	许培军
	2. 学校特色建设的设计和实施	周金萍
6 月 22 日	1. 学党史	许培军
	2. 规范预算执行　提高预算管理水平	陈进伟
	3. 人员聘用流程	张焱

第三，建立干部考核制度。建设科学的、切合实际的干部考核制度，根据每位干部的具体职责，通过个人述职、教职工测评和学校考核等方式，评价干部的工作业绩，对目标明确、思路清晰、富有创新、政绩突出、群众信赖的干部重点培养，并逐步推行能者上、庸者下的干部管理机制，促使干部的管理更加民主化和科学化。同时，还要建立干部奖惩制度，问责制度，加强干部责任意识，进一步促进干部队伍素质的提高。

2. 依据教师需求，建设积极进取、业务精湛的教师团队

首先，加强师德建设，培育教师职业精神。把“爱与责任”作为师德建设的核心内容，从教育教学实践中总结、提炼，创建具体化、特色化的“爱与责任”的系列内容。结合国家有关的教育法规和师德建设的规定，融入“爱与责任”的职业精神，制定翠微小学的各项规章制度。

其次，完善培训机制，促进教师专业发展。①根据教师所需完善培训模式。学校根据教师发展方向，建立班主任培训和学科教师培训两类培训渠道。

根据教师发展阶段，创新培训方式，注重分层培训，以研究团队的建设为载体，开展专题研究。②突出骨干培训，力求出翠微“名师”。了解骨干教师需求，帮助他们明确专业发展方向，提供学习锻炼的机会，为他们搭设成长的平台，积极向各级各类报刊和教科研部门推荐教师优秀教育教学经验、研究成果，不定期将教师随笔、论文、教案、案例、反思等集结成册，著书立说，以此带动整个教师队伍教育教学水平的提升。学校建立了“特级带名师—名师带新星—新星带新苗”的三级培养机制，让人人都有方向，时时都有团队。③让教育科研成为工作常态。引导教师善于观察，发现问题；深入分析，研究问题；独辟蹊径，解决问题；反思提炼，固化成果；推广实施，改进实践。让研究成为教育常态，推动教育教学实践的创新。

二、教师培训内容系列化、主题化

（一）主题式培训提升教师素养

教师培训的内容应基于学校自身办学的实际状况，不同学科、不同入职期教师个人成长需要，以及教师在教育教学实践过程中的问题解决而设置，也是多类型、多规格、多层次、多渠道的动态教育内容，这样才能有效促进教师由知识向能力和专业精神的转化。翠微小学教师培训的内容和学校发展主题脉络相辅相成，既有“教师培养三大系统工程”“骨干研究团队”“新苗工程”等年度培训主题，又有“基于核心素养，整体把握单元”“文本资源的提取和选择”“如何让数学学科素养落位的教学方法初探”“发展性教学案例研究法”等阶段培训主题；既有“班主任专业精神和明德办学”，又有“掘一方沃土育翠微新苗”的培训内容。突出了可持续发展的意识，同时，这种阶梯形、主题性的培训也体现了教师培训的实效。

在教师培训中翠微小学本着让每一名教师都成长的原则，通过全员培训和分层培训两种培训方式，提高教师的职业素养和业务能力。全员培训着力于教育教学的通识教程，分层培训着力于不同学科，业务发展不同阶段和年龄段的教师开展“解决真问题”和提升业务能力的培训。

1. 采他山之石琢成长之玉

2016 年 9 月，《中国学生发展核心素养》总体框架正式发布，这意味着基础教育阶段的“素养时代”来了。那么，如何以核心素养引领教学改革？如何寻找核心素养落地的力量？如何将零敲碎打的“快餐式”教学互动走向基于学生完整成长的核心素养课程？如何开展基于核心素养下的教学评价，并以评价撬动课堂教学的改革？

2017 年 7 月，学校再次与北京师范大学校长培训基地联手，为翠微小学干部和教师量身定制专业化课程，翠微小学全员培训讲座为 1.5 天（见表 2、表 3）。培训的课程内容分为三部分，第一部分为通识培训——21 世纪学生发展核心素养讲座，帮助教师提升法治观念，自我保护，依法治教，做儒雅的教师，做底蕴深厚的教师。第二部分进行专业培训，分为骨干教师培训、有经验教师培训、青年教师培训，旨在帮助教师及时更新知识，树立发展方向，不断修正自我，以积极向上的心态进行科学教学。在促进五址的校区师资力量共同发展的前提下，各校址教师交流经验，形成均衡性发展。第三部分为心理健康培训，针对学生心理问题、教师心理问题及社会心理等各方面出现的真问题进行情绪管理的培训，在健康自我的基础上，培养明德笃行的阳光少年。

表 2　7 月 9 日翠微小学全员培训讲座情况

时间	题目	主讲人	地点
9：00—11：00	中国学生发展核心素养研究	黄四林	本校金帆音乐厅
13：30—16：00	青年教师专业素养提升——有效教学构建与反思	赵德成	三层阶梯教室
13：30—16：00	骨干教师生涯规划——名师成长和成果规律研究	汪志广	二层多功能厅
13：30—16：00	资深教师心理健康——教师阳光心态	刘翔平	本校金帆音乐厅

表 3　7 月 11 日翠微小学全员培训讲座情况

时间	题目	主讲人	地点
8：30—11：00	教师心理情绪管理讲座	台湾心理专家	本校金帆音乐厅

此次培训呈现以下特点：首先，规格高。北师大精心挑选授课专家，可谓各方英豪汇集，不得不说是我们翠微小学的极大的幸运和极高的荣耀。其次，内容精。既注重通识培训，同时又针对不同的学科设置了学科培训；既注重思想的点拨、也不失时机地授受方法和技巧。在教授们对日常教育现象

“抽丝剥茧式”的分析思路启发下，教师也开始主动反思自己遭遇的问题与困境。最后，学风正。此次培训打造了翠微小学教师团队良好的学风，营建了勃勃学习生态。

实地培训后，学校开展全方位的反思，开展了“我谈核心素养”的讨论，每位教师结合本学期的教学课例，聚焦学科核心素养和学生发展核心素养，完成了教学案例或论文的撰写，他们或注重教学过程，或注重教学本质的挖掘，或注重自我的点滴体会，质朴的语言表露了教师们内心的真实感受。全校共上交教师的体悟 284 篇，在不断梳理自己以往课堂教学经验的基础上，也提升了对核心素养的认识与理解。所有的教学管理人员都参与了案例的评选，他们珍惜这学习的机会，认真品味每一名教师的文章，经过慎重选举，共推出 50%一等奖和 50%二等奖。

“采他山之石，琢成长之玉”，全员培训带给学校一些欣喜的变革，一定会为翠微小学、最终会为翠微小学的学生插上一双“隐形的翅膀”，助学校飞得更高、更远！

2. 浸润书籍清香提高综合素养

为了促进教师专业思想和专业技能、专业素质和研究能力，开展“共读一本书”的读书活动。学校先后开展共读《第 56 号教室的奇迹》《静悄悄的革命》《理解自我》和系列丛书“走读中国”（包括《走读中国—名校名文卷》《走读中国—名山名文卷》《走读中国—名水名文卷》《走读中国—名城名文卷》《走读中国—名人名文卷》《走读中国—名楼名文卷》）以及《语文课程改革发展与创新——北京市小学百所名校优秀教学设计及论文集萃》。共读活动充分发挥骨干教师的引领作用，充分调动青年教师的阅读积极性，将书籍阅读和学生问题解决联系起来，与课题研究联系起来，与教育活动、教研活动联系起来，以个人、班主任和教研组的方式进行阅读与交流，青年教师撰写读书笔记，交流互动。

目前，学校已经形成书籍关键思想和精彩语言的演示文稿资源库供全体教师随时分享。演示文稿包括题目、作者介绍、主要内容、目录、每一章节经典观点和语言。资源库有《大教学论》《快乐教学：如何让学生积极与你互动》《做最好的老师》《优秀教师的课堂艺术》《吴正宪课堂教学策略》《好老师激励后进生的21个课堂技巧》《练习的力量——把事情做到更好的42法则》《教育中的心理效应》《罗恩老师的奇迹教育——点燃孩子的学习激情》等30多本共读书籍的演示文稿。

（二）分层次培训，提升教师专业水平

“十二五”期间，翠微小学继承延续教师培养的“三大系统工程”，抓“两头带中间”，开展新教师培训、骨干教师的培训以及部门分学科的培训，收到良好的效果。

1. 掘一方沃土，育翠微新苗

“新苗工程”的对象为教龄在5年之内的教师，学校把对他们的培养作为教师队伍建设的重中之重。如果把新教师比作渴望成长的新苗，翠小就是一方肥沃的土壤，一块精心育苗的苗圃，为了让走进翠小的新教师茁壮成长，根据新教师成长的规律和实际需求，学校实行了行之有效的培训，建立了新进教师的“岗前培训，岗中指导，打磨新星”的培训体系。

（1）开发培训课程。翠微小学新进教师培训经过严密组织规划，是有序列、有层次、有时间保障的培训。每年的培训都有详尽的培训方案和组织成员，从“了解学校、融入集体，走进名师”三个板块进行主题性培训，每年9月开展新进教师展示课活动，期末进行新进教师总结会，一系列的培训模式，提升了教师执教能力。

（2）制定培训目标。学校以五年规划为单位系统规划教师培训内容，每学年（期）制定具体的培训目标，让每一位教师了解并尽快熟悉海淀教育、熟悉翠微小学各部门工作流程，提高教师对学校教育理念和教育文化的认同度，缩短新进教师的适应期和角色转换期，进而融入学校文化，推动翠微小学教育教学工作的开展。

（3）干部追踪帮助。每学年初，教学干部都要着手对新教师进行一对一跟踪两年的业务培训。从年级段的特点出发，从备课、上课、作业及批改要求、质量监控评价等方面，逐一进行传授。有计划性地听课；有指导性地评课；有理论上的点拨；并汇集学生的反馈，帮助教师进行反思，有力地提高了他们驾驭课堂的能力。

(4) 教学伙伴互助。翠小拥有一种和谐、积极的团队氛围，这种氛围对于新教师的业务成长是一个有力的支撑。在这个团队中，大家相互支持，出谋划策，让新教师感到温暖、得到心理上的强大支撑。

(5) 利用资源库传经验。翠微小学经过多年的积累建立并完善了自己的教学资源库。新教师从中了解教材的知识编排体系，把握每个学段的重点、难点，教学必然更富有针对性。

(6) 搭设展示平台。新进教师展示课是他们的第一次闪亮登场；徒弟展示课是同一水平的擂台竞技；班主任基本功达标是做好班级工作的必修课；每学期的班会展示是施展才华的机会；对外接待课让他们接受各地同行的检阅；市区研究课使他们得到专家的指导点评；“翠微杯”等各级评优课也要从他们中择优选拔。每一次活动，我们除了设立传统的一、二等奖之外，还分设氛围和谐奖、教学创新奖、师徒共进奖……多方位地激发鼓励新教师的进取心，使其不断重新定位，走向更高的境界。学校新进教师连续 3 年获得北京市启航杯一等奖。在海淀区五年以内青年教师教学展示活动中，我校 14 名选手参赛，11 名教师获得一等奖。在北京市骨干教师评选中，工作近 6 年的彭绍航老师当选。

翠微小学的“新苗工程”，抓住了新教师入校的最佳时机，通过一系列措施和平台搭建，构建学习共同体，提高新进教师独立驾驭课堂的能力，展示新教师的风采，帮助新进教师在实践反思中理性定位，使培训制度化、体系化。

2. 在课题研究中培养骨干队伍

课题管理是教育科研管理的重要组成部分，遵循教育科学研究规律，把握课题管理的基本要求，实施科学规范有效的管理，是促进科研多出成果、出好成果的必然要求。

学校根据海淀区教育科研所的要求，教科研管理部门对课题研究情况进行检查。学校每学期组织一次课题研究的全校培训，通过案例培训的方式，点面结合，有面向全体教师的；有针对骨干教师、青年教师的；或请专家、主管领导、课题组，通过讲座式、参与式、研讨式等方式进行案例研究；通过课堂练习设计、探究性教学、课题研究的案例、论文的研究，让教师知晓对比式、流程式、片段点评式等几种写作方式，以教研组和年级组为单位组织案例点评。

学校每学期都对课题进行检查，使各位课题负责人认识到：教学研究和学科紧密相关，课堂教学、学科教学永远是教育实践者最为关注的场景。也进一步明确了后面如何研究，需要条分缕析，明确研究角度、研究的问题、落实的标准。

正是基于教师们平时的研究，在“北京市首届教师基本功与智慧教育教学研究成果征文”活动中，翠微小学参评的论文共有 57 篇获奖，获奖率为 74%；参加北京教科院论文的竞赛共呈交论文 80 篇，5 篇文章得以发表。翠微小学的班主任岗位培训内容化抽象为具体。

一系列的培训，给骨干教师搭建平台，使学校一批骨干教师成长起来，成为市区级骨干教师，学校的教师队伍得到迅速成长。

三、教师培训过程参与式、体验性

参与式的培训是理论转化为操作行动最直接、最有效的方法。而在参与式培训中，培训者应为教师提供一些经验和理由，也应该为教师的全身心的参与留有时间和空间，这样可使教师感到自己是受尊重的，自己的经验是有价值的，那么他们在分享这些经验时就会有一种主人翁的感觉。他们不仅会对自己过去的经验进行重新评价，而且能够从别人那里获得启示和灵感，生成新的知识和体验。翠微小学正是基于这种理念，在培训过程中注重教师的民主意识和主人翁精神，鼓励教师积极参与，个性化体验，设置了一系列的让教师感同身受的培训。

（一）学校传统展示课，全面提升队伍

翠微小学开展“翠微杯”的教学展评活动已有十年之久了。在教师的心目中，每学年的“翠微杯”已经成为课堂教学的竞技场，成为教师参加海淀区“世纪杯”的入场券。“翠微杯”与学校开展的师带徒活动捆绑，展开“一师一徒”的师徒共进教学研究。

1. 方案翔实

每年的活动由教学部门提供翔实的展评方案，确定研究主题，制定活动

内容及阶段，聚焦翠微小学教师课堂教学能力的提高。在每年的展评活动中，学校组织教师分学科集中进行比赛，由本校骨干教师和外聘专家进行评选，将评出各学科 50% 一等奖，50% 二等奖。学校经组织外聘专家和学科主任进行评选，每个学科都有至少两名外聘专家进行评选。

2. 过程规范

每年都有固定的报名时间和教学设计模板，上课前教师提交教学设计 6 份，教师充分学习《课堂评价标准》，展评后两周进行总结和形成档案。参赛教师要总结个人上课情况，完成课后反思，最后将教学设计、教学课件和教学反思上交学校归档；各学科教学干部汇总教师上课情况，进行活动总结，形成《“翠微杯”××（学科）课堂教学诊断报告》，最后，学校召开总结会，表彰教师，回顾初衷，诊断课堂，诊断教师队伍，论证教师、课堂的发展方向，研究在当下。

3. 成为品牌

“翠微杯”已经成为翠微小学课堂培训的品牌，经过了近十届的“翠微杯”，教师的观念和课堂正在发生翻天覆地的变化，“解放学生”的概念经历了从无到有、从概念到行动、从模糊到清晰。教师聚焦学科核心素养，挖掘内容本质，引导学生进行探究性学习，教师的教学行为在慢慢发生变化，教师更加注重研究教材，挖掘核心价值，追求不拘一格的课堂。教学从经验型向研究型转变，让关注学生成为我们教学的自觉行为。

许多教师从这个舞台走上了北京市、海淀区骨干教师的行列。学校形成了一支良性发展、滚动提高的骨干教师梯队，推动教育教学质量再上新台阶。

总之，学校注重培训方式的多样化，能根据不同层次、不同类型教师的特点和需求，进行分层培训、分类指导。他们除了常规的观课交流、专题讲座、经验交流、访问考察、校际联盟、教师论坛、专题研究、师徒结对、异地培训等培训方式外，这几年还探索出具有翠微特色的“互动式的讨论+典型案例分析+自我反思法”“分段式培训法”“案例+专家点评法”“微格教学体验法”“模拟教学法”“骨干辐射法”等教师培训方法。实现理论与教师专业成长相结合、脱产培训与在职培训相结合、短期培训与中长期培训相结合、常规培训与外出培训相结合、学历教育与非学历教育相结合，增强了培训的效果，提升了能力，学科带头、骨干教师人数剧增，成为海淀教育人才的摇篮。

（二）积极合作，开阔视野

2017 年，翠微小学与河北、山东等地的八所学校聚集在一起，开展了以“聚焦学科核心素养，三地八校协同发展”为主题的跨地域教学研讨活动，近一年的教育教学交流，各学校的教师聚集在一起相互交流和借鉴，力求达到教育教学上的双赢。组建三地八校青年教师学科训练营，参会的青年教师积极探讨、彼此学习，教育教学能力得到了大幅的提升和锻炼；骨干教师示范课课堂精彩纷呈，创新观点迭出，既很好地落实了学科本质，又起到了资源共享的模范带头作用；各学校校长、区教研员在教研活动中分享的观点立足教育现实，提升思维品质，很好地把控了当下教育的方向，为各学校的教育教学工作提供了前进的动力。此次三地八校协同发展项目各学校同分享、共参与，进一步激荡出了教学的智慧火花，更深刻领会了当下教育的真理、真谛。

三地八校以“聚焦学科核心素养，三地八校协同发展”为主题的跨地域教学研讨项目，立足于新课程改革和京津冀一体化的基础，五项教学实践活动项目，青年教师学科素养培训营、骨干教师示范课研讨、中高年级说课交流研讨、教学设计评价标准及试卷命题分析等，通过不同层次、不同课题教学实践项目的观摩和探讨，促进了各学校教师教育理念的更新，给各学校教师提供了新的教学思路和方式，达到了不同地域学校的教育资源共享和教育优势互补，真正做到了让教师成为学生核心素养形成和发展的引导者、辅助者、咨询者和合作者。

与此同时，翠微小学每学期都会把好的教学经验传播出去，达到互赢共进的目的。

回顾几年的教师培训，学校精心设计培训内容，针对不同层面的教师开展有效的培训。学校的发展与教师的发展息息相关，要打造优秀的教师群体是学校不遗余力努力的方向，教师培训正是教师成长的助推器，相信通过全校的不懈努力，成就教师，形成“一师一特点”的美好愿望指日可待！

新时代学校党建引领教师队伍建设的实践探索

北京市第五中学分校附属方家胡同小学　**候丽华**

方家胡同小学是一所百年老校，在20世纪90年代初陶西平局长推动的整体优化改革中进行了管理体制改革的探索，取得了良好的实效。几十年来，学校持续不断的教改成果得到了陶老的认可与肯定。在新时期，“方家人”与时俱进，开展以党建为引领的教师队伍建设的实践探索，着力打造一支“政治站位高、师德水平高，业务能力强”的师资队伍，以实现新时代学校整体高质量发展。

——编者语

北京市第五中学分校附属方家胡同小学（简称方家胡同小学）始建于清光绪三十二年（1906年），是北京市教委命名的百年学校，著名的人民艺术家老舍先生和我国汉语拼音方案创始人之一的白涤洲先生曾担任学校的校长。深厚的历史文化积淀和与时俱进的先进教育理念的融合与展现，令这所百年老校焕发出迷人的魅力。学校以“笃信好学”为校训，以培养“大方之家”为办学目标，努力把师生培养成有北京韵味的具有创新精神的世界人。在东城区深入推进教育领域综合改革的进程中，方家胡同小学与北京市第五中学分校成为九年一贯制学校，2015年加入北京五中教育集团，更名为北京市第五中学分校附属方家胡同小学。

陶西平先生在为方家胡同小学教改成果集《玉兰初绽》一书所作序言中写道：一个个生动的故事，浸透着教师们的深沉的爱。让我们感受到，“人永远是目的”——全部教育活动的出发点和归宿。把人作为目的，这是人类尊严的基础。学生的发展永远是教育活动的目的，也是教师专业发展的目的。2016 年，在方家胡同小学迎来 110 周岁生日之际，陶老发来贺信，对学校所取得的成绩表示祝贺，对学校所形成的鲜明的办学特色给予充分肯定，同时激励教师们“奋发进取，勇攀高峰”。他说：“愿初绽的玉兰开得更加美丽，愿方家人的爱与智慧，不仅在院内绽放，而且在广阔的教育园地里飘香。”殷殷期盼，言犹在耳。

陶西平先生教育思想的核心是“实现教育过程的整体优化”。同时他认为，“教育合力的形成，枢纽是学校，关键在教师”。一直以来，方家胡同小学高度重视教师队伍建设。特别是近年来，学校在新的时代背景下，坚持以问题为导向，以现实为依据，以陶西平先生整体优化思想为引领，开展了以“建精美党建，促内涵发展”为主题的学校党建引领教师队伍建设的实践探索。着力建设一支“党性观念强、业务能力强”的高素质干部队伍；打造一支“政治站位高、师德水平高，业务能力强”的师资队伍；形成“德艺双馨、一专多能”的人才梯队，实现学校高质量跨越式内涵发展。

一、精美党建，坚强引领

方家胡同小学聚焦高质量党建引领学校高质量发展，确立“思想引领，内涵发展”的核心理念。以党建品牌建设为突破口，将老舍校长的“真善美”精神与五中教育集团“精气神”文化相融合，打造“精美党建”。旨在以精美党建品牌创建为契机，以“1234”党建工作法为落脚点，积极推进党建创新，引燃红色引擎，助推学校内涵发展，引领凝聚教职工：方向精准，扬初心之美；状态精神，展信心之美；工作精致，践忠心之美；团队精彩，筑同心之美。引领凝聚教职工不忘初心，提振信心，共筑同心，让学校深厚的历史文化和与时俱进的先进教育理念，在继承中融合、在创新中发展。

精美党建：指学校党组织通过多种方式、多种途径激发党员的积极性、创造性，引领党员保持旺盛的工作热情，在学校各项工作中勇当先锋、争做先进，促进学校创新发展的一种有效的工作方法。

内涵发展：指以事物的内部因素作为动力和资源的发展模式。即以和谐发展为目标，通过有效工作，促进党员与党员、党员与教师、教师与学生之间的思想、观念、心理等方面的积极变化，推进学校发展。

建精美党建，促内涵发展：以整体提升党组织组织力为宗旨，以焕发党员活力、激活教师动力、提升学校发展创新力为目标，以“确立一个核心、打造两大工程、建设三个讲堂、构筑四个荟馆”为基本工作方法，引思想之航，筑发展之基，使学校党建工作始终保持蓬勃发展的不竭动力和勃勃生机（见图1）。

精美党建

图1　“1234”党建工作法

（一）树立一个理念，思想引领保方向精准

学校内涵发展的灵魂是学校文化，永恒主题是师生发展，而内核是思想。学校抓住关键问题，强化思想引领，确立“思想引领　内涵发展”的基本理念，思想引领是保证全体教职工统一思想、步调一致、激发内生动力的坚实基础。

1. 思想引领转风气

发挥理想信念教育的“固根守魂”作用，以干部“领学”、专项“促学”、小组“研学”、网络平台“助学”等多样的学习方式、充实的学习内容，夯实党员、干部的信仰之基，引领党员成为教育改革的推动者、示范者，教职工成为学校发展、区域教育改革的理解者、支持者、实践者。

2. 示范引领提士气

在思想奠基的同时，顺势推出了“精 · 美方家人”评价标准、奖惩机制等一套有效管用的制度体系，规范引领干部、教师。注重发挥干部、党员、骨干的辐射带动作用，身边党员榜样、师德标兵的示范引领作用。干部、教师思想作风有了很大的转变，逐步形成了人心思进、人心思上、人心思干的良好局面（见表1）。

表1 “精 · 美方家人”修养标准

	方向精准 扬初心之美	状态精神 展信心之美	团队精彩 筑同心之美
精 · 美干部	涵养一种境界 无我	两个基本素质 三个政德观	修好身用好权 律好己谋好事
精 · 美党员	以身作则 党性修养好	勤勉竞进 业务技能好	乐于奉献 为民服务好
精 · 美教师	坚定政治方向 自觉爱国守法	传播优秀文化 潜心教书育人	坚持言行雅正 坚守“五 jia”文化

3. 实干引领聚人气

围绕“2020—2025 年发展规划”的制定、出台，引领教职工分析讨论学校面临的机遇与挑战、优势与不足，形成了统一的办学思想和发展目标，确定未来五年的重点工作和发展路径，明确党员、干部、教师在学校、集团发展中的职责与作用，绘制学校“十四五”发展蓝图，教育引导教职工凝心聚力促发展。

（二）建设两个工程，知行合一展状态精神

思之深，则行之远。思想解放的程度，决定发展与前行的力度和速度，而思维更新、思想解放、观念超前的程度，也成为师生发展的标识与刻度。

方家胡同小学着力建设“两个工程”。一是通过干部讲堂、红色讲堂、老舍讲堂引领思想的“领航工程”；二是通过思想荟、悦享荟、青年荟、暖心荟的建设和发展，促进教师专业化发展、促进学生综合素质发展、促进学校内

涵发展的“筑基工程”；两大工程交互作用同时发力，引导全体党员、教师学以致用、知行合一，展状态精神。同时为干部、教师插上“定向、蓄能”的双翼，成为政治理论学习场，专业技能培训场，引领思想、凝聚队伍的锤炼场。

1. 领航工程，引领航向的思想灯塔

教师是学校发展最关键、最核心的要素，学校要发展，就要涵育教师发展的文化。学校以领航工程为依托开设“干部讲堂”“红色讲堂”“老舍讲堂”三大讲堂，引导全体干部、教师博学洽闻筑团队精彩。领航工程定位明、方向清，加强理想信念教育、强化“主心骨”；强化纪律规矩意识、护好“顶梁柱”，发挥了红色引擎和思想灯塔的作用。

干部讲堂：锻造干部的学堂。党支部将中心组学习与干部讲堂相结合保证学习时间。坚持每月专题学习不少于 1 次，全年不少于 24 学时。启动会前导学制度，将会前导学与专题学习紧密结合起来，学习过程中班子成员进行导学交流，互动研讨。不断提高理论水平和管理水平，全力打造一支思想过硬、具有开拓精神、团结协作的领导班子，干部学堂加强了班子成员间的沟通交流，形成了彼此信赖、相互支持、协作共赢的良好局面，不断推进干部队伍专业化发展，锻造对党的忠诚心，打造担当宽肩膀，锤炼成事真本领。

红色讲堂：淬炼党员的学堂。通过丰富多彩的“红色”基调的讲座、论坛、教育活动凝聚人心，传承红色基因，不断激发干部党员教育为国、教育为党、教育为民的教育情怀。红色讲堂上最亮丽的一抹是以“做合格党员　当先锋表率”为主题的系列微党课活动。活动以人人都是主讲人、人人都是宣讲员为理念，书记、支委、党员干部、党小组长、党员教师纷纷走上讲堂，2019 年、2020 年开展“我是党员……”系列微党课二十余讲。依托红色讲堂，精设计、巧安排，在坚定理想信念上下功夫，有效贯彻落实党的建设和组织工作必须贯彻的纲和本。同时立足本职，联系实际，结合自身工作，有理论、有事实、接地气地宣讲，引发共鸣，充分发挥示范引领作用，同频共振、同音共律唱响校园主旋律。

老舍讲堂：蓄能教师的学堂。着力提升师资质量，不断优化团队个性品质，以教师发展促学生成长。一是把握方向，扎根铸魂。规定动作，全体教职工参加新学期开学典礼，讲师德、明底线，引领教师认清形势、把握方向、严守纪律。特色项目，如“树师德，铸师魂，做好学生引路人”系列主题培训；“弘扬老舍精神，做真善美的传承人”为主旨的“精·美方家人”系列培训，引领教职工守护好民族的根与魂，时刻铭记作为教育人所肩负的不可推卸的责任——不忘历史，振奋精神，将正能量传递下去。二是传承文脉，立体铸魂。老舍讲堂，着力提升师资质量，不断优化团队个性品质，以教师发展促学生成长，是促进教师开阔视野、提升教师内涵修养、传承文化的大舞台。提升课堂教学能力是老舍讲堂重点聚焦的核心，也是教师队伍建设的核心。2018 年开展首届“玉兰杯”教学大赛以来，围绕“培育核心素养，培养关键能力，关注学生实际获得”，从单纯赛课到聚焦主题研究，再到以课题为引领打造智慧课堂，一路走来努力让教师走向学科专业化。2019 年 4 月邀请市区教研员专家走进学校开展“核心素养在课堂”教学视导；同年 11 月邀请小教科、小教研员专家联合下校开展四站式服务。促进教师立足实际，以递进式研讨，深钻教材，精心设计教法，打造自主课堂、开放课堂，不断提升专业素养。校本研修是教育教学业务提质增效的主战场，学校以老舍讲堂为核心，以“分层培养、层级递进”为原则，以“突出主题，解决问题；提高能力，提升质量；横向推进，纵向贯通”为目标，以骨干教师队伍建设为抓手，以“人员分层、目标分层、培养分层、责任分层”为教师专业发展思路，构建“引领型、骨干型、合格型、成长型”四层级教师队伍“塔基—塔腰—塔顶”梯队发展平台，依据教师需求进行梯队化培养，除校本培训及区教研活动外，推动近百人次走出去参加区市级及以上学习培训，全力推进全体教师全面发展。

三大讲堂注重激发教师内在动力，努力营造发掘创造潜能、激发干部、教师创造欲望的文化氛围。敬爱的老舍先生曾给教师们留下这样一句话：“教师失败不得，一失败他便辜负了很多人。”学校通过领航工程的教育活动引领全体干部、教师学习、感悟老校长的话，引领教职工作为新时代的教师，要有理想、有本领，更要有方向、有担当。在强劲有力的思想引领下，让严于律己，修身治学，敬业奉献，笃信好学成为刻在每一名教师身上的印记，化为学校教师文化建设的灵魂。在引领教师的同时，在学生中充分讨论学习老舍先生留给学生们的另一句话："得知识和用知识乃人生一大快事！"引导学生体会老舍校长对学习的热爱，将枯燥的学习变为乐事、趣事。而教师们也着力构建高效课堂，提高教学质量，引导学生主动参与，乐于探索，营造民主和谐的课堂文化，引领学生求真、向善、竞美的路上努力前行！

2. 筑基工程，夯实发展的力量之基

时代呼唤担当，使命引领未来。学校把加强党建工作守正创新摆在突出位置，不断提升党组织组织力，做有质量的党建。领航工程以"三大讲堂"为依托，以思想引领——正家风，同时以制度规范——严家规。在领航工程的引领和保障下，建设筑基工程，夯实发展的力量之基。筑基工程，打造四个荟馆，以"四个荟馆"为载体，丰家资、浓家味，力学笃行践工作精致。

思想荟：收集民意，凝聚向上力量。推动重心下移、力量下沉、服务全体教职工，以党支部组织委员为"思想荟""荟长"，定期开启收集来自教师群体和学生群体的民意动态，了解民生、民意、民忧、民难，同时听取建议健言。思想荟与教职工代表大会联动互补，真正成为学校落实"民有所呼，我有所应""以人民为中心"这一党执政的价值旨归的落脚点，成为撬动学校科学民主管理的支点。

悦享荟：加强交流，传播积极能量。以党支部宣传委员为"荟长"，悦享荟与创建学习型组织进行融合，从干部"领读"、党员"领学"到全校无障碍"书香漂流"。从读书交流到经典诵读到"读党史跟党走，享阅读润心灵"校园文化节、读书节活动，营造红色场域，着力推进课程思政落地，同时以升旗仪式为教育契机，坚持每月一次红色主题教育，在国旗下，党团队旗同时飘扬，微党课、微宣讲在三面旗帜下登场，红色基因无痕传承，为学生成长指明方向。仅战"疫"期间，就以 90 期公众号、22 期"厉害了我的伙伴"为载体，聚焦担当奉献的典型，积极宣传，弘扬先锋。引领师生学原文、品经典、知大势、明方向、讲担当，争做新时代"四有"好教师、"四个引路人""新时代好少年"。悦享荟，已然成为传承文脉、立体铸魂的学堂，成为全体师生提升品位素养、提高境界站位的殿堂。

青年荟：专业引领，提升队伍质量。青年教师是学校发展的未来与希望，学校构筑青年荟，并将其与青年成长营联动。党支部青年委员为"荟长"，教育教学各部门、各学科组、班级联动。针对35岁以下青年教师，制定青年教师培养规划，出台培养措施，每年20余次专项培训与展示。开展“守初心青蓝聚力、承使命薪火相传”师徒结对，指导教师通过教学观摩、教学实践指导、开展研讨、指导论文撰写等形式，对青年教师进行传帮带。推出《骨干教师队伍建设及管理办法》，评选首届校级骨干教师29人，推荐20人参评区骨干教师，3人荣获市骨干教师称号。成立骨干教师工作室，搭台子、铺路子、架梯子，让青年教师在研讨交流、分享展示中共同提高，助力其加速成长。青年教师中6人进入校级后备干部梯队，2人进入区级青年成长营平台。青年荟已然成为点燃红色激情，培育后备力量的摇篮、青年教师专业发展的成长基地。

暖心荟：牵手暖心，传递组织热量。党支部统战、群工委员为“荟长”，向内牵手暖心，帮扶师生解决困难，凝聚群团组织力量，在教师节、新年、三八节等重要节点，开展教职工文化培训、迎新联欢、退休教师座谈会、慰问活动等。2020年除开展丰富的活动，慰问探望病、产、困难及退休教职工10余人。向外回馈社会，传递红色力量。党员全部回社区报到，支援并参与社区战“疫”及部分工作。战“疫”期间，21名党员带动群众开展献爱心活动，共计捐款近2万元。暖心荟已经成为学校践行宗旨意识、锤炼党性、放飞红色头雁的党员教育管理支点。

二、精美教育，精彩绽放

（一）方向精准，扬初心之美

精美党建在理念的树立和践行过程中注重发挥干部、党员、骨干的辐射带动作用，身边党员榜样、师德标兵的示范引领作用。通过思想引领转风气，通过示范引领提士气，通过实干引领聚人气。教育引导教职工凝心聚力促发展，激发全体教职员工的内生动力，促学校办学、教师发展、学生成长的方向精准不偏差，彰显了方家教育人办人民满意的教育的初心。

（二）状态精神，展信心之美

以干部、党员队伍带动教师队伍的发展进步，是学校队伍建设的出发点和立足点。学校号召全体干部、党员要时刻保持状态精神，展信心之美，让党旗在实践中飘扬，让党徽在工作中闪耀。坚持“打好底色，绘出亮色”，不忘初心，牢记使命，做“精·美方家人”的队伍建设目标。建立“方家小学领导干部修养标准”，对干部进行增强本领、强化担当的系列教育培养。在队伍建设中，指路子、压担子，搭台子……给予教师更多的发展空间和发展机会，以党员示范岗、党员承诺、方家榜样人物评选展示等活动为载体，以领航工程及筑基工程为依托，充分发挥先进典型的示范引领作用，推进队伍建设工作的深入开展。

（三）工作精致，践忠心之美

在精美党建红色引擎驱动下，教师思想境界得以提升，专业技术水平不断发展，工作中不断向精致追求，以实际行动践行了对党的忠诚、对教育事业的忠心。武术、排球、民乐团、合唱、科学、艺术等一批特色教师、特色项目、特色课程已然成型，学校梯队建设初步成型，办学品质得以提升，学生综合素养得以发展。

学科教师专业素养的提升有效助力学生特色发展，近年来，千余名学生在全国、市、区科技、艺术、体育、学科等比赛中喜获佳绩。排球队、武术队在市区级比赛中连年获奖；数码探科学小组在全国数码影像节的比赛中获二等奖，实现了全国比赛获奖的零突破；与北京市曲剧团合作，艺术社团的学生们排演了老舍唯一的一部儿童剧《宝船》，在北京市艺术节进行了专场演出；组建三年的学生民乐团，第一次参加市区艺术节比赛就获得市区“双金”……

新冠肺炎疫情期间，带领团队建立“精美教育”体系，构筑以“五星悦享”为依托，以“五精荟馆”浸润“五美教育”的“5+5+5”供给服务平台，为不同学段的学生提供十五大主题近700节微课，丰富、自主、可选择的“营养供给”满足了疫情期间学生成长需求，99%的家长对教师及课程评价满意。成就学生，同时锤炼了队伍。3学科参与市区级课程资源课录制10节；2学科进行区级说课展示；3学科进行区级线上教学经验分享。上交线上案例成果16篇，论文21篇，109人次荣获国家市区一、二、三等奖。

（四）团队精彩，筑同心之美

校园文化是一所学校的灵魂。方家胡同小学以精美党建为引领，聚焦学校文化建设，着力涵育“大方之家”文化，打造“精美 jiā 文化”。一是强化管理理念“家”，二是明确工作目标“佳”，三是提倡教师职业素养“加”，四是弘扬团队精神“夹”，五是注重评价导向“嘉”。每个人都把学校当作家来爱，有事大家共同分担，相互协作。教师有活力，教育有质量。学校注重文化涵育的同时，强化评价的导向激励作用，以科学有效的评价调动教师教书育人的积极性、进取心。开启“精·美方家人”评选活动，树典型、亮品牌；改革完善绩效工资校本方案……教育、立规、监督、考评，四招儿并举，让师生学有榜样、行有方向、干有力量，锻造一支敢干事、能干事、干净干事的好干部、好党员、好教师队伍。2020 届初一新生摸底测试，我校成绩实现跨越式提升，在全区名列前茅。

教育是一个系统工程，构成这一系统的诸元素是相互依存又相互制约的。因此，方家胡同小学以精美党建为引领，以整体优化思想为指导，推动学校发展进程，努力使各相关因素协调发展。引思想之航，筑发展之基，以实际行动汇集干部、教师合力，上下共育，党群共荣，显团队精彩，筑同心之美。

唤醒“自发性”：构筑教师专业发展的“生命场”

北京市第十八中学　管　杰

北京市第十八中学在发展过程中深受陶西平整体优化思想的影响，并且学校教师的专业发展与学生的综合素质提升效果都得到了陶老的高度赞扬与肯定。近年来，学校通过培养教师的教育情怀、加强教师教育叙事研究、关注教师专业发展的“过程”、优化教育生态等举措唤醒教师专业发展的“自发性”，全面推动了学校教师专业水平的整体提升。

——编者语

陶西平先生作为首都教育界著名专家和我们的前辈，与我们很早就相识并建立了密切的联系。在教育实践中，我经常得到陶老的指导和教诲。2011年我来到北京市第十八中学担任校长后，向陶老请教的次数就更多了，深受陶老整体优化教育思想的影响。2013年，我校孅岚纸艺服装社团参加了欧亚学校道德论坛的中国艺术展览会展示活动，陶老观看后非常高兴，对孅岚纸艺服装社团的师生进行了高度赞扬和鼓励，并且当场与我通了半个多小时的电话，对我校学生的综合素质提升和教师专业发展给予了充分的肯定。陶老指出，如果两眼紧盯着考试分数，是办不好一个学校的，立足于学生的全面发展，注重提升学生的综合素质，才是真正提升一个学校办学品质的正确方向。陶老的赞扬使我们深受鼓舞，至今教师们谈起来仍然非常兴奋。

我们在深刻理解陶老整体优化教育思想的基础上，结合学校的实际，在教师专业发展方面探索出了“教师专业自发性发展”的指导思想，采取了培养教师的教育情怀、加强教师教育叙事研究、关注教师专业发展的“过程”、优化教育生态等举措，全面推动了我校教师专业水平的整体提升。

传统的教师培训工作往往更注重外在的知识传授和技能培养，并强调教师的自觉行为，忽视了教师专业的自发性发展。这种教师培训在短期内和浅层次上可能效果较好，但无法保持长久的可持续发展。也就是说，传统的教师培训能够使新教师迅速成为合格的教师甚至骨干教师，却很难成为名师，更难成为教育家。

事实上，自发性是比自觉性更高级的发展形式。自发性的本义是指不受外力影响而自然产生。哲学上的自发性是与“自觉性”概念“相对”“相反”“相对立”的概念，自发与自觉是人存在的两种状态，自发性是自觉性的客观基础和前提，是社会活力的源泉。自觉性和自发性作为人的主观能动性的表现，是同时产生并互相包含的，以实践为根本路径的人的发展必然是一个自发与自觉不断统一与超越的过程。

但启蒙运动所确立的理性主义主体性自觉在经历一段时间的发展后产生出一种人们不曾预料到的结果——理性工具化，在工具理性的支配下，人被物化为手段性、工具性的存在，人的感性发展受到扭曲，人的个性发展受到压抑，人沦为工具性的功能化存在物。

所以，在教师专业发展方面，我们要唤醒教师的“自发性”，使教师的发展成为一种自发性行为，才能打通教师专业成长的内在诉求，唤醒教师职业生命中的专业意识、教育意识、生命意识，激发教师发展的内在需要和潜能，使教师专业发展回归到“生命发展”的立场上来，并且成为其生命中较高层次的自我实现的需要，进入一种较为自由的生命状态和生活方式，进而与教育教学工作形成相生相成、互促互进的良性循环，从根本上促进教师专业的可持续发展和高层次发展，全面提升教师的专业水平。

一、培育教育情怀，让教师“自发性”地确立发展目标

教师的教育情怀是一种自发存在的强烈而深沉的情感状态，是推动教师专业发展的根本动力。外在的教育理论指导和教育技术灌输很难使教师产生

教育情怀。所以，要积极涵养、培育教师的教育情怀，从而使教师自发地确立专业发展目标，产生“自发性”提升。

（一）丰富教育仪式，提升职业责任感

目前，学校中保留的教育仪式，如开学典礼、毕业典礼、升国旗等，大多成为例行的形式，往往缺乏深刻的精神陶冶力量，仪式的“教育性”逐渐被削弱。为此，我校积极采取措施，丰富各类教育仪式的流程，培育教师的教育情怀。例如，经过精心组织，我校的高三毕业典礼隆重、热烈而庄严。在以“为人生三十岁作准备”为主题的2014年高三毕业典礼上，全体高三教师和学生都穿着统一的学位服，在校长致辞的过程中，大屏幕上一一闪现出教师们的笑脸，同学们一次次大声亲切地呼喊教师的名字，并为教师们献上鲜花、祝福卡；在学生们的祝福声中，每一位教师都为毕业生送上了殷切的寄语。毕业生即兴表演了诗朗诵节目“母校，我们在这里!”。最后，校长亲自为每一位毕业生颁发毕业证书并为其“拨穗”，毕业生与陪伴了自己三年的教师一一拥抱。鲜花、掌声、热情的鼓励声、奔涌的泪水，汇成毕业典礼最美丽、最深沉的乐章，所有的教师和学生都热泪盈眶。在这个过程中，教师的职业自豪感、责任感油然而生，心灵得到净化和洗礼，他们对自己所从事的教育事业自然会产生一种神圣和庄严的使命感，教师的教育情怀由此产生、升华。

（二）培养人文气质，升华个人修养

在培养教师气质方面，我校着眼于提高教师的审美能力和人文素养，通过培养教师的人文气质，升华个人修养，从而培育教师的教育情怀，使教师自发地与学校明慧、博雅的教师文化建设相融合，从而推动教师的专业发展。

首先，学校依托方庄教育集群，借助中央音乐学院和中央音乐学院附属中学的艺术优势，提高教师的艺术水平和审美水准，升华教师的艺术修养。其次，学校要求教师的阅读不囿于专业书籍，要更多地涉猎人文经典书籍，与经典交流、对话，产生精神上的共振和情感的升华。在阅读中丰富自己的内心世界，建设自己的精神家园，进而提升自身的修养和气质。

（三）建设闲暇文化，自由沉淀心境

印第安人有句谚语：别走得太快，等一等灵魂。这句话是说如果人的生活节奏太快，就会失去自己的灵魂，失去自己的情怀。因为情怀来源于人对客观世界的归纳、升华和主观世界的内省，是基于现实生活中的精神领域的，如果一个人忙碌得连内省的时间都没有，那就会失去自己的灵魂和情怀。当今社会竞争激烈，生活节奏加快，工作负荷增加，工作压力加重。身处现代社会的中小学教师，不仅不能例外，而且疲惫的感受正日益普遍和加深。疲惫的教师心灵必然浮躁不安，久之，教育理想和情怀就会泯灭。针对这种实际状况，我们没有采取严格的坐班制度，而是让教师有更多的自由支配时间，能够更加从容地安排自己的工作和生活，有足够的时间对自己的教育生活进行归纳、内省和升华。学校还在每层教学楼都设有一间茶吧，供教师课余休憩，使教师有一个安放心灵的地点。给理想一点时间，理想就不会熄灭，理想之火不熄灭，教育情怀才能产生。我们通过建设闲暇文化，使教师能够自由沉淀心境，推动了教师教育情怀的产生，促进了教师专业的自发性提升。

二、潜心教育叙事，让教师“自发性”建构教育经验

奠基于后现代哲学思想之上的教育叙事研究，研究的是个体的教育经验，所叙之事是教育自然情境中发生的真实事件，目的是揭示故事背后的意义，注重具体教育问题的解决、教育经验的意义重构和教育主体的发展。从2008年起，我校与北京师范大学教育学部教师教育叙事研究团队合作，运用教育叙事的方式进行教师培训。触及心灵智慧的教育叙事深受教师特别是青年教师的欢迎，部分教师开始了自发性教育叙事的实践研究。

学校先后邀请高校、教育研究机构和教育期刊等各方面专家来我校就教育叙事研究及撰写方法开展讲座，使青年教师明确叙事研究的意义，初步掌握撰写的原则及方法，即所叙之事必须符合真实性、可读性、典型性。我们提出，教育叙事必须蕴含一个或几个教学事件，即教育教学过程中出现的有意义的“教育问题”或“教育冲突”；既可以反映教师以自己的方式化解教育事件之后获得的教学效果，也可以反映教师的教育遗憾。

教育叙事研究增强了教师的专业意识。首先，教育叙事研究增强了教师的问题意识。叙事研究的过程是一个引导教师不断发现问题、记录问题、寻找对策、解决问题的过程，教师在叙事过程中，无形中更为关注课堂上、校园内、家庭里、教育教学过程中、学习过程中的各种问题。其次，教育叙事增强了教师的反思意识。教师在叙事过程中，通过对“我做了什么”“我为什么这么做”等心理描述，对实际教育教学进行感受和体验，以批判的眼光反观自己的思想、行为、价值观、态度和情感，重新审视自己在教学中的思想依据，并积极寻求解决问题的突破口，最终促进自身教育教学实践能力的提高。这种交流教育故事的形式，也让教师感受到自己被关注、被欣赏、被共鸣，从而收获心灵的慰藉。教育叙事使教师“自发性”建构教育经验，自发性地全面成长。

三、专注发展“过程”，让教师“自发性”建设个体人格

个体的提升不仅是习得复杂的知识和熟练的技能，关键是能从精神与心灵的卷入中得到一种启悟，产生自发性的提升。因此，在教师培训中，领导者应当留给教师更加宽松的环境，更多自我探究、纠错的机会，以及尽可能多的个体人格建设空间。

（一）关注生命成长，协调三种空间的和谐平衡

教师的第一空间（居住空间）、第二空间（工作空间）和第三空间（工作与家庭之间的过渡空间）之间是一种和谐平衡的关系。学校管理者需要帮助教师协调好三种空间之间的关系，帮助教师创造丰富情感、提升智慧、强大内心、有助于促进个人教育生命成长的积极健康的专业发展空间。比如，除了加强民主文化建设，提供宽松的管理氛围外，我校在进行校园环境建设时，修建了健身房、咖啡厅、篮球馆、羽毛球馆、乒乓球馆、草坪、花园等，使教师随时随地拥有“第三空间”，从而使教师专业自发性发展的过程能够成为一种享受和审美的“过程”。

我们对教师在教育世界中的生存状态、专业发展和生命价值给予充分关心。允许教师自我关怀，加强教师“非自我关怀”，我们尊重教师的价值和尊

严，让每一位教师都能感到自己的教育、教学一直在受到职业关怀。使教师能够自发性地建设个体人格，自发性地提升专业能力。

（二）强调自主自助，将发展的选择权交给教师

在不同时期、不同学校、不同学段，面对不同教育教学实际状况，教师发展的需求也各不相同，这就造成了教师发展的差异；在大体相当的时空条件下，教师的素质或发展期望，包括教育教学的观念与水平、知识与能力、职业道德与情感态度等也因人而异，由此造成教师专业自发性发展的相关度存在显著差异。为此，我们采取了以下措施。

首先，建立选修式培训制度。将原学校单一的培训改为教育科研培训、学科教学培训、班主任培训、外出学习、走访名校等多种形式，由教师根据需要自由选择。其中，外出学习和走访名校也分多个方向满足了不同教师的要求。其次，建立教师自发性发展共同体。由教师们自行推选负责人，制定章程和发展计划。例如，新入职教师自发组成“青年班”，“民选”班长在广泛征求青年教师专业发展愿望后，形成年度计划。最后，建立自助式“同侪互助”制度。在学校指导下，全校教师自由结合成师徒关系，不仅是新教师向老教师学习，还有一些老教师向青年教师拜师学习信息技术、外语等，或老教师之间、年轻教师之间互相拜师学习。

（三）帮助教师建立融洽的人际关系网络

我们积极帮助教师建立融洽的人际关系网络。首先，我们有效及时地帮助教师处理来自不同方面的压力事件，合理疏导压力带来的各种影响。其次，帮助教师尝试理解学生的心理，做到师生之间可以心灵间互相信任。最后，帮助教师把握好与学生家长接触的尺度，避免出现交流对话过多或不足的现象，善于运用这种关系处理学生问题。和谐的人际关系更容易体会到教师职业带来的快乐和幸福，能够进一步推进教师的专业成长。

四、优化区域教育生态，让教师“自发性”生长教育智慧

2010 年 5 月，以北京市第十八中学为龙头，涵盖方庄地区 27 所高中、初

中、小学、幼儿园、职业学校、民办教育机构的方庄教育集群建立，十余年来，方庄教育集群建设步步深入，已从最初的“抱团取暖”、以资源共享为主要特点的初级区域教育共同体，发展到以课程为中心的区域生态教育共同体，并日渐向以打通各学段学生的出口、改变区域教育结构为主要任务的现代化区域教育共同体过渡。目前，集群成员从 27 家成员扩至 49 家，服务区域扩大为方庄、东铁匠营、大红门三个地区。我们充分利用方庄教育集群进行教育生态建设，通过优化教育生态使教师自发性生长教育智慧，推进教师专业成长。

（一）贯通小学、初中、高中学段，形成良好科研生态

在集群内，我们要求小学、初中、高中不同学段的各学校按照学科选派优秀中青年教师组成集群学科工作室，学科工作室集教研、科研、培训于一体，在固定时间、地点进行活动。与此同时，我们依托北京师范大学、首都师范大学、北京教育科学研究院、北京教育学院等高校和教育科研机构，建立了方庄教育集群教师发展中心，共同组织专家开展讲座培训、组织教师参与主题研讨和课题研究、组织教师外出学习培训等；适时开展集群课堂开放和诊断活动，跨校开展骨干教师、青年教师导师带教活动；积极开展校际间的教师交流研讨和联片教科研，由此整体提升集群的科研能力，形成良好的集群科研生态。目前，我们正在积极筹备建立“方庄教育集群教育科学研究所”，开展集群级课题和规划课堂的研究工作。我们已经完成了研究教育集群的市级课题“促进教师专业自发性发展策略研究”“以饮食、起居、运动、情志和学习复合处方，实现儿童青少年可持续发展的教育实验”“数字化校园的建设与应用实践研究”“教育集群教师培训机制研究”和教育部委托课题“区域教师专业发展及人力资源共建共享行动研究”等课题。

（二）对接实践，积极建设阅读生态

我们采取多种措施打造“爱读书、读好书”的集群文化，全面优化区域教育生态。例如，集群在北京十八中成立了以“读书塑造心灵，读书启迪智慧”为宗旨的方庄书院，积极发展书院文化。方庄书院一方面积极挖掘图书

资源，组织系列读书活动，如举办读书理论研讨和专题讲座，开展阅读竞赛和读书经验交流活动，有序地策划以“读书”为主题的专家报告和学术研讨活动等，扩大教师交流的平台；另一方面贯彻“知行合一”的教育理念，将阅读与实践紧密结合，进一步提高师者爱读书、生者乐读书的“致用”效果。

五、从教师的需要出发，优化教育科研生态

在教育部委托课题“区域教师专业发展及人力资源共建共享行动研究”研究期间，课题组采用分层抽样调查方式，在集群学校中进行问卷调研，共回收教师问卷1160份，充分了解集群区域内教师专业化发展的需求，进一步聚焦了研究的问题。

调查结果显示，教师认为本教育集群教师专业化发展应该建立的有效机制提及频率最多的三类机制分别为：有64.6%的教师认为需要有硬件和软件资源的共享机制，51.9%的教师认为需要建立教育教学经验跨校分享机制，超过50%的教师认为需要建立外部专家引入，持续跟进机制。

当询问教师“如果成立本教育集群教师专业化发展共同体，您更愿意参加何种研究活动”时，超过50%的教师报告，如果成立教育集群教师专业化发展共同体，教师愿意参加的最多的四项研究活动依次是：①通识培训和指导；②人文素养培养；③学科专业知识的深度学习；④研究型教师的培养。

当询问教师“对开展北京市丰台区方庄教育集群开展的教育教学活动，还有什么期待”时，因为此小题是开放的问题，采用词频整理法，排除一些无意义词汇，教师提出的建议最多的有以下七项：①实现资源共享；②请专家开设讲座；③对其他教师的课进行观摩、听课；④跨学科交流；⑤进行专业培训；⑥更多的教研活动；⑦形成完整的机制。

集群计划对每位教师进行个人的潜能测试，形成《××教师潜能测试报告》，结合每位教师的潜能，开展教师职业生涯教育。为每个学段、每个学科的教师研究制定《××教师职业生涯规划》，帮助每位教师找准自己职业生涯的科学坐标，规划其专业化发展的理念、目标、阶段、路径、方法、措施、预期结果等，实现教师职业生涯规划和教师专业化发展的良性互动和共同发展。同时，集群将根据教育部颁布的《中小学教师专业标准》，结合集群教师

发展的实际，制定《方庄教育集群教师专业发展标准》，从而实现“国标”到“群标”自然转换，使“国标”具有“群标”特色。

六、构建方庄集群教师专业发展体系

在国家级培训、市级培训、区级培训和校级培训的基础上，方庄教育集群精准把握区域教师专业发展诉求，精准服务教师专业发展“自组织”，构建了集群教师专业发展体系。

（1）唤醒自发性成长的精准服务工程。方庄教育集群建构了结构化、层次化的集群教师专业发展体系。结构化是从岗位、能力、学科维度推进集群教师专业发展体系建设。层次化是以专业能力、学段和培训级别为依据推进集群教师专业发展体系建设。

例如，在集群校长领导力培训方面，进行了实用英语、卡内基沟通力等培训；教师班级管理能力培训方面，以集群卓越班主任发展研究中心，魏书生班主任工作室为核心开展培训；学科实践能力培训方面，举办了全国本色语文教学思想研讨会，成立了物理特级教师陶昌宏工作室，开展了美国耶鲁视线课程、中华传统文化课程、音乐新体系教育、学转英超等课程项目。建立了丰台分院合作促进青年教师成长项目、与首都师范大学合作建设实践性教师专业发展社区（cop 项目）、邀请英美专家培训以学习者为中心教学法（SCL 项目）、体验式教学，自主开展集群青年教师同课异构活动和京津沪渝学校教育创新共同体骨干教师课堂展示，等等。

（2）助推平台迭代的机制保障工程。方庄教育集群秉持尊重、共生、自发的原则，集群鼓励教师建立“自组织”，自主选举负责人，确定研修目标和计划。使集群研修完全成为成员教师自觉、自愿、自发的行为，集群以加强交流为契机，促发了这些“自组织”的迭代。

下　篇

探寻课程教学变革　加速学校内涵发展

基于学生的课程教学管理进展、问题与策略

——陶西平教育过程整体优化视角

北京教育科学研究院基础教育科学研究所　**赵艳平**

陶西平先生的核心教育思想是整体优化，生命所为是育人。他在此基础上构建了立足中国国情、具有中国特色的教育思想和实践经验，其思想体系背后遵循了历史唯物主义、辩证思维方式和系统方法论。本文试图以育人的核心要义和整体优化的方法论来剖析当前课程教学管理的改革进展、存在问题，并提出对策，期待有所启示。

一、课程教学管理过程系统优化内涵

（一）整体优化思想的概念内涵

陶西平先生在《中小学整体改革的若干问题》一文中从三方面对整体优化思想的概念内涵进行了阐述和解读[1]。

从概念上来看，他认为教育是一个由若干部门组成的比较紧密的体系，教育发展的过程，就是系统中各要素相互作用、相互制约的过程。必须认清教育的体系特征，从整体的角度来认识教育现状，从而找到出路；从新中国教育史的角度来考察，要避免摇摆和失误，要从整体角度把握教改方向；一些教育改革的经验和教训也表明，只有整体改革才能真正提高教学质量，取

[1] 陶西平．中小学整体改革的若干问题［J］．教育科学研究，1992（1）：3-4.

得真正的成果。

从内容上来看，整体优化思想涉及整体改革的总体目标和内容。教育整体改革的总体目标应该是建立一个有中国特色的社会主义教育体系，并使这一教育体系能为实现我们第二步战略目标直至第三步战略目标打好基础并为之服务；内容要从体制、结构以及思想内容方法等多方面整体考虑教育改革。在已经实现第二步战略目标的基础上，我们仍然要根据当前的现状进一步整体变革。

从方法论上来看，整体优化思想是系统各要素合理定位、有机结合、有序运行的整体。教育系统中的各要素也有主次之分，诸要素的地位要分清。在整体意识的指导下进行的各方面改革的有机融合，在实施上还要有突破口。

（二）整体优化思想在课程教学管理子系统中的体现

纵观陶西平先生的著作可以看出，不同时期整体改革的切入点不同，20世纪80年代聚焦学校内部管理体制改革，90年代提出“深化教育改革，不能仅停留在内部管理体制改革上，要对教育思想、内容、途径、方法、管理、环境等进行综合改革，这是我们说的改革的真正内涵。”[1] 这一理念伴随着新世纪课程改革逐步推进，党的十八大以来陶老多次呼吁“改革必须发生在课堂上”[2]。至此，陶老从内外部管理到课程教学改革进行了全面的探索，在多要素共同作用中，最核心的是在课程教学主渠道中促进人的发展。

首先，基础教育系统中课堂教学是主阵地，这揭示了系统定位的问题。陶西平先生提出“改革最终发生在课堂上”[3]，指出学校教育改革不能一味追求“蓝海”、追求办学特色，归根结底还是要重视主战场，还是要集中在“红海”——抓课堂教学改革，这才是学校的主要任务。那么在新时期如何抓课程教学？陶西平先生多次组织中外论坛，对比我国和国外的课堂教学[4]时，认为中西方都在相互借鉴融合，中国要扎根本土实践、在国内外借鉴中走自己

[1] 陶西平．推进中小学整体改革，全面提高教育质量［J］．中小学管理，1990（4）：2-4.
[2] 陶西平．改革必须发生在课堂上［J］．教育，2018（21）：1.
[3] 陶西平．改革最终发生在课堂［J］．教育家，2018（48）：8-11.
[4] 陶西平．由两节课引发的思考［J］．中小学管理，2014（1）：1.

的路，生成自己国家特色的教育。在对课改实践的观察中甚至回顾自己上语文课的情景，他对教学内容（或语文课程）的整合归纳、梳理分类，对语文课堂教学思维的深度探索都是现在一些课堂所难以企及的。

其次，课堂教学提升的关键是校长课程教学领导力，这揭示了系统内部要整合优化。陶老在不同场合提出了其定位、价值、重点、未来走向：认为校长领导力[1]最核心的是教学领导力，校长最根本的任务是课堂教学；积极支持教育家办学，认为有定力、有创造、肯担当就是教育家精神；[2] 对学校管理流程的重构，必将催生学校内部管理流程的再造；[3] 介绍国际经验，认为课程发展的趋势大概包括这六个方面[4]：强调培养能力、强调以学生为中心、强调整体综合、强调多样包容、强调数字化、强调科学评估。这些都需要校长引领学校重新审视课程教学改革方向、内容、管理等。

最后，课程教学改革的目标是培养人，这揭示了教育的本体价值。“从以课程为中心向以学生为中心转变，是当前世界教学改革的动向之一。”[5] 培养人的核心是习惯，尤其是思维习惯。陶西平先生认为，习惯就是基础素质，学校最重要的任务就是培养学生的好习惯。《回归基础教育的“本体价值”》[6] 等多篇文章一以贯之地指出，习惯是一个人素质的外在表现，是长期养成的相对定型的反应倾向、思维方式和行为方式。反应倾向影响着价值取向，思维习惯影响着思维方式，行为习惯影响着行为方式。在追溯成长历程中，他提出“向善”与“向上”[7] 在他一生中最重要的，是基础教育的价值所在。

篇篇絮语深入浅出地阐释了自己的思想，这只是陶西平先生几百篇文章的很小一部分，却能看出陶老在历史和现实的观照中、在国内外对比中、在实践的反思中不断思考教育本质、中国教育的走向，在本体论、价值论、方

---

[1] 陶西平．为生命而为［M］．北京：教育科学出版社，2019（6）：150-152.

[2] 陶西平．教育家与教育家精神［J］．北京教育（普教版），2015（1）：1.

[3] 陶西平．呼唤学校管理流程重构［J］．中国民族教育，2015（3）：9.

[4] 陶西平．未来课程发展的5个主要趋势［J］．教学管理与教育研究，2017（20）：127.

[5] 陶西平．把握教学改革的平衡点［J］．中小学管理，2014（9）：58

[6] 陶西平．回归基础教育的“本位价值”［J］．基础教育论坛，2012（23）：12-15.

[7] 陶西平．为生命而为［M］．北京：教育科学出版社，2019（6）：36-38.

法论层面构建中国特色基础教育课程教学的生态、形态、状态。

二、课程教学整体优化的引领性实践

一批批校长在陶西平先生的影响下成长起来，影响了其办学理念和行为。改革进入深化阶段，陶西平先生对新时期课程教学改革有精辟论述，即学校要聚焦学生核心素养的提升，以提高教学质量为核心，精心构建富有特色的课堂形态，宏观规划课程体系，微观创设课程内容，促进师生教学相长，建造开放自主的教学环境，使知识构建、方法习得、生态养成形成“三位一体”，这必须依靠校长和全体教师的终端活力才能实现。北京市不同区域、不同类型、不同发展阶段的学校在陶老的直接指导、策略引导抑或思想引领下在未来向度上思考实践课程教学管理变革，下面是一些学校的典型探索。

（一）直接指导下，在面向未来整体变革中优化课程教学

景山学校，创办之初就定位于引领基础教育教学改革实验的学校。陶西平先生一直关心支持景山学校发展，他认为，景山学校坚持以“三个面向”为指针，坚持不懈地进行包括学制、课程、教学等基础教育领域的实验，耐得住冷遇，耐得住寂寞，耐得住体制困扰，努力提高学科教学质量，这是对“三个面向”的最好纪念。多年来学校探寻“景山历程”，回答培养什么人的根本问题；凝聚“景山思考”，深化如何培养人的教改实践；坚定“景山追求”，厚植守正创新的责任担当。

中关村第三小学，经历过20世纪80年代的筚路蓝缕，新旧世纪交替的跨越发展，到如今成为扎根中国、融通中外的名校。陶西平先生多次引介先进理念、点评引领学校未来发展方向。陶西平先生曾评价学校，“面向未来，重塑学校，走出了一条独特而又具有普遍意义的变革之路”。作为一所高起点学校实施创造性变革的发展路径，对传统的理念、固有的模式和校园的藩篱进行突破。其中，“生态大课程”体系的建立，全面实践“真实的学习”课程追求，学校打通育人路径，构建起育人的内生机制，正是这一思想的有力践行。

北京中学，是一所建校之初具有高站位的改革意识和实践的年轻学校。

陶西平先生多次参加学校国际论坛，引领探讨未来学校的办学理念和路径。北京中学以面向未来、变革学校形态、整体优化的思想教学、治校。在推进学习方式变革中，陶西平先生认为必须具备整体思维，注重变革的系统性、整体性和协同性。这也正是整体优化在一所学校的体现。

（二）策略思想引导下，在课程教学领域整体探索创新

五一小学构建“幸福素养教育体系”，在整体育人、促进学生全面发展的背景下，正面应答了学校奠基教育思想“奠什么基、用什么奠基、怎么奠基”等核心之问。从课程、“教与学”方式和教师队伍三个维度，探讨了整体育人的实践。陶西平先生认为是“有定力、抓根本、肯担当”的教育家精神。

北京教育科学研究院通州区第一实验小学在教科院专家的指导下对陶西平先生的教育思想深化领会内涵，在整体思维与微创新路径中建构课程教学管理系统。在建构课程教学管理系统的探究过程中，形成了具有发现教育特质的教学管理系统的独特认知，明确了课程教学管理的关键内涵，厘清了教学领导力的关键价值，形成了具有校本特色的建构路径，在宏观、中观、微观层面上实现了整体化育人的过程优化，使一所曾经的农村薄弱校成长为全国教育系统先进集体。

（三）思想引领下，对课程教学关键领域进行探索创新

北京市顺义牛栏山第一中学将“教育过程的整体优化”思想和自觉教育办学理念有机融合于一体，用来指导学校的课程和教学改革实践。优化课程实施，加强课程整体建设，创新课程管理方式，重点打造融合课程，建设教师自主发展创新团队，打通学科壁垒，在课程设计和教学实施中落实“立德树人”根本目标。

北京市怀柔区第三小学面对空间布局狭小这一发展桎梏，多年来一直把人的发展作为学校教育的出发点和归宿，大力整合教育资源、多措并举追求教学过程的整体优化。重点通过提升教学品质，打造生态课堂；分层泛在强化队伍，提升专业素养；开发实践课程，发展个性特长等措施，扎实推进素质教育，实现教学质量的优质供给。

这些学校在整体优化视角下确立了新的办学理念，建立了引领时代发展的新的管理体系和模式，对课程教学进行了探索性变革，引领时代发展，有了比较典型的经验和成熟的实践策略。

三、课程教学管理变革的问题与对策

现在学校处于转型期，新旧理念和多种形态并存，距离建构新的理念指导下的课程教学管理还有差距，这成为新一轮发展的动力。转型期学校发展阶段任务不同，北京市的学校发展不平衡，以上列举的学校成为引领时代发展的新的办学理念和行为的学校。但是，通过调研发现更多的学校处于科学规范与创新并存、点状探索和整体优化并存的时期。这就需要借鉴整体优化思想和方法论审视思考历史与现状、政策与理论，由此预判学校完成转型，实现新理念指导下组织制度行为的转变，完成课程教学整体变革，实现高质量的发展。以下是对当前学校课程管理方面的问题进行分析并提出策略，以期有所启示。

（一）学校需要形成课程教学管理新理念

随着国家政策设计落实、教学与管理理论推进以及实践需求，学校需要建立新的课程教学管理理念。

在政策要求方面，应对未来新发展阶段彰显了国家层面的整体设计。教育是社会发展密切相关的子系统，它引领并服务于社会发展。以课程改革为切入点提升学生核心素养的深化基础教育综合改革，取得了很多成就。当前需要我们对2020—2035年为时间节点进行宏观整体设计和微观科学落实。自2014年起，国家先后颁布了系列文件[1]，这些文件在目标、内容等不同层面和领域对教育进行整体设计，这些都为学校课程教学变革提供了非常科学有力的目标定位、内容导向、方法论策略和内外部政策环境。例如，2014年的《教育部关于全面深化课程改革落实立德树人根本任务的意见》，为改革提供了目标方向和系统化整体设计的方法论；2020年提出治理体系和治理能力的

---

[1] 《教育部关于全面深化课程改革落实立德树人根本任务的意见〔2014〕》《中共中央　国务院关于深化教育教学改革全面提高义务教育质量的意见》2019、《中国教育现代化2035》等。

现代化，这需要学校内部治理进行变革；2020 年激发学校办学活力的文件，要求给予学校办学自主权以激发学校活力，学校内部管理变革激发教师、学生的内在动力和活力。

在理论方面，教育管理理论的新发展对教学管理实践提出新要求。教育管理理论提出当前管理改革有五个相对的特点❶：①由重视学校功能管理转到效能管理；②由重视各个职能部门的优化管理到整体优化管理；③由对过程的监督和检查为主到激励教职工的工作热情、责任感和成就欲为主的管理；④由强调教育管理制度的规范化、标准化和制度化为主导到以权变思想为指导更加灵活多变地管理。这对教学管理的启示为：注重系统整体协调、激发内在动机、强调生成、重视质化量化结合。

在实践方面，今后长期面临的任务是学校高质量发展，教学质量是其核心，为此需要进行系列改革创新来实现。同时，优质均衡催生的多种办学形态呈现了多样化新问题。随着教育均衡化的推进，北京出现了多种办学形态，主要有集团化、名校办分校、教科研支持、一体化等，这相应地出现了多种多样的办学模式，办学主体不同、联动机制不同等引发了多种新问题。这些都需要重新梳理、分析、判断、解决，也为课程教学变革提供了新的思考角度。

由此需要观念转变，即将课程教学管理变革到学校治理的高度来审视，变革这个子系统，实现由原来重外在约束到重内在激励的教学管理的价值观；关注每个学生的发展，每个教师的成长的教学管理的目的观；促进教师和学生发展的内在机制的教学管理的动力观；通过多样综合的教学结构实现学生全面个性发展的教学过程观等。

（二）学校需要进行课程整体优化创新

通过前期问卷与文本分析，可以看出，当前以学生发展规律为基础的科学整体设计和创造性实施不足，需要课程整体优化创新。

课改之前，学校多是执行运用上级部门的规定课程，很少根据学校情况

❶ 陈孝彬，高洪源．教育管理学［M］．北京：北京师范大学出版社，2008：35.

创造性实施；课改之初，学校有很大的自主权，重点在开发校本教材、编印校本材料，在国家课程中教师根据本校实际创造性实施方面具有很多探索；当前，学校在教师点状探索基础上进行三级课程的整体设计，很多学校都有异彩纷呈的课程图谱。但是，当前主要存在两个问题：一是各种课程的综合不是真正的内在整合，缺乏内在逻辑，优化不足；二是缺乏对学生规律和需求的把握，有些是自上而下的构建，没有考虑学生发展规律；三是千篇一律，学校个性和创造性彰显不够。

因此，需要进行课程整体优化创新。学校课程教学管理确实发生了很大变化，但是，如何真正站在学生发展和学校整体发展的角度，在客观分析的基础上整体规划学校教学变革的方向，引领学校教学发展方面有待加强。在课程设计取向上需要将学生本位、学科本位、社会本位辩证地整合，形成以学生个性的全面发展为核心的课程理念；课程设计模式需要整合目标模式和过程模式，以课程目标、内容、活动、资源、策略、评价等要素为基础整体把握选择和重组；在课程结构和内容方面根据学生的素养结构进行整合，同时当前阶段最重要的是在整合基础上优化，以实现其科学有效的功能。

（三）需要建立多样综合的课堂教学生态系统

通过调研了解到，国家课程转化为教师实施课程有进展，但内化为学生课程不足。课改之初，有些学校在合理处理三级课程在学校中的位置时有失偏颇，往往认为国家课程主要是落实。随着课改推进，学校聚焦在国家课程的创造性落实上。但当前的主要问题是进一步转化为学生体验课程的不足。教学方案的制定、课程教学实施管理、课程教学实施的评价方面探讨更多的是将国家课程转变为教师实施的课程，如何根据知识类型、学生认知结构等因素进行课堂教学系统改进，以内化为学生的课程方面探索不足。

实质上，异彩纷呈的实践现状提出了新需求。以核心素养为基点的课程教学深化对管理提出了新要求。核心素养的深化落实、学生观的变化引起教学系统要素（目的、教师、学生、教学内容、方式）及其关系的变化。学校对这些变化都进行了不同程度的探索，但还需要进一步反思和深化。同时，新时期对孩子的身心特点提出新要求。随着中国经济的飞速发展、社会结构的变化、互联网时代等带给人们生活方式和认知方式的转变，必然会影响新一代孩子。社会结构的变化，造成班级构成发生变化，由于受地域背景、文化观念、家庭环境和生活方式的影响不同，导致孩子的个性特征不同。如何更好地全面了解学生，因材施教，这些问题直接影响教师的班级管理、课堂教学，影响学校的教学管理。

由此需要建立多样综合的课堂教学生态系统。进行课堂教学系统设计实施，对目标、内容、过程、反馈、生成等依据学生特点整体设计。教师需要思考教学目标是否反映了学生的素质结构，如何根据本班学生的特点将教的目标转化为学生学习的目标；教学内容整合，根据知识类型、教育规律和学生特性在学科间、学科内进行重组整合；探索不同教学模式的价值功能，采用多样综合的教学模式开展教学，并思考在将学生的认知规律和知识结构统一的过程中如何深化学生思维；建构课堂生态文化，课堂教学是知识传递、情感交流、师生与生生多向互动的过程，具有认知、教育、社会性，因此要构建生态课堂文化，促进每个学生成长。教学的深化必然会直接影响教学领导对学校教学改革方向的引领，并引发推进教学改革管理策略的变化。

（四）需要建立激发内在动力的制度机制

当前，教学管理制度保障教学改革的激励功能内生动力不足。教学管理是为教学服务的，教学管理制度应该成为支持、引领、促进、保障教学改革的力量。但是，在改革中却存在着一些问题，主要有：制度系统没有理顺，在原有制度下生发出一些新制度，因此出现重复、交叉、缺位、错位；制度内容过时陈旧，为新时期的教学提供指导作用受限；制度的功能多约束少激励。近几年，学校不断进行制度变革，但是深入分析却发现，多数制度是对原来不完善的制度的进一步完善和增加。而对于教学管理制度方面变动不大，在激发教学变革等方面没有根本改变，基本是规范教师行为的条文。在当前教学改革如火如荼进行的过程中，学校的教学管理制度在提供引领促进作用方面需要大力加强，同时在某种程度上支持保障功能也需要改进。

由此需要建立激发内在动力的制度机制。一方面，对各项教学管理制度进行改革，改造禁锢教师创造性的规范条文，转变为激发教师内在动力和创造性的制度，并能引领教师创造。另一方面，通过流程再造进行机制创新。重新审视现有的管理流程，进行流程重构，成为当务之急。对学校管理流程的重构，必将引导学校内部管理的流程再造，这样，使教师能将主要精力真正用于提高教育教学水平。因此，需要运用科研方法根据管理规律，设计教学管理制度流程。根据科学的工作流程来重新审视现有的教学管理制度，并进行相应的增加、删减。

（五）需要建立围绕师生发展的一体化组织结构

当前，教学管理组织面临的主要问题是：在学校的整体系统中并没有形成一切围绕学生发展和教学系统设计的整体组织结构；组织机构对课程教学的改革引领不足，校长的课程教学领导力不足；科层制构架，层级多，偏行政管理，导致重工作性，少研究性，若干学校研究团队成为另外生发出的另一个系统，造成人力物力浪费，不能体现教师作为专业人员的职业特点；学生管理部门偏行政管理，少身心规律分析，对学生的分析不足，缺少对学生年龄特征和个性特征的分析和正确引导，体现不出以学生为中心和以学生发展为本；科研部门定位不妥，不能实现教学教研科研一体化，导致科研方向和重点错位，在真正促进教学质量提升方面受影响。

由此需要建立围绕教师、学生发展的系统组织结构。组织的设计应从整体出发，建立以教学科研引领的学校管理组织机构和运行机制，进行一体化组织重构。在这样的组织系统下，学校管理组织系统中行政系统和业务系统统一、日常教学和课题研究融为一体、学教评一体。校长的课程领导力和教师的课程设计实施（教学）的创造力以及学生的实际获得的课程紧密结合。这样不仅利于贯彻科学课程、教学思想，同时利于学校各方面工作都围绕日常教学、学生核心素养落实开展教学研究，达到相互促进、系统整合的效果。

总之，陶西平先生的核心思想是整体优化，生命所为是育人。这一思想遵循了历史唯物主义、辩证思维方法和系统方法论思想，构建了立足中国国情的具有中国特色的教育思想和实践经验。在新发展阶段、新格局下，需要运用这一思想重新审视当前课程教学管理的进展问题，为重建课程改革管理体系贡献力量。

陶西平“教育过程整体优化”思想及其对当前教学改革的启示

北京教育科学研究院基础教育科学研究所　张理智

陶西平先生不仅是一位曾经进行了卓有成效的教育管理体制改革的教育改革实践者，也是一位勤于思考、学术成果丰硕的教育专家。“教育过程整体优化”思想是他全部教育思想的核心主张，这一核心思想不仅指导他本人进行教育理论探讨和开展教育管理实践，也对今天的教学改革具有启迪价值。

一、“整体优化”：陶西平的核心思想与思想体系

陶西平先生关注和讨论的教育问题的题域宽泛，也提出了众多的富有智慧的教育观点，从表面看，论域和观点显得很庞杂，其实这众多的观点之中或其背后是有一个核心思想作为统领的，这一核心思想就是陶先生本人在其生命的最后时日所表达的“我的教育追求就是实现教育过程的整体优化”。[1]从现有文献来看，对“教育过程整体优化”这一核心思想的内涵及内容等，陶先生本人没有进行系统且深入的阐释，但其发表的一些文章程度不一地对“整体”“整体改革”等进行了探讨，我们不难从这些探讨中理解和把握“教育过程整体优化”这一核心思想的要义。陶西平在一篇文章中指出，“我们谈的整体改革，是从整体出发，在整体意识指导下进行的各方面改革的有机融合”，[2]他还强调，“教育整体改革就是要使改革的阶段性目标服从于教育事

[1] 顾明远，刘华蓉．陶西平：坚守教育初心［N］．光明日报，2020-06-29.

[2] 陶西平．中小学整体改革的若干问题［J］．教育科学研究，1992（1）：3-4.

业的长远目标，使教育改革的局部目标服从于教育事业的整体目标。”❶ 作为一种核心思想，“教育过程整体优化”这一思想不是一个口号，而是一种具有立体性与多重性的思想体系，这一思想体系既有价值观，也有方法论，还有具体的原则与策略等。

其一，“教育过程整体优化”的立论基础是系统论。“系统论是关于研究一切系统的模式、原理和规律的科学”。❷ 在观察、思考、探讨和解决教育问题时，陶西平先生立论的基础是系统论，他一直主张要从系统论视角来认识和解决教育问题，把教育、基础教育、学校甚至是微观的课堂都视作一个系统，“我们研究教育问题确实应该多一点系统思维。”❸ 系统论、系统科学作为现代科学和现代社会发展成果的结晶，深刻地影响着当代人的认识视角。由此出发，当代人观察自然、社会、个人等的角度多选取系统论。查有梁比较早地讨论过这一重要学术问题，他认为，“处在一定相互联系中，与环境发生关系的各个组织部分的整体即系统；组成系统的各个单元、因子、部分即要素。”❹ 教育作为社会这个大系统的一种要素，其自身又是一个系统，因此对其的认识和分析从系统论的角度来进行，以此为立论基础，来探讨教育改革，对教育、学校等进行整体改革、整体优化是系统论的应有之义，也是陶西平先生“教育过程整体优化”教育思想的必然要求。

其二，“教育过程整体优化”的目的论是育人。陶西平在不同场合的发言、著作、论文中都强调把育人作为教育的根本导向。他在一篇文章中指出，基础教育有多种价值，但这些价值“并不能替代基础教育最根本的价值，或者说，它是以提高整个民族素质的根本价值为基础和前提的。从这个意义上说，基础教育主要应该是育人，而不是选拔。”❺ 在陶西平先生看来，育人既然是教育的根本导向，从而也自然且必然是“教育过程整体优化”这一核心思想的目标导向。因为“过程整体优化”的主体是“教育”，不是其他的社会活动，既然教育特别是基础教育的根本价值是育人，那么育人也是“教育

❶ 陶西平．让失败率为零［J］．中小学管理，2003（5）：41.
❷ 查有梁．系统科学与教育［M］．北京：人民教育出版社，1993：184.
❸ 陶西平．多一点系统思维［J］．中小学管理，2003（1）：58.
❹ 查有梁．系统科学与教育［M］．北京：人民教育出版社，1993：49.
❺ 陶西平．重新认识基础教育的“独立价值”［J］．中国教育学刊，2012（1）：6-7

过程整体优化”这一核心思想的价值导向。

在坚守“育人”这一根本价值的同时，陶先生也对育什么样的人、如何育人等问题进行了阐述。陶先生强调，“德育是目标，不是一项具体工作，应强化全员育人氛围，增强立德树人的意识、观念和自觉性”，“一体化德育是系统工程，要从娃娃抓起，从基础抓起，从细节抓起。”他认为，“我国拔尖人才的培育和学生基础素养的培育同等重要，不能顾此失彼。学校的基础任务是不培育破坏社会的坏人，培育习惯好、品德好的好人，只有这样，钱学森之问才能具有解答的好基础。有效培养学生的好习惯、好品德才是真正的育人功夫，这必须从幼儿园抓起，从家庭做起，一直坚持到大学。久久为功，这是一体化德育的基础工作。”❶

其三，“教育过程整体优化”的方法论——过程、整体、优化。陶先生在系统论思想指导下提出的“教育过程整体优化”这一核心思想也内在地包含着方法论的因素，这就是过程、整体、优化。

人的成长和事物的发展都是在运动过程或活动过程中展开的，因此对教育活动以及教育活动过程的关注、重视、开展与研究都应该成为所有教育实践者的基本任务。就此而言，陶先生确实抓住了教育中的关键问题。

整体是任何一个系统的完整体，它是相对部分而言的。有学者指出，“整体原理”是系统科学三大原理之一，所谓“整体原理是指任何系统只有通过相互联系形成整体结构才能发挥整体功能”。❷ 陶先生在其著述里对教育的整体性有过很多论述，如“要进行成功的教育改革，必须认清教育的体系特征，从整体的角度来认识教育现状，从而找到出路。”❸ 优化，在汉语语境里的含义是“加以改变或选择使优良”。❹ 优化，是行为主体对整个系统或系统中的部分要素及其关系施加影响，使之优良的过程或结果。教育过程中的优化是行为主体根据已定的目标，参照优良的标准或要求组织和评价教育活动，寻求较优方案，力求高效能、低消耗，以期达成预期的目标和取得较优效果。

---

❶ 北京市学校德育研究会．实现教育过程整体优化　落实立德树人根本任务［J］．北京教育（普教版），2020（10）：14-19.

❷ 查有梁．系统科学与教育［M］．北京：人民教育出版社，1993：25.

❸ 陶西平．中小学整体改革的若干问题［J］．教育科学研究，1992（1）.

❹ 现代汉语词典编写组．现代汉语词典［M］．北京：商务印书馆，2012：1570.

优化在这里既是一种目标和标准，也是一种为达至这一目标而展开的活动。

其四，“教育过程整体优化”的原则与策略论——有关原则和策略方面的思想是“教育过程整体优化”这一核心思想的重要组成部分。这些原则和策略有很多，其中主要有：统筹，抓主要矛盾和抓矛盾主要方面等。例如，对“抓主要矛盾和抓矛盾主要方面”，陶西平先生指出：“教育是个系统工程，应该分析它的主要矛盾和矛盾主要方面，然后正视问题，攻坚克难，抓住关键，务求实效。”❶

二、教学过程整体优化中育人：“整体优化”思想的核心追求

课堂教学是教育的主要渠道和阵地，是育人的主要途径。显然，要实现“教育过程整体优化”，就必须实现“教学过程整体优化”。正因如此，陶先生在多个场合，都倡言改革最终必须发生在课堂上，要大力推进教学改革，培养学生的核心素养、综合素质，实现学生的全面发展。

“教育过程整体优化”这一核心思想落实在教学领域，主要就是解决育什么样的人、用什么育人、怎样育人、如何评价育人效果这四方面的关键问题，陶先生在思考和论述这些问题时，不是孤立地讨论和言说，而是从系统整体优化观出发，坚持这四方面的统一。

课堂教学改革首先需要面对和解决育什么样的人的问题。对于这一问题，陶先生认为，今天的世界更是一个变动不居的时代，面对这样的时代状况，教学就要特别关注学生的创新能力和思维能力的培养，“在课堂中倡导以问题为纽带，发展学生的发散思维和批判性思维。”“在探究的过程中获取知识和运用知识解决问题，发展思维能力和创新能力。”❷

“用什么育人”的问题主要是教学内容及与此相关的问题，这一问题关系到学生的知识储备的质和量，关涉学生的认知状况与能力水平以及精神营养品质。在我国，“用什么育人”中的“什么”主要包括课程纲要、课程标准、教科书、参考书、练习册以及其他复习资料，教师对上述内容特别是学科知识的理解、教学设计以及课堂生成的新信息、新知识等，也应算是“用什么

❶ 陶西平．建设良好教育生态　让基层充满活力［J］．北京教育（普教版），2014（9）：24-26．

❷ 陶西平．改革最终必须发生在课堂上［S］．第五届中小学校长论坛，2018（11）．

育人”中的“什么”的一部分。

自21世纪初启动的新一轮课程改革对目前的课程设置、课程内容和课程实施等也就是“用什么育人”产生了巨大的影响。众多的专家学者投入其中，或参与培训，或著书立说，或做专家咨询等。陶先生作为知名专家自然也不例外，或牵头主持重要项目、课题，或发表文章宣传新课改理念等。例如，他在《工具理性与价值理性的统一》一文中，针对新课改实践中出现的一些现象提出了自己的看法，“在多元文化背景下，坚持主流价值观的导向”“在大班编制背景下坚持个别化教学的探索”“在普及课改通识理念的过程中坚持加强学科建设”等。[1] 这些见解很充分地体现了他本人的“整体优化”的核心思想。

“怎样育人”的问题，初看起来是方法方面的问题，实际上方法之中和方法背后隐藏着价值问题和育人目标导向问题，也就是说，如何育人内在地关联着育人目标即育什么样的人的问题。在这一重要问题上，陶先生认为，深化课堂文化建设是关键的一步棋。“现在，义务教育课程和教材的改革在推进，高中新课标已经公布，招生考试改革业已启动，关键在于学校怎样落实。我想，学校课堂文化建设的深化是舞动龙身的重要环节。”“积极向上的课堂文化创设了一种宽松、和谐的氛围，一种尊重学生、尊重不同意见的环境，这和阳光与空气对于万物生长的不可或缺的作用一样，是学生人格、智慧、能力生长必要的环境与氛围。”陶西平在题为“改革最终必须发生在课堂上”的主旨报告中指出，建设新的课堂文化，必须努力创建平等民主、和谐共处、互动合作、自主探究的课堂氛围，赋予课堂以生命价值。他认为，基础教育的课堂文化建设不能偏离基础教育的本位价值，不能脱离基础教育的基础性。习惯是基础素质的重要体现。叶圣陶说过：“教育是什么？往简单方面说，就是培养习惯。”因此，我们也可以说：“素质教育是什么？往简单方面说，就是培养好习惯”。那么，课堂文化建设往简单方面说，也就是创造培养好习惯的环境。现代化的核心是人的现代化。我们所讲的习惯主要包括三个方面：一是反应倾向，二是思维习惯，三是行为习惯。

---

[1] 陶西平．工具理性与价值理性的统一［J］．中小学管理，2008（9）．

对与课堂文化建设相关的教学方式等问题，陶先生主张要从“接受型教学”向“质疑型教学”转变，构建课堂的“审辨文化”。他认为，没有问题是最大的问题。在课堂中倡导以问题为纽带，发展学生的发散思维和批判性思维。使学生改变被动的盲目的接受型学习习惯和思维习惯，始终保持足够的好奇心，在探究的过程中获取知识和运用知识解决问题，发展思维能力和创新能力。

“如何评价育人效果”关系到评价标准的问题。陶西平和其带领的专业研究者在国内较早开展教育评价研究，“从1986年开始，陶西平主持推动北京市教育科学研究所率先将国外教育评价理论引入我国，借鉴国外理论，开展评价功能推动、评价体系、评价方法的研究，并将研究成果在北京市先试点再全面推广。”❶ 在主持并和专家学者一起开展学术研究的同时，陶先生本人也对教育评价和如何更有效地评价时代育人效果做了比较深入的探讨。他充分肯定评价的作用，认为评价是实现管理目标的重要手段。他从整体优化的角度，对新形势下的评价功能进行了阐释，“在发挥评价的改进教育功能的同时，也为评定、选拔提供服务；在以形成性评价为中心的同时，也重视终结性评价；在突出过程评价的同时，也重视结果评价；在强调自我评价的同时，也搞好他人评价。”❷ 此外，他还对如何提高教育评价的科学性、针对性等问题做了分析。

三、实践价值：“教育过程整体优化”思想对当今教学改革的若干启迪

作为陶先生的核心思想，“教育过程整体优化”思想是他本人参与教育实践和思考教育问题的理论基础之一，正如他自己所说，“实现整体优化的思想逐渐成为我思考教育问题和参与教育实践的理论支撑之一，指导我对教育整体改革的探索。”❸ 其实，这一思想不仅指导着陶西平对教育理论问题和教育实践问题的探索，也对我们今天仍在持续进行的基础教育阶段课程改革和教学改革具有启迪价值。

---

❶ 顾明远，刘华蓉．陶西平：坚守教育初心［N］．光明日报，2020-06-29.

❷ 陶西平．当前教育评价工作中的几个问题［J］．中小学管理，1994（5）.

❸ 陶西平．让失败率为零［J］．中小学管理，2003（5）：41.

启迪之一，在教学和教学改革中，坚守系统论和整体性立场，提高教学和教学改革整体功能。

系统有大小、层次等之分，但任何一个系统只有在相互联系中形成整体结构才能发挥整体功能。对于参与教学实践和教学改革实践的任何一个主体来说，要想达成预期教学目标和教学改革目标，就应该用系统论思想、整体性思想来指导我们的教学和教学改革实践，不仅应注意发挥教学系统中各部分的功能，也要发挥教学系统的各部分相互联系所形成结构中产生的新的功能。在教学系统中，有作为主体的教师和学生及主体的活动，也有作为客体的教科书、练习册、参考资料、教学设备和教学设施，当然最重要的当属教师和学生。因此，作为主导者的教师不仅要关注自己的教的活动，也要重视学生和学习活动状况，重视教师自己和学生之间以及学生之间，教和学之间及学与学之间的互动情况，以发挥和提升教和学之间生成的新的效能，促进学生学习水平的整体提高。

启迪之二，在教学和教学改革中，坚持教育、过程、整体、优化的统一，坚持把育人作为“教育过程整体优化”的出发点、归宿点和根本目的。

我们应从整体观角度来理解“教育过程整体优化”思想，既不能将其中的要素割裂开来，也不能将其中的要素的功能不加区别地认识和对待。实际上，各要素在这个整体中具有不同的功能和作用。其中，教育和育人是根本目的，也是“教育过程整体优化”的出发点、归宿点；过程是手段，是渠道，是途径；整体是方法论，是思维视角；优化则是目标，是标准，是质量，是结构与功能的发展导向。

过程和优化的主体是教育，而不是别的领域。既然是教育的过程优化，就意味着过程、优化等都是为育人而进行的。离开了教育和育人，过程与优化就失去了目的和方向。这就提示我们教育工作者依据“教育过程整体优化”思想开展教学和教学改革时，都要心中有杆秤，看看这些工作和改革是否都是围绕着育人这一根本目的进行的、和育人目的符合程度如何以及达成度如何。

学生的成长和发展离不开他们自身的主体性活动，而活动都是在一定的时间和空间中展开的，都是要经历过程的。“教育过程整体优化”也要经历过程，也是在过程中进行的，学生的发展过程与“教育过程整体优化”的过程是同一过程。对于教师来说，他们所要做的和所能做的就是在素质教育和核心素养理念的指导下，采用活动教育理念设计和实施教学活动及其他活动，引导和帮助学生在多种多样的活动中，经历探究、问题解决、内省与认知等过程，得以增长知识、能力与智慧，获得全面发展。

启迪之三，在教学和教学改革中，坚持持续生发教与学的活力。

教和学的活力既是“教育过程整体优化”的重要构成部分，又是其重要的内生变量。只有教和学都焕发出活力，才有“教育过程整体优化”，没有学校的活力，没有教师和学生的活力，“教育过程整体优化”的目标不可能达成。因此，“我们所有的改革最终还是要让基层充满活力，教育改革归根到底是让学校充满活力”❶；也只有在“教育过程整体优化”中，教和学活力的焕发才有条件和凭据。

教和学活力的焕发既包括教师教的活力，也指的是学生学的活力。教的活力的焕发来源于两方面的因素，一是外在的制度因素，特别是法律制度因素等，如教师的教学自主权，还有学校制度因素、学校文化因素；二是个体内生发展动力。对于学校来说，无力改变外部因素和外部环境，但可以改造和改善学校这一微环境。因此，学校如果要推进“教育过程整体优化”，就必须改造和改善学校这一微环境，以此激发教师的活力和教的活力；当然，教师本人的内在发展动力的激发和提升也是必要的。学生学的活力也是如此，关键因素在于教师。

启迪之四，在教学和教学改革中，坚持用系统科学的原理改进教学。

虽然从总体上看，我国的教学和教学改革的成果比较丰硕，但也存在不少问题。教学是一个复杂的系统，学习是一个复杂的过程，与教学和学习直接相关的人脑机制和原理对我们人类来说仍是一个巨大的黑箱，其中多数问题并未得到根本性的解决。对这些人脑生理机制和心理机制、人脑思维机制和创造机制之类黑箱的秘密有待生理学等领域的科学家的揭示。

既然教学和学习都是复杂的系统，系统科学中的基础性原理与教育教学

---

❶ 陶西平. 建设良好教育生态 让基层充满活力 [J]. 北京教育（普教版），2014（9）：24-26.

密切相关，对于从事日常教学实践的教师来说，用系统科学的原理来指导我们自己的教学改进则能有所增益。教师可借鉴和运用系统科学的原理如整体原理、反馈原理、有序原理等以及形成、发展知识结构与认知结构，培养与发展能力等原则来改进自己的教学。例如，常常遇到的学生学习障碍问题，学生学习出现障碍，主要原因还是学生对某个或某块知识没有真正理解，或所学的知识之间没有建立起联系，没有建构起知识结构和认知结构。总之，从系统科学的角度来审视和探讨“教育过程整体优化”中的问题，来解决教学中的复杂问题，是一种比较有效的角度，当然，既使是复杂的问题，认识和解决起来，也不是一蹴而就的。

探寻实验历程　践行一体化育人

北京景山学校　邱　悦　袁立新

北京景山学校，创办之初就定位于引领基础教育教学改革实验的学校。陶西平先生一直关心支持景山学校发展，他认为，景山学校坚持以“三个面向”为指针，坚持不懈地进行包括学制、课程、教学等基础教育领域的实验，耐得住冷遇，耐得住寂寞，耐得住体制困扰，努力提高学科教学质量，这是对“三个面向”的最好纪念。多年来学校探寻“景山历程”，回答培养什么人的根本问题；凝聚“景山思考”，深化如何培养人的教改实践；坚定“景山追求”，厚植守正创新的责任担当。

——编者语

北京景山学校是1960年由中央宣传部直接创办、定位于引领基础教育教学改革实验的学校。景山学校是在教改中诞生、在教改中发展的。教育改革就是景山学校生命力之所在，也是这所学校存在的价值和意义、责任和使命。

1983年，邓小平同志为景山学校题词“教育要面向现代化，面向世界，面向未来”，为景山学校的教育改革指明了方向，也为中国基础教育改革指明了方向。从那时起，景山人就坚定地践行“三个面向”的教育方针，扎根首都教育沃土，开展教育创新实践。在此过程中，景山人始终瞄准方向围绕习近平总书记提出的“为谁培养人、培养什么人、怎样培养人”这一教育的根本问题，努力探寻落实“三个面向”的路径策略，形成“全面发展打基础，发展个性育人才”的办学理念，“攀峰”的学校精神，“明理、勤奋、严谨、创新”的校训，“低负担，高质量，让每一个孩子健康快乐成长，全面发展，学有特长”的素质教育之路。

陶老一直关心支持景山学校的发展，曾经对景山学校的教改实践给予高度评价。他认为，景山学校坚持以“三个面向”为指针，坚持不懈地进行包括学制、课程、教学等基础教育领域的实验，耐得住冷遇，耐得住寂寞，耐得住体制困扰，努力提高学科教学质量，这是对“三个面向”的最好纪念。

一、探寻“景山历程”，回答培养什么人的根本问题

培养什么人，是教育的根本问题。站在“两个一百年”奋斗目标的历史起点上，培养人的问题如何强调都不为过。

建校 61 年来，景山人始终在思考：面向现代化，面向世界，面向未来，我们的国家到底需要什么样的人才？我们应该怎样培养人才？如何把“三个面向”精神落实、落细、落小、落地，充分体现在我们的课程、学制、教材上，充分体现在培养学生的创新思维和实践能力上，充分体现在开阔学生的国际视野、培养良好的品德和完善的人格上，充分体现在引导学生自觉践行社会主义核心价值观、厚植爱国情感上。

景山学校在 61 年的教改历程中，不断探寻教育规律的真谛，不断聆听孩子内心的声音。其实，教育改革的过程，就是不断更新教育观念、创新教育方法的过程，也是一个重新认识学生，重新认识教育、思考教育的过程。

在景山学校，每名学生都是独一无二的鲜活生命。努力让每一个孩子都享有公平而有质量的教育，让每个人都有人生出彩的机会。

在景山学校，每名学生都是无与伦比的瑰宝。教师们充分认识每一个孩子身上蕴含的巨大教育价值，发自内心地关心、爱护、接纳、帮助每一名学生。

在景山学校，每名学生都有无限发展的潜能。孩子在成长过程中，有无穷的精力，无穷的能量，也有无限的发展潜能。每一个孩子都不可限量，大

有可为。帮助学生实现自己的目标，追逐人生的梦想，陪伴学生成长、成功、成人、成才，这是景山人的使命，更是景山人的幸福。

上述这些认识，直接牵动着景山学校每一次重大教改实践。从学制改革到语文、数学实验教材的编写；从以电脑为学具，把互联网引入教室、引入课堂，到初中、高中五年贯通培养；从一年一度的科学节、文化节等校园活动，到 12 个国家和地区的 16 所学校的友好交流项目……

1993 年，在各级领导的关心和支持下，景山学校迁入新校舍，教学环境条件、设施设备发生了翻天覆地的变化，为景山学校新一轮教育改革提供了坚实保障。今天，景山学校建立了小学、初中、高中全周期、长链条，一条龙的人才培养模式。学校建立了完善的、先进的具有景山特色的学校思想体系，包括办学理念、学校定位、办学宗旨、学校精神、办学目标等；建立了一整套具有景山特色的人才培养机制，包括学制安排、教材编写、课程设置、德育序列、活动体系、特长培养、国际交流、资源共享等，这些都深深植根于教育改革实践之中。

这一系列的实践，回归到原点，还是那句话——为谁培养人、培养什么人、怎样培养人。无论时代如何变化，培养人的问题，始终是“景山实践”中永远的“一号命题”。是“景山实践”中永远不变的初心。

二、凝聚“景山思考”，深化如何培养人的教改实践

学校教育，特别是基础教育的价值体现在未来的教育能否真正为中国特色社会主义现代化建设服务。因此，教育面向未来，就要解决当前教育与未来教育的关系。一方面教育要为社会和经济的发展准备人才，根据 21 世纪对人才素质的要求，特别是根据我国 21 世纪中叶第三步战略目标的要求改革教育教学，培养好人才。另一方面教育要为我国儿童和青少年一生的幸福和全面发展奠定良好的基础，也就是要改革片面的“应试教育”为全面的“素质教育”，进行学制课程教学的一体化改革。

（一）持续学制实验，坚持进行探索

景山学校是全国率先进行学制改革的学校。建校以来，我校一直在进行

“什么样的学制更有利于学生发展”的探索。1984 年，景山学校开始在全国第一个提出并且实行“小学和初中九年一贯、五四分段”的学制改革试验，将小学和初中的九年时间作为一个整体，充分利用学制周期长、连贯性强的特点，持续关注和培养学生的特长。2000 年为鼓励优秀学生成长，学校开展允许部分优秀学生直升高中的试验，满足了一部分优秀学生成长的需要，减轻了学生的升学和考试压力。2010 年，为了培养拔尖创新人才，学校实行初中二年和高中三年的五年贯通实验，最大限度地满足了一部分优秀学生多样化和个性发展的需求。

“九年一贯制”和“五四制”改革曾在学术界和教育实践领域引发了一定的争议，但景山学校能够从学生发展的真正需求出发，认清学制改革的本质和方向，开展扎扎实实的教育科学研究，最终取得了优秀的改革成果。

学制改革的优势已经日益呈现。其一，便于整体规划和统筹安排各种教育教学活动。例如，实施九年一贯学制之后，在不加重学生学业负担的情况下，景山学校的学生在小学阶段用五年时间完成了国家课程标准规定的教学任务，学校除开齐、开全国家课程标准规定的科目，还开设了具有景山学校特色的校本课程。其二，有利于建立多样化的培养模式。例如，直升班、贯通班的学生可以提前进入高中阶段的学习，初高中过渡自然，“无缝对接”。四年制初中解决了初中阶段时间短、课程多、负担重、质量低的问题，大面积分化和初二学生掉队的现象几近消失，学生获得了全面发展的教育时间和空间，个性特长得到较充分的发展。其三，切实减轻了学生的升学压力和考试压力。学生不用在中考上花费过多的时间，有利于学校实施使每一个学生都能“全面发展、学有特长”的素质教育。“九年一贯制”也缓解了家长择校的压力，缓解了学校小升初的压力，受到学生、家长的欢迎。

《国家中长期教育改革和发展规划纲要 2010—2020 年》和党的十八届三中全会关于“深化教育领域综合改革”的意见中，都提出了实施九年一贯制试验的改革方向。这是对景山学校历时半个世纪的学制改革的充分肯定。

（二）构建课程体系，提升育人质量

教育改革的核心，是一所学校的核心竞争力，是学校为学生发展所做的

规划蓝图。对学生而言，课程是他们成长的阶梯，是孕育能力的沃土。学校课程集中体现了一所学校教育价值的取向。

景山学校针对立德树人的教育根本任务和学生发展核心素养的要求，围绕学校办学理念和培养目标对课程进行整体构建和完善，针对核心基础类、综合拓展类、卓越精深类三个层次的课程结构进行小学、初中、高中课程一体化设计，通过全科育人、全程育人、全员育人、全面育人，多角度统筹设计，从而帮助学生从小学、初中、高中逐步深化，发展各项核心素养，实现真正的育人教育，努力达到立德树人的教育根本任务。

学校构建了以核心课程为中心，拓展课程和精深课程紧密围绕的多层次（类别）、立体化的课程体系，完成了对课程建设的顶层设计蓝图；推进景山学校三级体系课程的建设，各教研组进一步深入实践和研究课程的实施。结合学科的本质、学校的特点制定切实可行的课程建设。各学科自上而下调整课程设计方案和大纲，从学科、学生、学校三个维度形成各自的特色。

1. 课程领域全面——全科育人

学生各项核心素养的培养不是某一个学科能够完成的，同时学生要想立德成人，也不是通过某一个学科的学习或者参加某些德育活动就能够实现的，这需要学校所有学科的共同努力。

景山学校的课程设计注重加强学科间的延伸拓展与交叉融通，实现课程的统整，为学生提供多种学习经历，丰富学习经验，提高综合运用能力。从课程内容上来说，景山学校的课程涵盖科学、语言、艺术、社会、健康、技术以及数学七大领域，满足了基础教育为学生终身学习奠基的需求，内容丰富；覆盖全学科、多领域；涉及面广，从科技、人文到文化，学生自主选择空间大，保证为学生的起步打下最坚实的基础，为学生的成长搭建稳固的阶梯，为学生的“成人”、各项核心素养的发展创造多样平台，如图 1 所示。

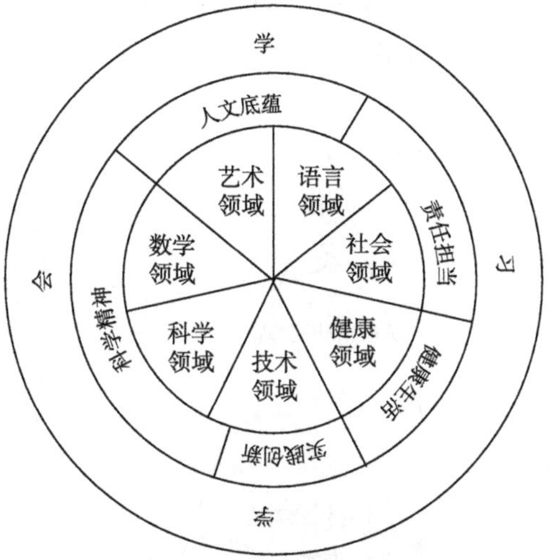

图 1　景山学校基于核心素养的全科育人体系

2. 课程层次清晰——全程育人

景山学校的课程总体结构清晰，分层次、分领域，同时各个领域之间具有连贯性，满足学生一至九年级乃至十二年级的发展需求。

从纵向上来说，学生核心素养的发展和德行的养成不是一蹴而就的，需要各个学段的相互协调、逐渐深入。因此，景山学校探索小学、初中和高中一体化课程体系，统筹各个学段，围绕“以立德树人为根本任务，以学生发展核心素养为整体方向，并结合景山学校办学理念”的课程建设总体思路为主线，整体设计小学、初中和高中课程。

从横向上来说，我校课程设计体现目标整体、结构多元、尊重选择、差异发展的特点。学校围绕办学理念和培养目标对课程进行整体构建，包括“核心基础类”“综合拓展类”“卓越精深类”三个层次的课程结构。

景山的“核心基础类”“综合拓展类”“卓越精深类”三个层次的课程目标分别为：

夯实基础——夯实学生共同发展的基础；

发展差异——尊重学生不同的差异，并使其在原有基础上都得到发展；

鼓励冒尖——鼓励和培养学生的个性特长。

三个层次的课程目标逐层深入，从而逐渐发展学生各项核心素养，不断实现立德树人的根本任务，如图 2 所示。

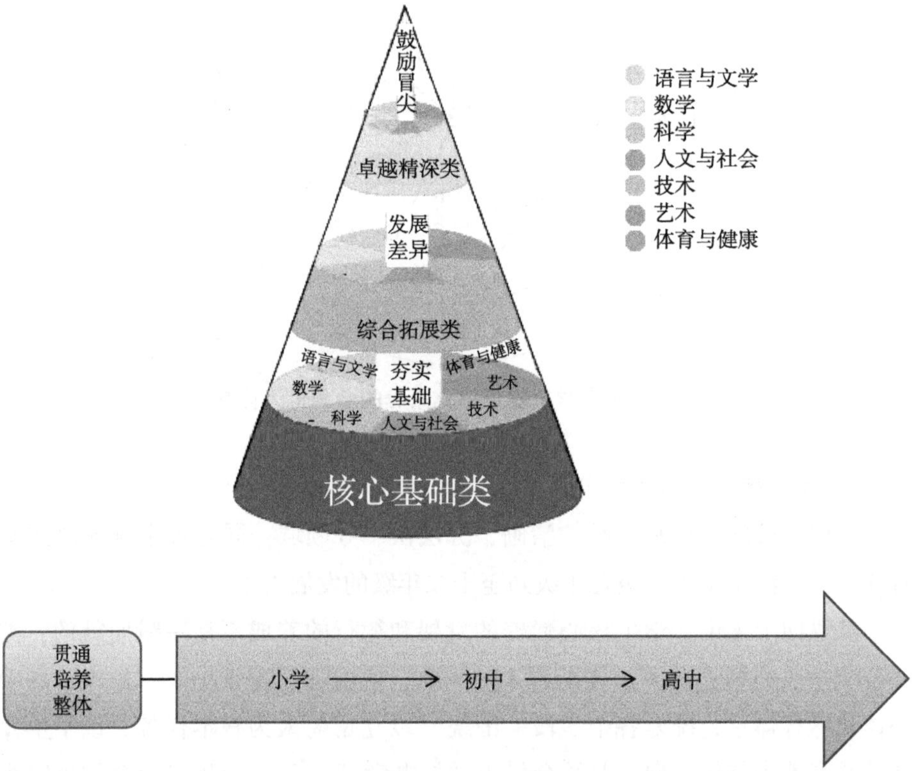

图 2　北京景山学校课程宏观结构

3. 开发主体协同——全员育人

立德树人与学生发展需要统筹家庭、学校、社会各方面的力量，形成育人的大格局，实现全员育人，因此景山学校的课程建设需要发挥各方力量，全员参与。从课程开发主体的角度来看，景山学校的课程同其他学校大体相同，可分国家课程和校本课程两大板块。国家课程主要落实学科课程标准的共性要求，“夯实基础”，夯实学生全面、共同发展的基础，为学生提供共同学习的课程。校本课程是根据师资力量、学生学习能力、校内外课程资源而自主开发的特色课程。校本课程覆盖上述三个课程层次，内容及课型十分丰富，是学校课程设计的亮点，从管理方式上又包括校本必修课程和校本选修课程。

4. 学科、活动并行——全面育人

从课程形态的角度来看，景山学校既开设了合理丰富的学科类课程，也设置了门类多样的活动类课程，从各个方面为景山学校实现立德树人、发展学生核心素养并实现学校育人目标助力。其中，学科课程既有按照国家课程标准开设的国家学科课程，也有学校自主开发的各类选修课程；活动课程既有帮助学生道德提升、习惯养成的系列德育主题活动课程，又有促进校园文化建设的七大节日，还有让学生在探究中学习，促进学生综合素质提升的综合实践活动课程，也有为学生特长发展提供众多选择的各类社团活动课程。景山学校的学科课程和活动课程均覆盖“核心基础”“综合拓展”“卓越精深”三个层次，形成了科学合理、层次清晰的课程结构。

（三）创设高效课堂，提升教学质量

课堂是学校质量的生命线，我校加强课堂教学规范化管理，加强校本教研活动，进一步深化大教研组和大备课组制，明确教研组长是学科教学质量的第一责任人，备课组长是年级学科教学质量的第一责任人。南北校区教研组统筹发展、融合发展效果凸显，充分利用信息技术和视频会议系统开展校本研修活动。

校本教研以课程改革为导向，以课程实施中的问题为切入点，以教研组、备课组为单位组织研讨，开展公开课、示范课、优质课等听课评课活动，通过对课程教材的分析、讨论和交流，提高教师的教学水平。通过专家讲座、自学、集中研讨、实例分析、观摩等方式，形成多层次、多渠道的校本教研形式，促进教师教学观念和行为的转变，促进教师专业发展。

学校规范教学环节和教学流程，严格课堂各项要求，引导教师强化教学基本功，遵循教学规律，站在学科育人的高度认识学科教学。教学中注重目标导向，各学科、各年级根据学生实际情况进行精准定位，在明确学生已有学科能力水平的基础上明确学科教学目标；加强学业诊断、分析，积极研制

《北京景山学校学科质量标准》；积极探索基于数据分析的学科质量分析；建立多元学科评价体系，发挥评价的导向和促进作用。

学校积极倡导基于学科本质的高效课堂和生命课堂，各学科根据当前教改的新形势，积极探索具有景山特色的课堂教学新模式，开展了探究式、研究性、项目式、主题式、讨论式等多形式的教学实践与探索；开展学科教学研讨活动和课题研究；组织全国、市、区、校级研究课和观摩课，不断提高课堂教学的效率。学校还先后开展了历史、地理、数学、语文、物理、化学、生物、体育等学科 20 多次市区级教学研讨活动，例如中小一贯、守正出新——北京景山学校课程建设研讨活动、京津冀中学历史教学教研协同发展初步探索暨中学历史核心素养专题高端论坛、围绕“一带一路”，培育地理素养市级研讨活动、北京市新高一数学研讨活动、“新时代、新思考、新实践”——纪念改革开放四十周年暨“三个面向”题词三十五周年实际教学研讨会等，充分展示了景山学校在课堂教学中的新探索、新经验、新模式、新方法。

我校注重教师的可持续发展，通过个人规划、教研组搭建平台、学校创造机会共同促进教师专业化发展。高学历教师、特级教师、骨干教师比例大幅增加，科研型教师、学术型和特色教师不断涌现，市、区、校三级骨干教师梯队基本形成，博士及以上学历的教师达到 17 人，具有正高级职称的教师 4 人，特级教师达到 7 人，市级学科带头人和市级骨干教师达到 14 人，区级以上骨干教师 100 人左右，集团和校级骨干教师 50 人左右。各级骨干教师数量在全区名列前茅。做到骨干教师学科全覆盖，并在不同区域范围内发挥了示范引领作用。教师的教育教学水平得到学生、家长的普遍认可。

学校积极落实市、区《义务教育课程设置实验方案》，制定《景山学校义务教育课程设置实验方案》。积极推进新一轮高中课程改革，加强新课程背景下的学生学业规划指导和生涯指导。开设针对高一学生的生涯规划指导，提升学生自我认知和自我规划的能力，利用专业平台进行学科能力、学科兴趣、职业倾向测试。利用考试分析评价让学生进行前期选科试验，对学生进行前期的心理建设和干预。在学校的顶层设计和年级组、教研组的精心指导下，有效探索了“六选三”的选课走班教学和管理新模式。既 100% 地满足了所有学生的选课需求，又使景山学校已有的办学优势和特色得到延续和传承。对新高考背景下的选课走班和教育教学管理做了很好的实践和探索。

学校积极落实《北京市中考与初中教学改革方案》《国务院关于深化考试招生制度改革的实施意见》等相关文件精神和要求。大力加强九年级、高三年级等毕业年级的教育教学工作，统筹安排、科学规划新毕业班的工作思路和工作方向，教研组、毕业年级备课组关注最新考试动态，关注考试内容、题型、背景材料、设问方式等方面的变化。近五年在中高考中取得优异成绩，中考优秀率连年上升。

三、坚定"景山追求"，厚植守正创新的责任担当

坚持素质教育，坚持首都首善，坚持立德树人，坚持改革创新，已经成为景山学校矢志不渝的坚守和追求。

"景山追求"体现在一条道路上。景山人在"三个面向"光辉思想的引领下，孜孜以求地探寻一条低负担、高质量，让每一个孩子健康、快乐成长，全面发展、学有特长的素质教育之路。我们心中的素质教育是一种充满生命活力的教育，是一种激发创造潜能的教育，是一种彰显人文关怀的教育，是一种唤醒心灵力量的教育。

"景山追求"体现在一种坚守上。景山人从不盲从跟风，从不人云亦云，从不左右摇摆，从不半途而废，只要认准对学生全面发展、学有特长有益的，就坚定地做下去。

我们坚持立德树人，让社会主义核心价值观像空气和水一样滋润孩子的心田。我们把一颗颗真善美的种子从小播撒进孩子幼小的心灵，用爱滴灌，用心守护，耐心静候他们破土发芽，坚信他们总有一天会长成参天大树。

我们培养孩子从小写一笔好字，诵读经典诗词，让中华优秀传统文化基因一代代传承下去。

我们给孩子的理想信念加钢，让学生从小就树立振兴中华的远大志向，拥有一颗强大的中国心；我们给孩子的身体加钙，让他们锻炼好身体，保护好眼睛；我们常年坚持开展学工、学农、学军社会实践活动，让孩子们在实践中求真理、悟道理、明事理。

我们提出“让零起点的孩子理直气壮来学习”，明确反对各种“抢跑”。我们采用九年一贯的学制，小学毕业的孩子们都可以高高兴兴地升入初中，没有任何淘汰。

“景山追求”体现在一个认识上。北京景山学校始终以一种开放、包容、民主的大教育观，为孩子的创新精神和实践能力厚植土壤。我们提出“全面发展打基础，发展个性育人才”的办学理念，主张打好共同文化基础，鼓励学生主动、生动，有个性地成长、成才。我们力求像保护眼睛一样，保护孩子们的好奇心、想象力和创造力。我们尊重每个孩子的个性品质、兴趣爱好，尊重学生之间的差异，坚持因人而导、因材施教的原则。景山学校鼓励每一个同学实现自己的梦想，攀登科学的高峰，鼓励学生勤于思索、敢于质疑、勇于创新、善于表达、乐于合作。现代化的、先进的教育理念就像涓涓细流，滋养着每一位景山学子，使他们的心灵得以唤醒，使他们的潜能得到激发。一批又一批莘莘学子，怀着梦想来到景山，又从景山圆梦而去，奔向更加高远、更加精彩的人生舞台。

漫漫教改路，悠悠景山情。61 年，在历史的长河中，只是短暂一瞬，弹指一挥间。但对景山人来说，却是艰辛跋涉的 61 年，是砥砺前行的 61 年，是开拓创新的 61 年，更是承前启后，继往开来的 61 年。我们这一代景山人站在新的起点上，不忘初心，牢记使命，景山教改再出发！继续探寻素质教育的真谛，不断攀登基础教育的高峰，努力创办人民满意的学校，向党和人民交上一份满意的答卷。

“生态大课程”，构建育人内生机制

——中关村第三小学“整体育人”探索实践

中关村第三小学　刘可钦

中关村第三小学，经历过20世纪80年代的筚路蓝缕，新旧世纪交替的跨越发展，到如今成为扎根中国、融通中外的名校。陶西平先生多次引介先进理念、点评引领学校未来发展方向。陶西平先生曾评价学校，“面向未来，重塑学校，走出了一条独特而又具有普遍意义的变革之路”。这所高起点的学校实施创造性变革的发展路径是对传统的理念、固有的模式和校园的藩篱进行突破。其中，“生态大课程”体系的建立，全面实践“真实的学习”课程的追求，学校打通的育人路径，构建起育人的内生机制，正是这一思想的有力践行。

——编者语

北京市海淀区中关村第三小学（简称中关村三小），自20世纪80年代起的筚路蓝缕，新旧世纪交替的跨越发展与崛起，到如今成为基于全球背景下，一所扎根中国、融通中外先进办学经验的学校，形成了“北京气质、世界品位、大家风范”的大家三小品牌特色。

一路走来，学校始终秉承改革与创新的发展精神，主动迎接社会变化带来的种种挑战，并将“立德树人”的永恒责任与使命，作为改革创新的终极目标，不断调整优化学校的发展和研究重点，始终围绕课程改革和学习方式的变革，探索一条促进学校高质量发展的路径。国家教育咨询委员会委员陶西平先生曾这样评价学校："面向未来，重塑学校，走出了一条独特而又具有普遍意义的变革之路"。在探索过程中，陶西平先生多次引介先进理念，引领学校未来发展方向。

建立"生态大课程"体系，全面实践"真实的学习"课程追求，在课程建设中，帮助学生创建真实的学习情境，学习解决真实世界的问题，在解决真实世界问题的过程中积极行为，习得知识，获得能力，丰富交往，形成品格。同时，学校打通课程育人、文化育人、活动育人、社会实践活动育人、协同育人和管理育人的路径，构建起育人的内生机制。

习近平总书记提出的"培养什么人、怎样培养人、为谁培养人"的问题，学校和教师用一连串的实际行动来回答。

一、缘起：面向未来，重塑学校

未来，中国将在世界上扮演更重要的角色，需要今天的学校培养出有家国情怀和全球视野、有创新精神和社会责任感、能够肩负中华民族伟大复兴重任的一代新人。这是一所学校面向未来进行新时代学校教育变革的起点和归宿。

2001 年，我国启动新一轮基础教育课程改革，《国家教育事业发展"十三五"规划》指出，教育应"面向现代化，面向世界，面向未来，超前规划"。从那时起，中关村三小的教师也在思考日常教学中面对的现实问题：单一形态的班级授课制较难创造更加多样的学习关系；单一的分科教学较难帮助学生形成对现实世界的整体认知；单一固化的教学空间结构难以支撑多样综合的学习方式；封闭的学校结构不利于形成对"学与教"多样生态的支持；现有的办学价值理念，难以引领面向未来的学校变革；太多的问题需要解决。

2012 年，中关村三小获准筹建新校区，这成为撬动学校变革的支点。

（一）用一座建筑，打破百年授课模式

从第一张图纸开始，教师就将对未来学校的设想蕴含其中：以教学方式

和学习方式的转变为核心，突破相对单一的班级授课制、固定的教学内容、封闭的学校生活，从教育理念、学与教的组织形式、空间结构等方面进行结构性、系统性和整体性的变革，创建一所扎根中国文化、融通中外先进办学思想的新型学校。

经过一千多个日夜，一座土楼式的半圆形建筑落成，这是一个“3.0 版”的新校园。传统的“一条走廊、两排教室”的物理空间模式被“三室一厅一卫”的“家”模式所取代——三间教室共享一个大厅，教室间的墙可以合并与分割。新的建筑模式打破了传统校园建筑一个个独立、固定的空间，形成多样空间的组合，也打破了百年来的班级授课制。

（二）“班组群”，一个全新的组织形态亮相

一同出现在大众视野的，是一个全新的教育组织形态——“班组群”。

来自三个连续年级的学生组成一个学习共同体，共同生活在“三室一厅一卫”的“家”中。教室间的围墙被打破，突破了原来以单一“班级”为单位的组织形式，学生既有班级内的学习，也有基于班组群的跨龄、跨学科学习；既有班级内的生活，也有班组群内大小孩子的共同生活。来自不同学科的七八位教师组成“家庭式合作团队”，以“班主任+导师”的形式共同负责一个班组群的一百多名学生的日常教育和管理。

学生不再被限制在固定的座位上，可以走动、讨论、操作、表达、展示，独立思考、小组讨论、班级分享等多种学习方式的转换变得更加自如。

学校主张：这里处处都是教室，让学习发生在足迹所至。

这些，都成为课程体系实施的有力保障。很多的育人故事，也在这里发生。

二、重构：“大家课程”体系，让育人走向生态化

物理空间的变化会对课程带来怎样的影响？

在 40 年的发展历程中，中关村三小一直注重对课程和教学的研究，不断加深对学校使命、培养目标、课程建设、学生学习、教师教学等规律的研究与理解。而新教育理念的接入引来课程设置的颠覆与重构。

（一）统一目标：培养“受欢迎、有能力、有担当”的接班人

教育变革的最终力量来自个人，但前提是需要有清晰的目标。《学校发展纲要》应需而生。这成为学校发展的纲领性文件，全面回答了学校变革的基本价值问题和根本定位问题。

“大家三小”就是要立足“大家”办学，培育未来“大家”。

为了更好地落实“立德树人”根本任务，《学校发展纲要》中明确了“受欢迎、有能力、有担当”的培养目标。

学校希望，培养有创新精神和社会责任感的一代新人，以能够肩负中华民族伟大复兴之重任。从学校走出去的每个人，不论是学生还是教师，在世界任何地方都能成为一个受欢迎的人，有能力与不同的人合作共同解决问题，面对来自世界上任何一个地方的挑战也能够有自己的担当。

为了实现这一培养目标，“大家课程”体系开始构建。办学理念、培养目标与课程发展相互呼应、彼此支持、共生共创。同时，明确了学生相应的关键能力和必备品格，即，积极行为、交流沟通、团队协作、探索创新和包容公正等。这也构成了课程育人的基本目标。

（二）课程建设追求——真实的学习

教师们认为课程是在教育现场，随着师生互动展开，不断生成与建构学生真实的生命经验的总和。它不仅是固定和静态的课程文本，也是充满活力的生命活动。所以，“真实的学习”成为“大家课程”建设的价值取向和实践主线。

“真实的学习”就是让学生在真实的学习情境中，学习解决真实世界的问题，在解决真实世界问题的过程中养成积极行为，习得知识，获得能力，丰富交往，形成品格。

（三）整合与重构，“三层六类”课程体系建成

学生在校时间是固定的，但是需要学习的内容却越来越多。从站在完整的人的基础上，学校设定了学习目标，而学科体系的鲜明界限又将其割裂。如

何让教师从一节节的课堂中跳出来，从“相邻洞穴”的教室中走出来？我们需要跳出加加减减的思维，设计层次合理、内容多样、方法灵活的课程体系，超越“班、课、时”的局限，将课堂—单元—学期—学年整体规划，形成一个科学且专业的学习链条。用生动的课程实践，解好“立德树人”的时代命题。

由此，我们将目光从课堂延伸到了课程。“整合”与“重构”成为课程建设的关键词。

为了凸显国家课程在实施层面上的变革，我们将原来的彼此关联不强的分学科设立的课程，加以整合，形成了“三层六类”课程群。

原有的十几门学科整合成六大课程群：语言类（中文、英文）；数学、科学、技术与工程类；历史与社会科学类；视觉艺术类（美术、手工、摄影、微电影）；表演艺术类（音乐、戏剧、舞蹈）；身体运动与健康生活类（体育等）。课程体系分为三个层次，第一层是基础层，强调国家课程和国家课程的校本化延展；第二层是拓展层，强调学科协同课程的实施；第三层是开放层，强调综合任务课程的学习。最终形成了“三层六类”的“大家课程”结构（见图1）。

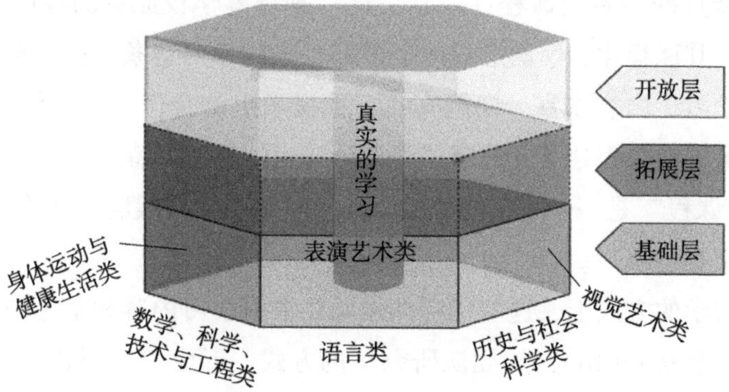

图1 “大家课程”结构

第一，基础层，包含国家课程和国家课程的校本化延展。在继续保持和发挥分科课程优势的基础上，加大学科内知识的整合，将学生品格、行为、知识、能力的学习与体验有机融合在学习的全过程中。此外，学校将以往在各个学科“深耕细作”下所产生的国家课程校本化实施方案进行二次设计与开发，纳入“三层六类”的课程结构中，例如，将海量同读、经典诵读、金话筒和英语好声音、英语全英汇纳入语言类的基础层之中。基于分科学习的背景，通过教师的单元设计、主题拓展、实践体验等形式，走向多样综合的学习是基础层创新的鲜明特点。

第二，拓展层，包含学科协同课程和选修课程。学科协同课程由班组群发起，以基于学科内容进行跨学科、跨年龄的综合学习，减少不同学科间知识的重复或割裂；多门类、跨年龄的选修课程基于学生的自主选择，尊重学生的个性，打开学生的视野，发展学生的爱好，培养广泛的兴趣。拓展层更加注重跨学科、跨年龄的学习，强调以发展学生的兴趣爱好为出发点，引导不同学科间教师的跨越学科边界，采取协同教学，获得学与教价值的最大化。

第三，开放层，包含综合任务课程、场馆课程和“节 · 日”课程。综合任务课程是在真实的社会情境中，体验不同的社会角色，以学生感兴趣或有意义的真实问题为核心而展开的跨年龄、多学科课程；场馆课程是我校创造性地将学校空间与育人过程相融合，创新空间的内涵，形成基于校外场馆与学校场馆特点的一系列课程；“节 · 日”是统筹学校原有的各项“节 · 日”活动，并将其课程化，继而形成一个多样生态的学习链条。多学科、跨年龄、长时段的学习，内容丰富、问题真实，重视学生的合作实践、创造性解决问题以及清晰的成果表达是开放层课程设计实施的最显著特征。

“大家课程”是一个完整的课程体系，基础层、拓展层、开放层三者之间层次分明又有机统一。

在教与学的方式上，这些课程都强调要根据学习内容和学生的认知特点，采用“直接教法+小组合作+团队研究”的方式，形成“有问题，有互动”的教学文化。

“班组群”这种新的教育组织生态，从过去单一的教室变为可组合共享的空间。通过活动隔断板折叠或展开让 2 个或 3 个班级自由组合。在生活上，实行“班主任+导师”制，各科教师生活在班组群的公共空间中，三个不同年级的孩子，彼此融合，学生可以随时和教师进行交流，各科教师也从“我们班的孩子”变成了“我们群的孩子”，教师眼里有更多的学生，学生受惠于更多的教师。

此外，学科间协同教学，学校构建了全时空的学校生活，将两节课合并，中间没有铃声，形成一个大版块的 90 分钟学时，以增加时间和空间的弹性，为更多样、更丰富的课程供给提供时间保证。90 分钟时间由两位任课教师自主调配，可以各自按照既定学科进行 40 分钟的学习，也可以为一些核心内容的探究性的学习提供更长时间的便捷；可以是多个年级上同一节课，也可以是多个学科的教师同上一节课。教师们不再受限于时间不够的困扰，因而也就更容易创造出更多探究性和综合性学习的精彩。

（四）课程内容，在整体“瘦身”基础上更加“结实”

在课程结构的基础上，学校将已有的各项和各类课程进行必要的删减、整合与调试，走出课程建设“加加减减”的误区，使课程在整体“瘦身”的基础上，变得更加“结实”（见表 1）。

（五）矩阵架构，“大家课程”实施的管理变革

伴随着课程改革的深入，学校的治理架构和管理方式也随之调整。逐步形成了多元参与的学校共治的治理架构（见图 2），防止因决策失误或某一方面权力失衡而影响学校发展。

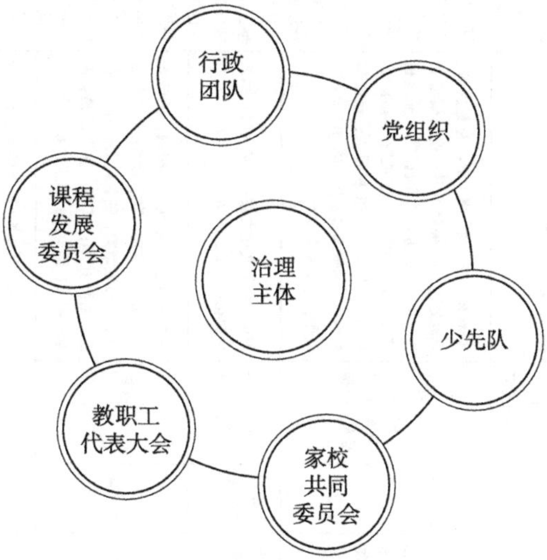

图 2　“大家课程”实施治理架构

表 1 课程结构

门类	基础层		拓展层		开放层		
	国家课程	国家课程延展	选修课程	学科协同课程	综合任务课程	场馆课程	节·日课程
语言类	语文课、英语课	海量同读；经典诵读；金话筒；英语好声音；英语全英汇	小不点新闻通讯社；演讲与口才；小主持人；话剧音；相声	·体育+语文：做一场毛毛虫比赛的活动报道；做一场双人戏珠游戏大赛的报道； ·体育+数学语文：研究、制作沙包，推广沙包游戏； ·科学+语文：结合说明书制作心型小电机；选取某类小动物进行研究并记录成长过程；了解、观察、记录蒜苗的生长过程； ·科学+数学：认识桥梁知识，设计桥梁模型；不同视角认识树叶和根之间的关系，撰写临别赠言；了解校园植物，撰写研究报告； ·语文+美术：编排课本剧《草船借箭》设计赠书信笺，表达毕业祝福；了解、创编、书写对联并展示； ·科学+品社：了解耕种知识，种植农场；普及环保意识，进行垃圾循环再利用的实践； ·科学+美术：探究学校屋顶管道的秘密，设计并制作管道模型；认识造型各异的建筑，并进行模型创作；用麻绳设计水培装饰瓶； ·语文跨龄学习：设计戏剧中的人物对白并展示；感悟《七律·长征》背后的故事； ·语文+音乐：抓意象、品意境、悟诗情； ·美术+舞蹈+语文：通过撰写说明书、推销词、舞蹈表演等形式进行油纸伞的推广； ·品社+音乐+语文：了解秦汉历史和艺术，表演《完璧归赵》； ·品社+语文：了解历史，表达海峡"两岸一家亲"的情谊； ·品社+数学+语文：计算一天的生活用水，倡导节水意识；推销坳上红薯，核算成本与收益，为坳上建图书馆献爱心； ·信息技术+数学：做一份数据可视化分析报告； ·信息技术+美术：感知光与美学的完美融合，创造视觉新感观； ·信息技术+体育：智能捕捉与分析《我的慢动作》； ·信息技术+音乐：利用信息技术，打造我的"完美留声"； ·信息技术+英语：AI伴我听读； ……	设计制作类 挂上我们的旗；设计三小吉祥物；校园空间视觉 design；"匠心"约定；梦想中的图书馆；球鞋客；废物循环，创造隐形森林；设计一个 3.0 学校的校园植物图谱；忙趁东风放纸鸢；中华故事画片儿设计；油纸伞…… 社会参与类 竞赛活动策划；数独培训师；魔法学校探秘之空间寻宝；"西游记"健步走…… 文化推广类 中秋节——如何与家人共度"有文化"的 30 分钟；寻找过去的游戏；俄罗斯国家日；班组群园艺博览会；复活饭桌上的老规矩，扬中华传统文化；小神农尝百草；老北京胡同文化深度行；文化创意公司——大家三小的伴手礼；我们的魔法墙；年画年味年韵；情寄重阳…… 艺术展演类 第一届春展——诗情画意描绘校园春色；我们的舞台·我们的梦；舞台剧——家乡优秀历史人物展演；"我的地盘我做主"；"秋"主题式群组空间设计布置……	博物馆、科技馆、科学院、体验园、训练营、户外公园、农业基地、劳技中心、戏剧厅、礼乐厅、梦工厂、工匠坊	国防课程、民族课程、毕业课程、入学课程、社区课程、科技·家、艺术·家、体育·家、学生社团
数学、工程科学科技类	数学课、科学课、信息课	大家玩数学；大家读数学STEAM；机器人；模型	皮影客；影-像；视-觉；天文进阶；乐高搭建；DI 头脑风暴；建筑模型制作；小课题研究；单片机编程；乐高机器人；天文探秘；猫爪（scratch 编程）；3D 打印；WER 机器人；航海模型制作；车辆模型制作；榫卯结构木工制作；虚拟现实 VR				
历史与社会科学类	道德与法制品社课	心理；安全课程；节日	剪纸；世界文化之旅；变废为宝；园艺与插花；刺绣；编结				
视觉艺术类	美术课	即时性课程；书法	服饰·美；电影欣赏；国画；民间美术；衍纸；素描；寰宇美术；欣赏与设计；线描装饰画；创意黏土；书法；沙画；秸秆扎刻；风筝；京剧脸谱；面塑；纂人；微电影；依依"布"舍				
表演艺术类	音乐课	与身体交友	玩儿音乐；快乐歌唱；葫芦丝；你的音乐 CP；陶笛乐队；英语戏剧；中文戏剧；尤克里里；竹笛；快板；舞蹈与基本功技术技巧；DMC 舞蹈体系				
身体运动与健康生活类	体育课	足球；篮球；游泳；冰雪	小厨房：茶艺；围棋基础；篮球；足球；排球；乒乓球；羽毛球；珍珠球；软式棒球；跆拳道；啦啦操；散打；空手道；五虎棍；英式橄榄球；板球				

通过矩阵式管理组织架构和分布式的领导机制。让更多的人参与学校的发展事务，积累全局思考的经验，减少学校管理层级过长或管理幅度过宽带来的信息衰减或决策滞后。

学校的基本管理单元，由单个班级过渡到以班组群为单位，同时构建了以“校中校”为核心的组织结构，形成了支持“大家课程”实施的学校组织架构（见图3）。每四个“班组群”组成一个“校中校”，形成一个数百人的小型学校的架构，这是一个相对独立但内部开放融通的教育共同体，校中校主任专门负责其日常工作。每个校区规模为四个“校中校”。“班组群”与“校中校”为师生提供了便于获得归属感的社会人文环境，便于认知不同年龄或背景同伴的社会交往环境，以及便于开展合作学习的教育生态环境。在这样的组织结构中，校中校、班组群成为管理架构的核心，推动了教师的专业发展。而课程部、教师部、学生部等组织单位，为班组群、校中校更好地实践“真实的学习”创造行政和专业支持。

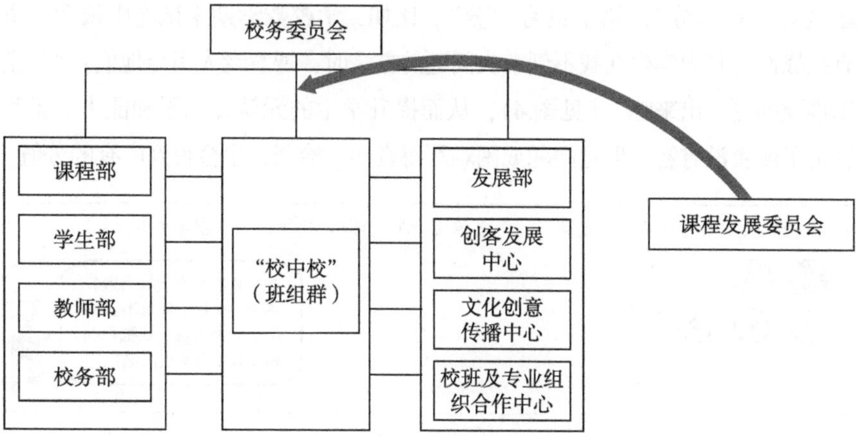

图3　学校组织架构

三、“大家课程”评价体系：多把尺子丈量优秀

学习绕不开评价。怎么知道孩子学得怎么样？如何知道孩子学会了？怎样改进教与学？在多年的探索中，我们意识到，纸笔测试关注知识点的方式相对单一，而流传较广的乐考或类似闯关游戏的考试，虽然在考试形式上增

加了趣味性，但还不能够显现出学生解决复杂问题的能力。所以，我们更需要多样化的评价系统，用多把尺子丈量优秀。

因此，纸笔测试+表现性评价的评价体系便因需发生。我们根据学生的五个关键能力，制定了统一评价量规：知识技能，关注结果与过程；交流互动，关注关键点的提炼与表达；协商合作，关注主动寻找支持与帮助；任务管理，关注明晰学习任务，规划学习进程；积极行为，关注各种场合应有的行为。

（一）纸笔测试：试题对了有分，错了也有分

学校所有大小考试都由教师自主命题，因为只有教师才能链接国家课程、学校教学文化、课堂教学实践、学生学习表现等各方面因素；也只有教师团队才能重新系统梳理各科核心素养，构建命题蓝图。

因此，有的试题来源于课堂，是教师在教与学实践过程中的经验和思考；有的试题带有典型的学校文化特点，如“班组群”会出现在试题中；甚至有的试题做对了有“分”，错了也有“分”。比如，学校数学期末试卷中最后一道题目有挑战性，其中学生在找不到解决问题的方法时，智慧老人引导他们：“就把你的困难或问题写出来吧”（见图 4），从而提升学生的元认知水平和能力。虽然题目答错了或者没有答，但是问题或困难写得真实、恰当，也会得到应有的分值。

（9）学校购买 2 个篮球和 3 个足球，一个篮球比一个足球贵 12 元。一个篮球多少元？

图 4　数学期末诊断试题

这一系列的评价转变，直接带来的是课堂的变化。教师在课堂上会更加注重教学与社会生活、学校文化和场景的联系，更加注重“有问题有互动”的扎根与实践，更加关注学生的深层思维和智慧的生长，教师眼中有了真实的生活、活生生的“人”，而不再唯标准答案、唯分数至上。

（二）表现性评价——关注学生素养

纸笔测试无法对学生成长中的关键能力和必备品格，如积极行为、交流沟通、团队协作、探索创新、包容公正等进行评价，如何改善？

“大家课程”采用了表现性评价，这构成了评价体系的另一翼。表现性评价是指学生在真实的生活情境中，运用先前获得的知识解决某个新问题或创造作品，以考查学生知识与技能的掌握程度。

学校的表现性评价包含“常规项目”和“升级项目”两方面。前者就是表现性评价系统里面的“n”，后者即“1”。

每个学年末，学生们都要完成一个“项目”，称为“升级项目”，例如，一年级学生会有“访问几个高年级的学长，与他们交朋友”，“新认识三个老师，他们不是教你班的老师”等任务。

再如，三年级表现性评价中，因为孩子们即将进入新校区学习，因此表现性评价的核心任务就是“探秘魔法学校”。孩子们在这一大任务的情境下，通过团队共同学习，解决入学后如何吃午餐、体育馆的面积大约有多大，认识我的新家——班组群，学校的空间识别系统等问题。数十位不同学科的教师混编入学生的小组中，进行全过程跟随与评价。

六年级的毕业项目设计覆盖了学科实践类（包括语言艺术、历史与社会科学、数学、科学、科技、工程、信息等）；表现类（视觉艺术、表演艺术、身体活动与健康生活）和公益项目类等课程领域，六年级学年末的“升级项目”，也称为“毕业项目”。

毕业年级的学生每年都聚焦多个领域研究并撰写毕业论文 300 多篇，论文答辩则采用网上同步直播的方式，向社会全面开放。同学们在完成毕业项目的过程中，有的经历了散发问卷调查无人问津、社会调查被拒绝、小组同伴临时换组等种种问题，他们从中也表现出社会参与意识、浓厚的好奇心和探究欲，动手实践能力强，具有发现和创造性地解决问题的能力。

这样的“升级项目”也是学生学习的“里程碑”。六年大小不同的里程碑式的评价，成为学生不断前行的方向，也是教师改进教学的方向。

四、课程效果：学业水平突出，师生积极性提升

课程建设是基于课程理念、课程结构、课程内容、课程组织形式、课程评价等方面的结构性、系统性和整体性变革。课程育人的效果如何？

（一）学生学业发展水平表现突出

每年，海淀区教委都要对七年级刚入初中的学生进行一次学业水平监测，在九年级毕业时再进行一次监测，科学评估学生小学 6 年和初中 3 年的发展水平与状况（见图 5、图 6、图 7）。

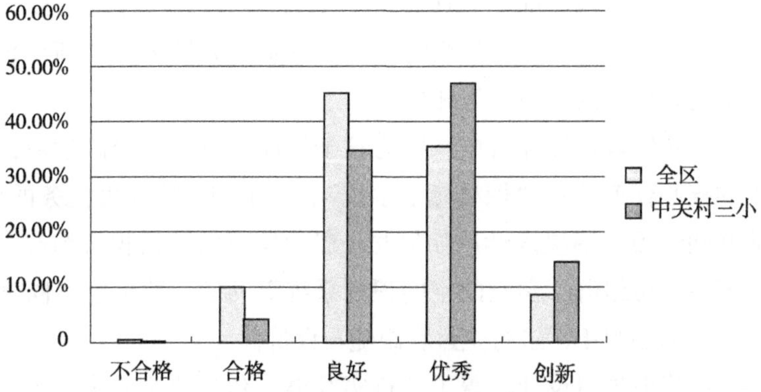

图 5　2018 年学生学业发展水平统计百分比（语文）

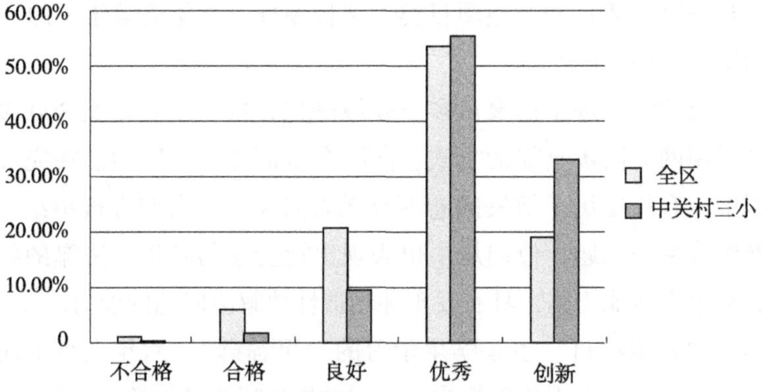

图 6　2018 年学生学业发展水平统计百分比（数学）

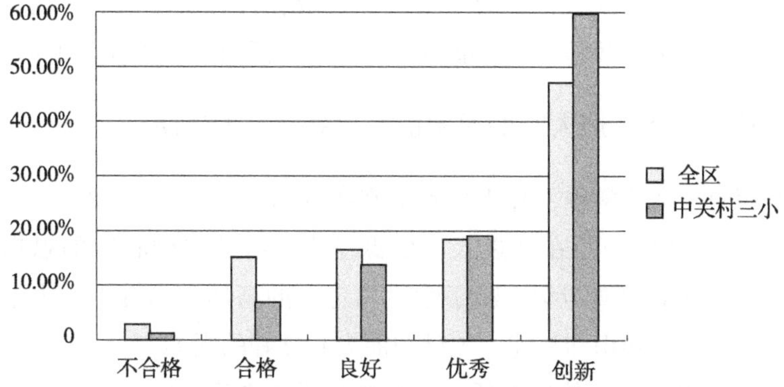

图 7　2018 年学生学业发展水平统计百分比（英语）

海淀区七年级监测的数据统计显示，中关村三小的学生在优秀、创新方面表现尤为突出。语文学科学生的创新水平达到 14.57%，优秀水平达到 46.94%；数学学科学生的创新水平达到 33.09%，优秀水平达到 55.40%；英语学科学生的创新水平达到 59.89%，优秀水平达到 18.88%。

（二）学生在多维、多元的学习关系中发展了积极心理品质

真实且有挑战性的分科学习，班组群内的跨龄学科协同学习，以及综合任务学习等，多样性的学习内容和方式，激发了每一个学生的探索和创造精神，积淀面向未来的核心素养。

调研显示，班组群学生在友善、领导力、合作方面的表现显著好于传统班级的学生。因此，班组群促进了学生形成多维、多元的学习关系，进而促进了学生们积极人际心理品质的提升。

（三）教师课程能力提升显著

在课程开发与实施中，教师也喜欢上了学术分享和研究。

在课程与教学方面，五年内，全校有超过 200 名的教师参与 37 个项目研究小组。在学校年度发展论坛、校区例会、对外交流等活动中，教师分享总计 600 余人次。教师的科研意识和能力逐年提高。目前，有中国教育学会课题 2 项，北京市市级课题 6 项，海淀区“十二五”和“十三五”规划课题 20

项，并成功申报了中国教育学会“十三五”教育科研规划重点课题。学校丰富的改革实践强化了教师的研究能力，同时也不断积累形成教育成果。

五、思考：让“迷人”的课堂植入“健壮”的思想

一所面向未来的学校，师生们不能在象牙塔内“一心只读圣贤书、两耳不闻窗外事”。我们需要在“迷人”的课堂上，将更“健壮”的思想内容显现出来，透过日常的教与学，赋予学生思想上的高远和精神上的力量。让下一代人拥有必备的知识和技能、关键的能力和良好的素养。

围绕“立德树人”的根本任务，学校打通了课程、活动等各个环节，规划了包含课程育人、文化育人、活动育人、实践育人、管理育人和协同育人在内的育人路径。在一根主线下，丰富校园生活、开展日常教学、进行群组管理、进行家校合作。教师眼里有孩子，各项活动有目标。每一位教师和同学都有参与感、责任感（见图8）。

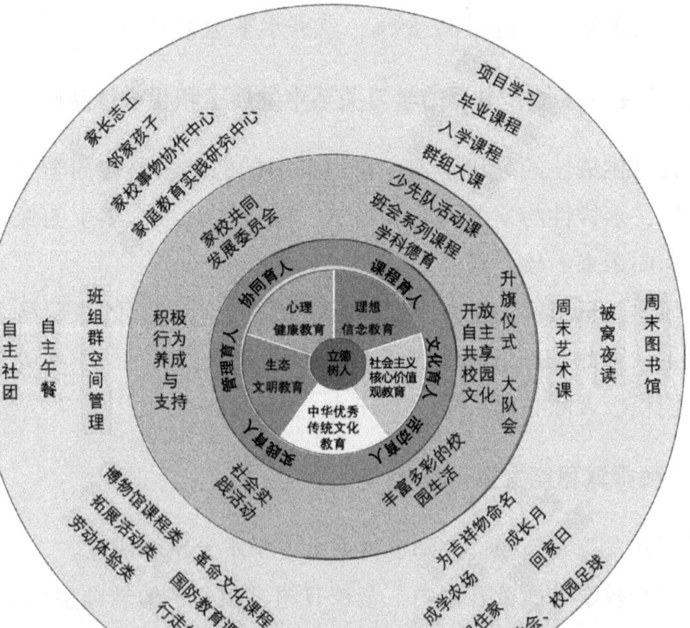

图8 “立德树人”育人体系

从图 8 中可以看出，立德树人与学校的各个环节都产生了关联，全员、全过程育人也就不再是一句口号。

在课程育人中，“生态大课程”体系架构起来的三层六类课程，大孩子与小孩子共同研究，关注科学、环保、人文等内容。不同种类的项目学习，孩子在主动链接世界，从被教育者转变成自我教育者；学生入学时有入学课程，毕业时有持续 1 年的毕业课程，在导师的指导下，孩子们以小组合作的形式完成毕业论文设计。求真务实、合作共赢、刻苦钻研，悄然化为孩子们的行动。课堂上，教师通过“引导性课堂标准”保护孩子们的好奇心，“我同意、我补充、我建议……”成为师生们共同使用的课堂语言，一起实现“有问题有互动”的课堂文化。

在文化育人中，我们创造开放、自主、共享的校园文化，在庄严的升旗仪式上，既有“北斗女神”徐颖吸粉无数的演讲，也有与共和国同龄老教师的平凡故事。在周五的公益课程——周末艺术课、周末图书馆中，邀请家长和孩子走入校园，欣赏艺术、反哺社会；邀请各领域专家学者做客图书馆，与孩子面对面交流，开阔眼界。

在活动育人中，孩子们一起为学校吉祥物命名；一起在校门口放歌，歌唱祖国；一起在成学农场中，体会劳动带来的春种一粒粟，秋收万颗子的喜悦；在毕业典礼的“一日住家”中，孩子们留宿校园，会成为一生难忘的回忆；在每年教师节的“回家日”中，学校打开大门，迎接所有毕业生。校园里满是重逢的温情……

现实生活是最好的老师，2020 年，我们经历了新中国成立以来“史无前例”的新冠肺炎疫情。每一个重大真实的事件，对于正在经历中的学生而言，都是培养孩子人生观、世界观、价值观的关键时期。

学校设计开发了“人生大课”系列：最美逆行者、家庭健康手册、疫情下的中国表现、人类命运共同体和长大后，我要成为你、敬惜一粒米、过年——亲亲之爱等内容，引导学生把真实的世界作为学习资源，唤醒中国少年的担当与责任，以增强学生的“精神之钙”。

开学后，孩子们写下了很多朴实无华的感受。有的孩子写“保护祖国妈妈，就是不剩饭、垃圾分类、节约能源”，不会写的字还用上了拼音。我们对下一代人家国情怀、社会责任、尊重科学的教育，就浓缩在校园生活的每一天里。

为了完成好立德树人的任务，我们不断地激发育人的内生机制，为孩子创造机会，用一定的“容忍度”，鼓励孩子去尝试、去犯错，去积累经验实现成长。

每周三、周四的中午，学校都拿出50分钟的时间供孩子们自主安排，这段时间也是“自主社团”的时间，学校鼓励孩子们自主招募社员、自主活动、制定规则、学习建立奖励机制。他们从中学会了选择、包容、谅解。

共享、自助、开放，这些现代社会里公共生活的词汇，也通过一个个细节走入学校生活。钢琴被摆放在每个楼层中，路过的孩子都可以弹奏一曲，因此校园里总是有美妙的音乐传出；每天中午的自助午餐中，孩子们自己打饭、自己选择座位，和喜欢的朋友一起享受午间时光；校园建筑的玻璃上，随处可见孩子的涂鸦作品，玻璃画让学生自由表达；喜欢植物的学生可以一个人开办一场展览；学校的小菜园开放给学生和家长，他们通过土地招标获得使用权，学生不仅可以学习种植知识，还可以锻炼与同伴交往的能力，就连吵架，都是真实学习社会交往的一部分。学校为学生建了一个成长博物馆，专门收藏孩子们挑选的自己成长中有意义的物品。

人人都有机会，人人都有可能。

学校努力为孩子营造一个开放、自主的学习环境，孩子们互为榜样，互相进步，教书育人，教育不再是自上而下的，而是同伴间的相互学习内化在生活和学习的过程中，内化在他们的足迹所至和人际关系所在。

党中央提出了到2035年建成教育强国的奋斗目标，明确了“十四五”时期建设高质量教育体系的战略任务。

面向2035年的教育，要用创新的精神，变革育人方式，提升学生学习兴趣和综合获得。学习内容上，要从关注一节节单一的课堂，到设计层次合理、内容多样、方法灵活的课程体系；在学习方式上，运用在线学习、课堂学习以及更多的学习资源；在学习过程中，关注学生解决问题的能力，让学生有兴趣、有获得感。关注孩子的获得感，而不是把他们培养成“做题家”。

我们还应该站现在看未来，升级传统的评价体系。从发展性的、生长性的角度，建立与高质量发展相一致的评价体系，扭转盘桓在很多家长和老师心中的"唯分数论"的评价体系。

我们正在以未来教育为目标，进行很多尝试和探索，承担使命，为更多的学校提供一些实践经验。我们希望，这里的学习真实而厚重，教师们的言行中散发着呵护、关爱，充满着一种对生命的肯定的力量。这里的每一个人都始终保持学习和进取的姿态，将教育情怀融入国家和中华民族的伟大复兴的使命感，努力创造一所让孩子们向往的学校。

附件 1

中关村第三小学引导性课堂标准（试用版）

学校：　　　　姓名：　　　　学科：　　　　评课人：

评价项目	分值	项目要点	项目要点分值			
			优秀	良好	合格	待提高
教学目标	6	符合课程标准	6	4	3	1
	6	符合学生实际，有效进行前测，照顾学生差异	6	4	3	1
真实任务	6	创设开放的有挑战的真实情境任务、儿童世界的虚拟情境任务、学科关键问题	6	4	3	1
	6	从任务内容、学习方式、呈现结果、交流互动等方面进行明确要求	6	4	3	1
学习支持	5	为学生的探究活动提供学习单、操作资源、拓展资料、其他等学习工具	5	4	3	1
	5	在课堂上的关键节点，教师适当追问，引发学生深度的思考	5	4	3	1
	5	通过独立思考、小组合作、团队探究等多样的学习方式研究	5	4	3	1
	5	* 在学习空间里可以张贴阅读方法、合作规则、研究方法等思维工具	5	4	3	1
	5	示范并引导学生用专业的学科语言，表达自己的观点	5	4	3	1

续表

评价项目	分值	项目要点	项目要点分值			
			优秀	良好	合格	待提高
有问题、有互动	5	给学生提问的时间，引发提问、质疑、猜想，并记录	5	4	3	1
	5	接纳学生提出的“奇思妙想”，耐心听完不打断，并给予合适的建议	5	4	3	1
	5	当同伴发言时，提醒其他学生认真倾听，并从“我同意××观点”“我还……的补充”“我不赞成××观点”“我建议……”“我的问题或猜想……”等方面进行有序表达	5	4	3	1
	5	对不同学习水平的学生能够从提出有价值的问题、有效的互动与合作等不同维度给予认可和鼓励	5	4	3	1
学习评价	5	关注学习结果，更关注学生的思维过程	5	4	3	1
	5	关注学生的分享以及关键要点的提炼和表达	5	4	3	1
	5	关注学生的团队协作，遇到问题能主动寻找支持帮助	5	4	3	1
	5	关注学生明晰学习任务之后，规划研究的方法和步骤	5	4	3	1
	5	课上留有时间，教师从不同角度进行总结、反思	5	4	3	1
学习行为	6	见附件	6	4	3	1
总值						

续表

评价项目	分值	项目要点	项目要点分值			
			优秀	良好	合格	待提高
评语						

注：* 项目需要视情况考量，在教师经常上课的空间里对此项目进行考量。

附件 2

序号	维度	一、二年级	三、四年级	五、六年级	分值
1	倾听他人	1. 轻放学具，头正、身直、脚放平 2. 一人发言时，其他人手放下、保持 0 级音量倾听 3. 目光聚焦发言人，用肢体语言进行呼应 4. 能简单转述他人发言	5. 能对他人的发言进行判断和回应	6. 能对他人的发言进行提炼和补充	
2	独立思考	1. 保持 0 级音量 2. 圈、画、写记录思考过程 3. 组织语言，准备交流	4. 能利用学习资料梳理思路、探究问题 5. 用图文记录思考的过程，进行归纳、整理	6. 在思考的过程中发现并提出新的问题	

续表

序号	维度	一、二年级	三、四年级	五、六年级	分值
3	分享表达	1. 举手经允许，用 3 级音量发言 2. 有想法就表达自己的观点，怎么想的就怎么说 3. 语言简洁、表达清楚	4. 运用发言技巧，促进倾听者思考 5. 围绕主题发言，观点明确，语言清晰	6. 借助工具、实证，有理、有据、有层次地表达观点 7. 借助提问等方式，能够引发他人互动	
4	交流互动	1. 发言人用 1~3 级音量进行小组或全班交流 2. 围绕主题，有序发言 3. 不懂之处，敢于提问；能用“我同意……我不同意……我补充……”等语言表达观点	4. 肯定相同观点，提出不同见解 5. 围绕同一主题进行补充和完善；能用“我同意……我补充……我建议……”等语言表达观点	6. 围绕交流主题，抒发观点，层层深入，达成共识；能用“我有新的问题……我有猜想……我受到一个启发……我理解你的意思……”等语言表达观点	
5	团队协作	1. 在合作与交流中，保持 1~2 级音量 2. 明确团队任务，组长可轮流担当，活动有序 3. 人人积极参与，都做与任务相关的事情	4. 创造制定团队规则，分工合理明确，发挥个人优势 5. 在面对困难时，关注同伴的观点与感受，用语言或行动相互包容、支持	6. 多维度去思考问题，尝试找到不一样的途径创新地解决问题	
6	反思评价	1. 用简单的语言、图画等记录自己的收获 2. 对同伴的表现进行真实评价 3. 提出对下一阶段的学习需求；用“我学会了……我还有什么疑问……我对自己……满意，我……学习”等语言反思	4. 敢于质疑，表达见解，表达思考的过程 5. 正确认识和评价自己，了解自己的优势和不足，及时反思和调整，从而实现目标；用“我在……有提高，我还想了解……”等语言反思	6. 能够了解我是怎么思考的，观察自己的学习过程，选择合适学习的策略方法；用“我还想研究……”等语言反思	

面向未来动力内生　构建课程教学新生态

北京中学　**夏青峰**

北京中学，作为一所具有改革意识和实践的学校，多次邀请陶西平先生参加学校论坛，校长多次与陶西平先生在不同的论坛共同探讨未来学校。在北京中学是以面向未来、变革学校形态、整体优化的思想来教学、治校。在推进学习方式变革中，我们认为必须具备整体思维，注重变革的系统性、整体性和协同性。

——编者语

近年来，针对学习方式变革这一课题，教育理论界与实践界都在不断进行思考与探索，在此过程中也产生了很多可贵的成果和经验。面向未来，推进学习方式变革需要从为何变、怎么变、变什么三个维度进行深入反思，如此才不会偏离变革的初心。笔者仅从一个中学校长的视角，站在“教育耕作的田野里”，谈谈关于面向未来的学习方式变革的一些思考。

一、为何变：把握影响学习方式变革的现实因素

任何一项变革产生的理由，无外乎是遇到困难了、要求提高了、环境变化了。从现实状况来看，学习方式变革也具备这些基本条件。

（一）中小学生课业负担不科学呼唤学习方式变革

我国中小学生课业负担过重问题由来已久，一直没有找到很好的解决办

法，虽然其原因错综复杂，但学生学习方式被动、单一、机械导致学习效率不高是其中的重要影响因素。每个人的学习风格与思维类型是不一样的，有人是场依存性思维，有人是场独立性思维，如果不考虑这些差异，不能让学生运用自己最喜欢、最适合的方式学习，那么学习效果自然不会太好。

（二）社会发展和教育改革对教育教学提出了新要求

不同时期的教育改革对中小学教育教学提出了不同的任务要求，从获取知识到提升能力，从“双基”（基础知识、基本技能）到“四基”（在“双基”基础上增加了基本思想、基本活动经验），现在又聚焦学生的核心素养培育，学习方式也必然要随之变化。更重要的是，教育要为国家培养担当民族复兴大任的时代新人，我们现在采用的学习方式能否支撑得起新人们将来的“担当”，能否促进学生“爱国情怀、社会责任感、创新精神和实践能力”的提升？国家特别需要加强创新人才培养，现在的学习方式是在激发还是阻碍孩子们的创新？面对教育发展的新要求，我们迫切需要反思和改革现有的学习方式。

（三）信息化发展为学习方式变革提供了重要支撑

信息化是当今社会最重要的特征之一。一方面，信息化解放了学生的时间和空间，让无时不在、无处不在的学习成为可能，增强了学生的个性化学习需求；另一方面，信息化极大地方便了人与人之间的连接，让师生交流、生生交流能够跨越时空即时进行，各种线上学习平台应运而生，校内校外学习的边界日益模糊。学习环境不断发生变化，学习方式也必然要随之改变。

二、怎么变：达成学习方式变革的基本共识

面向未来变革学习方式，需要我们站在育人方式变革的高度，运用整体思维和平衡智慧有序地推进。

（一）站在育人高度看待学习方式变革

学习方式变革不能脱离育人目标孤立进行，而应该站在育人高度，发挥

其独特的育人价值。为此，我们要在一些观念上达成共识。

其一，要建立正确的学生观和学习观。不建立正确的学生观、学习观，只是为了变革而变革，反而会适得其反，害了学生。面对正常发育的儿童，我们要认识到：每个学生都是天生的学习者，学习是人的天性；每个学生都是不同的学习者，具有不同的学习风格和思维方式；每个学生都是有意识的学习者，在没有限制的情况下，会主动选择适合自己的学习方法。

其二，要明确学习方式变革的最终目的是育人。学习方式变革的最终目的，是让学生成长为全面发展的人，成长为能担当民族复兴大任的时代新人。这特别需要我们在学生全面发展的基础上，培养他们的爱国情怀与创新品格，让孩子们在灵魂深处热爱自己的国家，在生命本色中具有创新活力。这些不是在说教中就能够实现的，必须通过学习方式的变革，让学生获得深刻理解和真实体验。

（二）运用整体思维有序推进学习方式变革

在推进学习方式变革中，必须具备整体思维，注重变革的系统性、整体性和协同性。

其一，坚持问题导向与目标导向相统一。我们推进学习方式变革是为了解决当前教育教学中面临的种种问题，但同时还要面向未来，培育适应并引领未来社会发展的人。例如，进入人工智能时代，防止人和智能机器对抗的唯一办法是让人更加成为人，成为充满爱心和具有丰富情感、具有独特性和创造力的人。人与智能机器不是谁代替谁的关系，而是彼此协同的关系，人类最重要的能力是在创造和引领人工智能的同时，又能够和机器、和人工智能协同工作。而学生这方面的素养需要我们通过学习方式变革来培育。又如，在全球化时代，具备国际视野、胸怀以及国际协作能力是学生的必备素养，这也需要我们具备更广阔的时空观念，通过学习方式变革来支撑。

其二，把握好解放与支持的平衡。面向未来的学习方式变革，需要在“放、管、服”上做文章，哪些该放给学生，哪些该管起来，哪些需要支持和服务好，都需要系统考虑，协同推进。首先要做的是解放。要把学生的脑、口、手解放出来，把学生的时间和空间解放出来，让他们能够按照自己的学习节奏、学习方式、学习时空、学习内容进行自主学习或者自我调节地学习。其次要做的是支持。教是为了学，但学是需要教的。如何在动力、方法、资源上给予学生学习的支持，如何运用现代技术帮助学生实现泛在学习、体验式学习，如何帮助学生建立学习社区包括国际化的学习社区，需要教师在支持上下功夫，把握好解放与支持的平衡。

三、变什么：探索优化混合式学习和社会化学习

结合新时代要求和未来社会发展趋势，学习方式变革可以在保持稳定的前提下，小步骤有序地推进，重点是探索与优化两种类型的学习方式。

（一）突出自主的混合式学习

充分运用互联网、人工智能、大数据等信息技术以及未来可能出现的新技术，支撑并服务于学生的学习，是未来学习方式变革的重要内容。运用信息技术的本质是为学生学习服务，促进学生更好地学习，而不能使学生的学习为信息技术所奴役。因此，发挥线上线下的互补优势，哪些学习内容适合放在线上，哪些适合放在线下，需要认真思考与探索，不能搞“一刀切”，走极端。目前，学生的学习还是以线下为主，但要逐步增加线上学习的内容，进而实现线上线下有机融合，走向突出自主的混合式学习。在此过程中，需要注意以下几点。

其一，保持共建共治共享的心态和格局。面向未来，学校要拥有共建共治共享的格局，突破“小我思维”，淡化“竞争心态”。首先，要引导师生突破学段、学校、地域等各种边界，建立更大范围的学习社群，让有相同志趣的师生在一起相互促进、共同提高。其次，要主动与具有高水平、教育情怀的社会机构合作，为学生研制出更好的学习资源，探索将符合条件的市场化优秀在线课程资源适当纳入学生的学习资源支持体系。最后，要积极与世界不同国家的学校建立友好关系，促进学生与不同文化背景的人进行交流，提升学生的国际理解力和国际领导力，同时传播中华文化和中国声音。

其二，加强对学生线上学习的管理。毋庸置疑，学生利用手持终端设备

（手机、平板电脑等）进行线上学习，既带来了前所未有的机遇，也引发了很多现实问题，如孩子面对无限量的信息，面对游戏、视频、聊天的诱惑，很难专注地学习。对此，我们一方面需要技术的改进与管理的跟进，保证学生在线上学习中不受无关因素的干扰；另一方面，要对学习 App 加以干预与管控，防止学生不思考而直接搜索答案等虚假学习现象的出现。这两方面的问题如果不能很好地解决，线上线下混合式学习就难以持续推进。

其三，探索升级式的混合学习机制。升级式的混合学习，是指将学科知识点、能力点划分成由低到高的不同等级，学生可以通过混合学习自主安排学习进度与节奏，不断过关、达标、升级，实现自我调节的学习。在升级式的混合学习中，学习的基本流程是：教师研发（或师生共同研发）线上学习资源包（包括学案、资源、练习、达标检测等），学生根据线上资源包进行线上学习以及达标检测，学完上一级的知识点并通过达标检测后，才能升级到下一个知识点的学习。其中，大部分事实性知识和概念性知识，都通过线上资源包提供，学生可以自主学习。学生在线上学习的同时，还可以与教师在课堂中进行交流、研讨与实践（实验），教师同时提供大课的思维引导和小课的个性化辅导。

在升级式的混合学习中，学生学习的组织形式、教师的工作方式都发生很大变化。例如，学生可以按照能力而非年龄和年级进行分班分组学习，可以淡化班级、年级甚至是学段和学校间的空间界限，实现无边界学习；学习时间安排可以突破一节节课的细划分，按时间的大板块来安排，实现泛在学习。教师在辅导答疑中可以采用“教师坐堂式”的师生互约机制：学生可以提前预约教师，并由教师在指定时间和地点接受答疑问询；教师也可以提前预约学生，同时由于教师在答疑辅导时已经有很多学生的学习数据及相关诊断分析，辅导会更有针对性。

在升级式的混合学习中，教师在团队中的工作形态也会发生改变，他们将从原来的“单干承包式”（各负责一个班或几个班）变为“集体协作式”，按照每个人的不同优势，进行任务与角色分工：有人更多从事学习资源设计，有人擅长录课、讲课，有人更擅长个性化辅导，还有人侧重于对学习数据进行整理诊断和分析。

（二）突出实践的社会化学习

信息技术的发展促进了虚拟世界的丰富，我们的教育教学在利用其优势的同时，更要重视现实世界对学生发展产生的深刻影响。“虚拟”越多，越要加强“现实”。这需要我们强化突出实践的社会化学习，让学生的学习与社会生活紧密相连，使他们学会在真实生活中综合性地解决真实问题，真正实现实践育人。在此过程中，要处理好以下两对关系。

其一，处理好知识“进”与“出”的关系。学生学习知识是为了运用它们解决实际问题，因此在让知识“进”入学生的大脑时，就要想到如何通过优化方式让知识将来更好地“出”。为此，面向未来的学习方式变革，一方面仍需要坚持大力推进“教中学”“做中学”“教学做合一”，这在信息化时代的今天乃至明天依然具有现实意义；另一方面，要坚持让学生“在创造中学”，这要求我们在教育教学中既要解决“传承”的问题，也要解决“创造”的问题，甚至可以将“先传承，再创造”变为“在创造中传承”。

其二，处理好知识“分”与“合”的关系。在推进学习方式变革过程中，还要把握好知识“分”与“合”的关系。对“分”学得不扎实，即使做再多的“合”，也形不成合力。为此，既要重视各学科的知识体系，发挥好各学科的育人价值，培养学生具备各学科的核心素养，也要规划出一定的时间与空间，通过“合”的学习实践，提升学生综合解决问题的能力。为此，要坚持做到以下几点。

首先，以真实问题为导向。要想让学生通过各学科的知识学习协同解决好综合性问题，就必须加强“实战化的演习”。要经常让学生面临真实的问题情境，通过项目学习、主题探究、产品设计、活动组织、课题研究等多种形式，综合运用多种知识去解决问题、创造产品。从某种程度上说，就是要把整个世界当作学生学习的教材。

其次，促进团队合作。社会化的学习实践不仅是让学生各分科的能力得到协作，还要致力于让不同学生之间实现协作和发展。要让学生在实践过程中养成团队合作的意识与能力，要在小组合作形式的基础上开展项目学习、研究性学习等。

最后，打开视野与格局。除了在日常的学习活动中把学生的志趣引向高远、思维引向深入，还要鼓励学生走出校园，走进大自然、场馆、院所、知名企业，走在祖国的广袤大地上，走向世界的各个地方。读万卷书，行万里路，听万家言，说万家事，仍是面向未来的重要学习方式。

总之，面向未来，要想更好地推进学习方式变革，需要从为何变、怎么变、变什么三个维度进行深入反思。第一，要理解学习方式变革是解决当前中小学生课业负担过重问题的重要手段，是社会发展和教育改革提出的新要求。第二，要站在育人方式变革的高度，运用整体思维和平衡智慧有序推进。第三，要重点探索优化混合式学习和社会化学习两种重要的学习方式。

“幸福素养教育”实践中学校教学管理的优化

北京市海淀区五一小学　陈　姗

在面向现代化的转型过程中，陶西平先生深入思考学校的价值取向、本体功能、责任担当等基本问题；其中在五一小学，他提出在改革大潮中需要定力去守本归真，人为本，规律为真，需要勇气与责任心去守正创新。五一小学构建“幸福素养教育体系”，在整体育人、促进学生全面发展的背景下，正面应答了学校奠基教育思想“奠什么基、用什么奠基、怎么奠基”等核心之问。从课程、“教与学”方式和教师队伍三个维度，探讨了整体育人的实践。真正践行了陶西平先生提到的“有定力、抓根本、肯担当”的教育家精神。

——编者语

起笔撰文，让我不禁再次想起陶西平老先生，想起他 2014 年在北京市海淀区五一小学（简称五一小学）掷地有声、充满睿智的话语——“有定力、抓根本、肯担当”，想起他毕生的教育主张——“实现教育过程的整体优化”，这是他教育思想的灵魂所在，更是留给教育人最宝贵的思想财富。

五一小学的幸福素养教育的实践起始于 2009 年，至 2016 年构建“幸福素养教育体系”，在整体育人、促进学生全面发展的背景下，正面应答了学校奠基教育思想“奠什么基、用什么奠基、怎么奠基”等核心之问。幸福素养教育致力于对“学生获得一生幸福必备素养”的培育，既关注学生当下快乐，更关注奠基他们的人生幸福。本文将从课程、“教与学”方式和教师队伍三个维度，系统阐述在幸福素养教育实践过程中，我们对优化学校教学管理所做的努力与思考，以缅先生，以飨读者，以资借鉴。

一、以"理念"为引领，实现幸福素养课程的自适应

英国哲学家弗朗西斯·培根认为，思想是行动的先导，言简意赅指出"思想"在人类行为过程中的重要性。因此，课程作为学校教育的核心内容，其建设与管理，也只有以理念为引领，才能使其不仅在逻辑上具备自洽性，更能在推进中具备自适应的能力，不断依据各种主、客观因素进行完善与发展。

我校幸福素养课程的建设，主要分为三个时期。

（一）办学理念早期的课程化表达

2004年，我校在梳理60年办学传统的基础上提出"奠基教育"思想，开始系统思考教育教学工作的价值。当时，摆在我们面前的有两个核心任务，一是深入解析"奠基教育"的内涵，二是解决"拿什么奠基"的问题。2009年，"为学生的幸福人生奠基"办学理念的提出，使我们进一步找准了思考的方向——"拿什么为学生的幸福人生奠基"，从此，引领学校教学管理走上课程建设之路。

这期间，2009年"中英学校发展计划合作项目""学校文化创建项目"的加入，2012年海淀区"课程整合、自主排课"实验项目的主动参与，对于我们办学理念早期的课程化表达，都发挥着至关重要的作用。前者帮我们进一步厘清了办学理念的内涵，及其与"奠基教育"的关系；后者则使我们找到了将办学理念落地生根的载体，即幸福素养课程。

对应办学理念，早期的幸福素养课程主要有两版。1.0版的幸福素养课程聚焦于学生"道德、人文、健康、科学、艺术"五种幸福素养，形成五个领域，每个领域又分为基础与拓展两类课程，同时还设计了综合性学习。2.0版的幸福素养课程则将学生五种幸福素养从各领域中分离出来，独立为课程培养目标，而且把之前的综合性学习固化为五大融合性课程。两版幸福素养课程相比较，一个显著的不同就是课程目标的变化。2.0版更突出对于"育全

人”的思考，初步实现了办学理念的课程化表达。

从2009年办学理念的提出，到“十二五”时期，我校幸福素养课程的建设与实施，既是学校教学工作的主线，也是推动学校教学管理的引擎，在全校范围内营造了浓郁的课程改革氛围。学校通过聘请专家驻校指导，进行课程三方评价，常态化课程建设工作会议，制订《学生学习能力培养目标》，打造幸福高效课堂等一系列举措，充分发挥了课程顶层设计的引领带动作用，也使我们深刻认识到，办学理念的课程化表达对学校教学管理而言，确实是一条必由之路。

（二）核心素养时期课程的结构化调整

2016年，“十三五”开局之年，《中国学生发展核心素养》公布，标志着中国教育迎来“素养时代”。这期间，我们多次组织研讨、座谈，并聘请专家培训，进行系统论证，历经近一年时间构建了“幸福素养教育体系”，实现了学校幸福素养教育从理论内涵思考到实践体系构建的跨越。而作为其核心内容的幸福素养课程，也自然进入一个结构化调整的重要阶段。

围绕《中国学生发展核心素养》，我们组织教师进行了系统深入地学习，站在“为谁培养人，培养什么人”的视角来解读“核心素养”内涵，明确核心素养时代对人才培养提出的新要求，并据此将原有的五种素养调整为更加具体、更具指向性的六大素养（健康、自信、坚毅、友善、乐学、善思）作为新的课程培养目标。我们还从领域角度设置“劳动技术”领域，并调整课程各领域内容，让课程五大领域直接指向德、智、体、美、劳五育，使3.0版幸福素养课程形成了五育并举的格局。

核心素养时期幸福素养课程的结构化调整，既反映着我们对“整体育人”的新思考，也在深层次上带来了教师育人观念的转变，使他们意识到唯有观念的转变，才会促成行为的转变。与此同时，我们还认识到，五育并举课程体系的建设，对于落实“立德树人”根本任务与提高教学管理实效性，都有着巨大的现实意义。其建设原则有三：一是课程内容设置上要体现多元化，德智体美劳并重，从不同角度为学生素养形成提供必要的发展平台；二是课程内容组织上要突出融合性，使之彼此融通、相辅相成，产生一加一大于二的效益；三是课程内容实施上要强化自主性，最大限度为学生全面发展与个性需求创设空间，使之真正成为学生的课程。

（三）跨学科融合背景下课程的国际化推进

早在幸福素养课程建设之初，我们就已经产生了朴素的跨学科融合的育人思想，即“综合性学习”的设计和融合性课程的实践。为进一步推进这一理念的落实，突出跨学科融合的“整体育人”优势，我校于2017年携手“芬中教育协会”启动了“中芬教育交流与培训合作项目”，开始了基于国际视野的“跨学科融合理念”的实践研究，内容涵盖数学、英语、科学和融合性课程四个领域，采取线下驻校的集中交流培训，和线上常态的沟通交流相结合的方式进行，以此推进幸福素养课程的国际化探索。

迄今为止，此项目已历时近4年时间，先后开展了7期集中交流培训，陆续有近30位芬兰专家来到我校，累计组织典型教学课例研磨、观摩60余节，专题讲座、评课、研讨等活动近100次，我校教师累计2000余人次分别参与了相应的活动。同时，我们还先后委派14位干部、教师，近100名学生，分期、分批赴芬兰进行实地考察、学习、交流，走进芬兰的小学、芬兰的课堂。

伴随项目的实施，教师对跨学科融合教育理念逐渐产生深度思考，且不知不觉间渗透进常态教学行为，与五育并举思想相得益彰，从而使他们在理论与实践两个层面为“全面育人，促进人的全面发展”找到了思维与实施的新路径。课程方面，不仅学校原有的幸福起航、主题研究、戏剧表演等融合性课程实现了内容和形式等方面的突破，而且陆续开发了家政、编程、种植三类融合性课程，并建成了家政教室、“五E”空间，扩建了“小蚂蚁”农场，成为“幸福素养课程”新的生长点。教研方面，学校增加了跨学科教研，为教师全学科素养提升及跨学科融合理念在实际教学中落地，开辟了快捷通道。课堂教学方面，教师把真思考、真实践、真探究作为基本追求，在学习内容选择与学习方式设计上不断强化与学生生活实际的紧密联系，让学习在课堂上“真实发生”。

二、以“教与学”方式变革的实践探索，实现整体育人的高效能

2017 年，陈宝生部长曾在《人民日报》上撰文，吹响“课堂革命”的号角，强调了教育发展的主要阵地在课堂。笔者以为，这场“革命”本质上是“教与学”方式的变革，通过变革传统“教与学”方式，去应对未来社会发展对“培养什么样的人”提出的诸多新要求。五一小学对“教与学”方式变革的实践探索是伴随课程的建设进行的，核心目标是让学生站在课堂中央，以“有用的教”和“真实的学”，实现整体育人的高效能。

（一）构建智慧教学范式及学科课堂样态，为整体育人导向

“十三五”时期是我校“教与学”方式变革深入推进最重要的时期。2016 年，我们在系统思考如何实施幸福素养教育，整体构建幸福素养教育体系的过程中，也构建了“智慧教学范式”，用以揭示各学科课堂教学的本质规律及价值追求，引领学校“教与学”方式的变革，打造“民主、对话、生成”的智慧课堂。

“智慧教学范式”以学生、教师、媒介这三个教学要素为主要维度，倡导以学生为中心创设自主学习时空，倡导主动探究、自主合作的学习方式，倡导教师做导师，发挥“引导、激发、支持”的作用，倡导教学媒介在不断更新、延展中满足师生发展需求，进而引领师生亲历学习过程，发展智慧、共同成长。三个要素维度关联互动、相互促进，学生成长带动教师和媒介不断优化与发展，而教师与媒介又共同支撑学生自主成长。

应当说，“五一小学智慧教学范式”是学校从教育研究视角对于建设怎样的教学的上位解读，是我们“为学生幸福人生奠基”整体育人思想在课堂理解上的结构化表达，直指“教与学”方式变革，引发了全体教师对于课堂教学的深度思考。如果说学生成长是智慧教学的原点，那么智慧教学无疑就是学生成长的舞台。这种以学生为中心，用教师发展、媒介延伸作为基点构建的“对话、民主、生成”的智慧课堂，在自身的不断优化中，丰富了智慧教学的内涵，推动了智慧教学的自主持续发展。在这一“范式”的引领下，我们各学科又趁热打铁，先后研制推出了体现学科属性与特点的学科课堂教学

样态，用以确保在实操层面能有效落实"范式"内涵与目标，提升学生智慧，促进他们全面成长。语文的"三读"，数学的"三学"，英语的"主题单元教学策略"，等等，都是在这一时期陆续形成的。

有了"范式"和"样态"的引领，教师在教学中就有了更加明确的方向。他们不再把自己"淹人"课堂，也不再居高临下地俯视学生，而是把时间与空间最大限度地还给学生，让学生主动探索、发现、实践，真正成为课堂的主人。

（二）推进信息技术与学科教学深度融合，为整体育人赋能

党的十九大明确提出，要把教育事业放在优先位置，加快教育现代化，办好人民满意的教育。对此，教育部杜占元副部长曾指出，"加快教育信息化发展，是对全面推动教育现代化的有力支撑"。他还用"四个必将"，即"教育信息化必将带来教育理念的创新和教学模式的深刻革命，必将成为促进教育公平和提高教育质量的有效手段，必将成为泛在学习环境和全民终身学习的有力支撑，必将带来教育科学决策和综合治理能力的大幅提高"，旗帜鲜明地阐述了教育信息化对教育未来发展的重要性。

我校自"整体改建"以来，始终对信息化建设高度重视。2013 年已初步实现校园"数字化"，所有教室、会议室都配备了"触控交互一体机"，教师信息化手段运用率达到 100%。同时，学校各种软件平台，包括校内通、校园网站、微直播平台、VOD 系统等，也都陆续投入使用，有效服务并推动了教育教学工作的发展。进入"十三五"以后，我们则把"打造'智慧校园'，推进教育改革"作为主要任务之一写进"十三五"规划白皮书，并将"加强信息化基础设施和数字化资源建设，提升学校信息化基础支撑能力"，与"提升信息化应用水平，促进教育教学方式变革与创新"确定为主要发展方向，不断加大力度推进信息技术与学科教学的深度融合，为整体育人赋能。

为此，我们特别成立了"信息技术核心组"，来领导、统筹学校信息技术工作，带领各学科教师深入开展研究。为加大课堂师生的互动，以电子互动白板的应用为例，我们先后多次邀请专家到校为教师进行技术指导和应用培训，帮助教师了解、开发电子互动白板的实用功能。同时，还围绕电子互动

白板的使用开展丰富的教学研究与教学观摩活动，引导教师在实践应用中提高认识和应用水平。多措并举，持续深入。我们欣喜地看到，很多教师的常态课都已经能够熟练、恰当使用电子互动白板。手机投屏、拖拉、隐藏……各种以前都不曾尝试，甚至不知道的功能，如今都在课堂上驾轻就熟，既增强了学生的参与性，更提高了课堂的效率。我们常说“未来已来”，在我们看来，当信息技术引领我们不断超越校园束缚、班级授课、学科边界、教材资源的时候，我们“教与学”方式的变革可能已经行走在通向未来的道路上了。

（三）引进第三方评价，进行全方位“诊断”，为整体育人“把脉”

引进第三方评价，对学校的教育教学工作进行全方位“诊断”，特别是对“教与学”方式变革的成效进行评估，这对于我们准确把握教学工作现状，采取更加积极科学的方法加以改进，都具有巨大的现实意义。

客观地讲，目前，我校引进的第三方评价是市区各级教研部门，重在教学质量的评价，目的是改进教师的教学方法和学生的学习方法，以提高学校教学质量。具体目标包括：通过备课分析、课堂观察，评价教师教学与学校育人目标的一致性；通过教研组教研活动安排与教研过程、教研成果，分析教研与教学质量的内在关系；通过学生学业成绩与作业成绩分析，比较学科组的质量差异，校区教学质量差异；针对教学质量问题提出教学改进建议。

这些评价目标主要包括教师的教学方式评价、学科教研组的教研方式评价、学校课程管理评价、学生学业与作业成绩评价等方面内容，以此来综合评定集团内各校区教学质量情况，客观分析各校区教学质量的差异，教师教学、学科组教研、学校课程等方面的差异，寻找存在的问题和造成这些差异的因素，最终提出改进建议，实现整体育人质量的进一步提升。

三、以教师队伍的整体培树，实现学校发展的可持续

在学校的教学管理中，教师队伍建设始终是根基所在。只有教师队伍过硬，学校育人工作才会有更好的效果。因此，在实施幸福素养教育的过程中，我们始终高度关注教师队伍的整体建设工作，并将教师队伍的建设与发展作

为重要基础维度纳入幸福素养教育体系中，以保证学校的可持续发展。“十三五”规划中，我们更是将“造就一支师德高尚、业务精湛、勇于创新、富有活力的幸福教师队伍”定位为重要目标之一。

（一）努力构建愿景文化，引领教师共同的价值取向

所谓愿景文化，本质上就是凝聚学校精神，使其成为全体教师的价值共识、行动引领和共同追求，形成学校发展利益共同体与教师共同的目标追求。工作中，我们将学校愿景与教师个人发展紧密结合，以“五一精神”“五一教师形象”标准为引领，营造尊重欣赏、开放多元和沟通合作的氛围，让教师感受职业的幸福，激发他们的进取心和主动性。我们还根据教师实际情况，不断推出各种比赛项目和活动，如以“书香校园建设”为载体的读书比赛，以及“名师报告会”“德育论坛”、名家“面对面”等，组织内容丰富的教师培训历练，包括新入职教师培训、心理健康训练、支教支研、魅力教师形象礼仪培训等，为教师搭建展示空间和平台，以此来不断满足他们更高层次的自我成长需求。

在构建愿景文化的过程中，我们不断创新教师评价机制，采取多元评价与发展性评价结合的方式，充分尊重教师个体的智能结构和专业成长差异，变“取长补短”为“扬长避短”，尽量把教师放到最适合的岗位上，助力他们多一份成功体验，多一分发展内在需求。例如，我校“双十”表彰项目，已经成为教师公认的文化精神品牌项目。

此外，我们也格外重视如师徒“青蓝团队”、志勤学院组织、班主任“爱心团队”等特色团组的建设，并采取团队捆绑式评价来淡化个人名次，突出团队成果，以激发群动力和团队协同效应，引导教师在团组中学会合作，为团组做更多的贡献，实现抱团发展。例如，优秀教研组、年组的评选等。这些举措有效促进了“全员育人、全方位育人”氛围的形成，促使教师的教育人人、时时、处处发生。

（二）大力倡导德能并重，提高全体教师的综合素养

师德为先，师能为本。德艺双馨一直是我校教师队伍建设追求的基本

准则。

工作中，我们一方面不断加大师德师风的监管力度，落实师德考核和监督机制，通过开展教师智慧教育讲坛，围绕教师观、学生观开展研讨活动等形式，寓教于乐，以此有效落实师德规范的学习，引导教师与时俱进，了解当代学生，做有温度、有智慧的好教师；另一方面，我们还以“四有教师”为抓手，建立师生行为公约、师德铭、学生喜欢的好教师标准，开展“我心目中的好老师”“寻找身边的好老师”“我为老师做件事”等活动，用心营造师德建设良好氛围，形成“好老师”校园文化。

与此同时，我们还通过课题引领、专题培训、基本功培训等方式，帮助教师更新教学观念，夯实专业功底，不断提升他们的综合素养。特别是“十三五”时期，我们更是先后多次召开面向全国、面向北京市的大型学术研讨会、高峰论坛，多渠道参与各级课题研究，以及经验交流与分享活动，并以“中芬教育交流与培训合作项目”为核心，不断加大教育开放交流活动力度。所有这些平台的搭建，都有效助推了教师们的专业发展，使他们在一次一次历练中蜕变、成长，为学校的再发展积蓄了巨大的潜能。

（三）全力抓好四支队伍，发挥更多教师的示范作用

学校教师群体是一个复合型的团队，其结构的特殊性要求我们，一定要在队伍的培树建设上不断优化这种结构，实现科学的配置。只有这样，我们的教师队伍才能始终保有良好的活力、战斗力，为学校的持续发展提供源源不断的动力。基于这样的思考，多年来，我校始终把全力抓好四支队伍建设，充分发挥更多教师的示范作用作为优化队伍结构的重要途径和手段。

这四支队伍分别是干部队伍、骨干教师队伍、班主任队伍和青年教师队伍。四支队伍从不同的维度，交织在一起，形成了一张涵盖学校全体教师的辐射网络，成为学校教师队伍的中坚力量。为切实推动这几支队伍的建设，我们明确了各自的发展目标，即，“勇担当、思进取的干部队伍；敢争先、乐引领的骨干教师队伍；有爱心、有责任心的班主任队伍；勇创新、有活力的青年教师队伍”，并分别制定培养方案，建立健全评价、考核机制，精心设计活动载体、搭建成长平台。应当说，经过多年的努力，四支队伍在建设上取

得了十分显著的成效，在教师群体的不同层面，都培树了大量的榜样、典型，很好地发挥了示范引领的作用。例如，我们的干部队伍，这些年我们为海淀的教育输送了很多优秀干部，他们为海淀教育的发展都做出了巨大的贡献。再如，我们的青年教师组织“志勤学院”，虽然成立仅有四年多时间，但却已经陆续三次获得海淀区教育系统和海淀区的“青年文明号”。

由此可见，学校教师队伍的优化一个重要的方式便是队伍结构上的优化，把握住队伍核心性主体，以“点、线”来推动队伍“面”的发展，进而确保学校发展的可持续性。

综上所述，五一小学“幸福素养教育”作为学校教育文化传承的升华，对新时代基础教育发展的呼应，在多年教学管理实践中，走出了一条属于自己的特色发展之路，积累了宝贵的经验。而我们也坚信，在陶老“实现教育过程的整体优化”思想的指引下，未来，我们一定会在教学管理优化之路上取得更加丰硕的成果。

聚焦发现之维　优化内生力量

——整体思维与微创新路径建构发现课程教学管理系统

北京教育科学研究院通州区第一实验小学　陈金香

北京教育科学研究院通州区第一实验小学在教科院专家的指导下对陶西平先生教育思想内涵深化领会，在整体思维与微创新路径中建构发现课程教学管理系统。明晰了发现特质的教学管理系统理念，厘清了课程教学管理的关键内涵，明确了教学领导力的关键价值，形成了具有校本特色的建构路径。在宏观、中观、微观层面实现了整体化育人的过程优化，使一所曾经的农村薄弱校成长为全国教育系统先进集体，用行动传承创新陶老先生的教育思想。

——编者语

课程教学管理系统的创建是一项极具革新意义的工程。为了更好地实现教育过程的整体优化，在陶西平先生教育思想的理解与引领下，北京教育科学研究院通州区第一实验小学科学，守正创新，提出“开实验之风　育多元之才”的办学理念，在发现教育的实践之维中，坚守立德树人根本任务，坚持五育并举创新实验，秉承将研究建构在课程中的教育实践思想，以整体化的思维与子项目的研究，在“微创新”的路径中，日积跬步，建构具有内生力量的哲学性与未来性的发现课程教学管理系统。

一、问题导向：发现课程教学管理系统的建设背景

在基础教育深化改革的进程中，陶西平先生指出：我国教育的核心价值，应该是公平、质量和活力。就是说，教育公平是国家的基本教育政策，提高教育质量是教育工作的核心，建立一个具有活力的教育体制是重要的保障。基于此，我们从未来出发，研判学校发展历程与当下情境，紧密遵循教科院专家提出的“从人出发，以学为支点”的学习方式变革与教育实践样态，以课程教学管理系统为切入点，以问题为导向，着力建设优质的“为学生扣好第一粒纽扣”的学校教育场域。在确立发现课程教学管理系统伊始，我们始于“建设从哪里起步”的问题思考，基于行动研究的螺旋式实践，提出理论背景与实践背景。

（一）理论背景——以发现教育为焦点的多元理论支点

学校教育管理如同一支锚，决定着学校未来发展的深度与广度。在发现课程教学管理系统的建设背景中，我们在教育学与管理学的理论框架中，聚焦发现教育理论内核，从布鲁纳先生的发现学习理论出发，以学生为主体，自主研发建设发现教育课程体系与项目研究体系，并在结构机制的理论指导下，形成发现管理机制。同时，以系统化思维分析学校教师的教学领导力与专业能力，并在未来发展的视角下，在教育情境中重视学生的思维训练，为学生创设能够独立探究的情境，鼓励学生围绕项目研究主题进行学习与实践，从而实现发现教育场域中的学生认知结构与思维品质的提升。

（二）实践背景——以项目研究为抓手的“微创新”路径

陶西平先生在“倡导教育的‘微创新’”的报告中指出：“微创新”就是生产力。它既有助于调动学校内部所有成员的积极性，又有助于实际问题的解决；它是多数学校应该做而且可以做的科研。以项目研究为抓手，在整体项目中衍生众多子项目，并在子项目的载体中明确研究重点、研究计划等，发挥教师的创新教育研究力量，并将单一的理念导向转化为理念指导实践，

生成“制订计划—行动实践—分析反思—评价再行动”的子项目研究模型，在生产力层面为多元化的“微创新”路径提供无限可能。

二、凝聚共识：发现课程教学管理系统的建构历程

学校教育的使命是什么？陶西平先生认为，习惯就是基础素质，学校最重要的任务就是培养学生的好习惯。2015 年，他撰文指出，习惯是一个人素质的外在表现，是长期养成的相对定型的反应倾向、思维方式和行为方式。反应倾向影响着价值取向，思维习惯影响着思维方式，行为习惯影响着行为方式。发现课程教学管理系统以项目凝聚共识，聚集各方力量，整合各种资源，一方面，建构立体丰满的发现教育课程体系，即在创造性使用国家、地方基础型课程的基础上，以思维策略为依托，综合分析学科点与衔接点，在学科内整合、学科间整合与课内外整合中，在串“点”成“线”，由“线”及“面”，组“面”为“体”的立体模式中，自主研发七类 60 门以思维能力培养为核心的主题校本课程，如数独、魔方、魔尺、围棋、七巧板等；另一方面，在主题项目研究的子系统中，抽练管理机制策略，发挥教师主体价值，形成管理机制、研究机制、团队机制建构的关键节点，在价值辐射中恰切描绘“微创新”路径。

（一）以整体化思维做好顶层设计

陶西平先生指出，教育创新不是一蹴而就的，学校要聚焦学生核心素养的提升，以提高教学质量为核心，精心构建富有特色的课堂形态，宏观规划课程体系，微观创设课程内容，促进师生教学相长，建造开放自主的教学环境，使得知识构建、方法习得、生态养成形成“三位一体”。基于校情、师情与学情，抓住课程要素，在整体育人中，以项目的形式开展教育实践的探索，是发现课程教学管理系统建构的初衷所在。在系统顶层设计中，我们从教学哲学层面出发，采用 SWOT 分析法，做好战略定位，依托全体教师的教育创造力与教育活力，在北京城市副中心的美好格局中，转变思维模式，在整体思考中，从教学层面上升到课程层面，形成发现教育课程体系，并基于课程实践的需求，建构以课程教学管理为核心的包含管理机制、研究机制、团队

机制的教学管理系统顶层设计，在群策群力中做层级清晰的“微创新”，在内驱力与外驱力的共同作用下，为学生的未来成长建构最为优化的顶层机制系统。

（二）以“微创新”路径描绘关键节点

面对发现课程教学管理系统的行动研究，不仅需要研究的勇气和信心，更需要研究的策略与路径，在“钱学森之问”中，延展认知钱学森先生的“大成智慧学”指导意义，在对历史、现实和未来的思考中，认识到创新人才培养模式的必须性——注重学思结合，注重知行统一，注重因材施教。因此，在“微创新”路径的探究中，我们发挥教师的研究力量，生成以宏观层面的管理机制、中观层面的研究机制、微观层面的团队机制为关键节点的研究路径，为发现教学管理系统的创新建构奠定扎实的基础。

首先，宏观层面的管理机制。

在宏观层面的发现教育特色实验进程中，我们将学校管理置于基础教育的整体场域中，从发现教育管理领导力与课程管理体系出发，探寻学校内部管理机制与校际互动机制的每一个支点，并由点及面，认知和分析学校教育发展的战略规划与行动策略，在未来的教育坐标中研判学校阶段性的教育发生，分门别类，将管理的每一个方面和每一个细节，放置到历史与当下共同构成的教育改革时空背景中，在专家的指引下分析序列特征，在专业化道路的渗透中，确立管理“行”的哲学思想，总结生成具有纵坐标意义的发现教育五步管理行程特色和横坐标特色的发现管理动力系统。

纵坐标意义的发现教育五步管理：第一步，在学校成立伊始，实行制度管理，建立依法治校平台，提升学校科学管理能力；第二步，伴随学校的进一步发展，以精细化管理机制规范学校制度建设，深度完善《校章》各项内容，确立思维导图式的“细化—承诺—检验”流程，形成依法办学、民主监督、社会参与的现代学校制度体系；第三步，在学校第二届领导班子上任之际，结合学校发展的阶段性特征与干部队伍年轻化的特点，以信任为基础，聚焦管理干部价值观念与专业能力，实行扁平化管理机制，确立“一表一责一落实”的导图行动模型，明确管理层次与工作流程，减少时间成本，提高管理时效；第四步，在自主化管理机制的推进中形成教师师德养成策略，在“1+3”行动模式中发挥“核心人”引领示范作用，梳理研究效果与经验总结，开展校本研训，做到“每周一问题——每月一主题”与“三结合三杜绝”，引领教师自主制定研究目标，自主制定职业规划，形成教师文化自觉；第五步，在深入贯彻执行《义务教育学校管理标准》过程中，确立“两个遵循”的行动指南，遵循教育的自然生态规律，遵循受教育者的身心发展规律，将生态化管理策略融入学校管理系统之中，建构生态环境空间场域，生态课堂教育现场，生态教育成果集锦，全面促进学校品牌提升。

横坐标特色的发现管理动力系统：一方面，着眼于学校内部管理，从发现教育的文化与理念出发，结合学校管理实践现状，从未来处着眼，研究制定学校管理系统的四大层面，即实行生态管理、加强文化管理、深化精细管理、强化民主管理，打造四个动力子系统，即领导集体制定科学规范的决策系统；各处室、年级组、项目组相互配合支持的执行系统；由德育处、教务处、课改处、宣传处等落实的开放式监督系统；校长行政办公会、教师例会、工会组例会有机结合的反馈系统。通过这四个动力子系统，学校各项工作犹如在强大的动力装置系统的驱动下，实现着项目之间的高速、高效运转。另一方面，着眼于校际之间的管理交流，以学校共同体思维，从学校管理的关联性出发，开展跨文化交流管理模式，无论是跨学段的主题研讨活动，还是同学段的校际管理交流活动，在学校管理实践的实际分享与研究中，开阔学校管理视野，为学校管理模式的不断创新与教学管理系统的可持续发展积蓄崭新的力量。

其次，中观层面的研究机制。

在教科院专家指导下，综合分析发现教学管理系统的表征点与内涵点，从“微创新”的视角出发，形成具有理论意义与研究意义的“1-2-1（一种理念—两种要素——种载体）项目研究机制”，即以发现教育为理念源头、以思维课堂为重要载体的包含多元主题项目与多维主题获得的生态化研究型教育系统，在理论与实践相生中，践行以学术的方式守候学生未来成长最严肃的命题。

在发现课程教学管理系统的建构中，研究机制作为重要内核之一，成为我们以整体化思维扎根在课程建设领域的重要研究方向。纵观全局，我们秉承“见树又见林”的思想，在“点上突破”中，深度挖掘项目研究机制的理论根源——发现教育与载体资源——思维课堂，从布鲁纳先生的发现学习理论出发，延展发现教育内涵，建设多元主题研究项目，例如，友善用脑项目研究、多元智能项目研究、A-S-K 项目研究、综合实践与学科整合项目研究、思维训练项目研究、可持续发展项目研究等 20 个主题项目研究，并在此基础上，自主研发认知风格项目、帽子世界主题项目、阅读研究主题项目、质疑策略主题项目等研究项目，在思维课堂实践模型的基础上，基于“1-2-1”项目研究机制的核心价值，在真实的生活情景中通过多重任务设计，探索具有个性的思维培养变式。例如，“暗示—提问—假设—推理—行为检验”五步问题解决模式，“目标提示：前期绘制知识性导图—合作探究—课中绘制程序性导图—课后绘制收获性导图”的思维导图模式，“比较—发现—再比较—再发现—归纳内化”的比较模式……在项目研究的思维课堂之中，我们以实验者的姿态将研究建构在课堂之中，在强大的内生动力下点燃研究的兴趣，提升研究的能力，实现项目研究与思维课堂的相互影响与同步行走。

同时，实现学生主体的实际获得。在某种意义上培养了学生主体的科学态度、学习习惯以及思维品质，帮助学生形成学习与研究的志趣，并为未来方向下的认知结构的形成奠定盈润的基础。基于主体获得的实际要素，我们制定包含计划、实施、考核与追踪的阶梯性评价阶段。第一阶段是计划评价阶段，进行组织学习经验的评价，在规划主题项目方案的同时，对目标、基本假设、过程等进行主体评价；第二阶段是实施阶段的评价，针对项目研究方案的每一个实施情境进行评价；第三阶段是考核阶段的评价，依据项目研究实践方案的结果进行评价，发现主体获得，甚至将项目研究一年之内取得的成果，作为评价的对象；第四阶段是追踪阶段的评价，针对项目研究实践体系的每一个主题项目进行追踪式评价，保持主题项目成果的鲜活性与时效性，为项目研究成果辐射性策略的优化研究做好充分的学理性准备。

最后，微观层面的团队机制。

陶西平先生积极支持教育家办学，鼓励每一名教师志愿成为教育家。“我想，在社会的转型期，能够从理论和实践结合的角度，回答和解决教育面临的一个或者几个问题的人就是教育家。什么是教育家精神？有定力、有创造、肯担当，这就是教育家精神。”发现课程教学管理系统的建构离不开具有教育家精神的教师团队与教育共同体。因此，在微观层面的团队机制建构中，我们实现了从个体到团队的团队机制建构过程。

在校际交流机制的他者文化影响下，遵循“专家助力、项目引领、团队研训、德能并重”的思路，在工程系统中将理论产生过程楔入教育实践过程，在双行走策略与层级性培养工程中，以多维化的行动机制给予教师专业的滋养与使命的熏陶。一方面，形成需求导向下的专家团队指导机制，关注教师主体价值，形成教师“双行走”策略。在充分发挥教师主观能动性的基点之上，以解决教育教学实际问题的行动研究、实践研究、策略和模式研究为主要方式，建构“课堂中的行走与行走中的课堂”教师培养策略，“课堂中的行走”包括，邀请教育专家学者走进学校、走进课堂、走进课题；“行走中的课堂”，即推荐教师加入中心组，走进特级教师工作站，扩大教师的“行走”半径，走向全国各地成长共同体并参加展示交流。在“双行走”策略中，教师们已经形成自己独特的学习和研究方式，向着成为“最优秀的自己”的方向行走。另一方面，确立问题导向原则，形成专项指导机制，打造教师层级性培养工程。我们综合分析教师团队结构特征与个体差异，以全体教师、骨干教师、青年教师为培养对象，从学术研究与团队建设视角，从问题出发，确立问题导向原则，层级性打造研究型教师培养系列工程，在点与点的工程链接中，形成敬畏教育事业的教师培养蝴蝶效应。更为重要的是，我们建构以工作室为载体的、以校长为核心的教育研究共同体，发挥区域教师研究力量与研究成果辐射力量，在校际互动机制中，探索破解发现课程教学管理系统的难题，以“边实践，边研究”的方式形成一条系统研究的可行之路。

三、实践反思：发现课程教学管理系统的实际获得

在陶西平先生教育思想的理解与内化中，我们在建构发现课程教学管理系统的探究过程中，形成了具有发现教育特质的教学管理系统的独特认知，明确了课程教学管理的关键内涵，厘清了教学领导力的关键价值，形成了具有校本特色的建构路径，在宏观、中观、微观层面实现整体化育人的过程优化，为发现少年的成长与学校的可持续发展提供了具有可持续发展意义的保障，使一所曾经的农村薄弱校成长为全国教育系统先进集体，为扣好人生第一粒纽扣和所有纽扣提供了美好的教育场域。在发现课程教学管理系统的实践推进中，我们以最多元的实际获得实现着从日积跬步到行至千里的美好期许。

（一）增强学校发展力与影响力

学校发展力以其润物细无声的张力，表达着学校磁场最优质的圈层。在发现教学管理系统的建构过程中，我们不断创生具有代表性的自主发展教育理论。以学校共同体为媒介，从本我出发，与美国、英国、法国、日本等国家的教育专家，与福建、湖北、贵州、港澳台等地教育同人开展教育交流，在自我的特色实验中总结规律，生成经验，并在超我的学校发展阶段，潜心研究，实验生成具有未来属性的多元成长理论与体系，从而实现学校的特色办学与品牌办学。我们的学校在品牌化的办学实践中，先后获得联合国教科文组织可持续发展教育示范校、全国传统文化教育示范校、北京市基础教育改革先进校、北京市科研先进校、北京市中小学党建示范点、北京市“十一五”“十二五”中小学教师校本培训示范校、首都文明校园等称号。

（二）提升教师研究力与教育力

发现教师团队秉承教育家精神，在教育实践过程中与时俱进，不断提升教师研究力，满怀教育初心与教育使命，满怀教育创新的激情与深邃，成为学校优质内涵发展的核心竞争力与关键力量。在持续关注教师成长的过程中，

我们以马斯洛人本主义需求理念激发教师成长的内驱力，为教师解决在每一节课、每一次培训、每一次探究中遇到的问题，转变教师对职业与事业的主体认知，转变教师教育研究的主体观念。实现从曾经的合作教育阶段的只有一个课题，到发现教育阶段的人人参与或自己立项课题；从传统的教学讲授，到生成具有自我风格的课堂教学模型；从多元主题项目的引入，到基于师生教学情境创设与学生认知风格等多主题的自主研发……教师的研究力提升在与时俱进中实现与日俱增，这种研究力所带来的辐射效应在学校发展的过程中蔓延生长，多名教师在全国、市区课例及论文评优中获得特等奖及一等奖，出版《讲述·发现教育》《发现·管理之心》专著、《发现之旅　伴我成长》等论文集……在北京城市副中心基础教育全面建设的时代背景之下，我们的发现教师以高远的理想，激发研究的力量，共同期待遇见一个更加崭新的自己，在未来，在日复一日的教育生活中，成为一个胸怀天下、立己达人的具有教育家精神的好教师！

（三）培养学生学习力与品质力

发现课程教学管理系统的最终着力点在于学生。学生的实际获得成为评价系统发展方向的重要指标。瞩目学生的实际获得，从曾经的农村娃到今天走上国际舞台的发现少年；从曾经课堂中的被动倾听者，成为思维课堂中的主动思考者。他们以最扎实的获得映照着学校教育发展之路的坚实。当他们在观察与研究中发现问题、解决问题，在思维导图中以多种颜色描绘思维品质成长与形成的多种可能性；当他们行走在课堂与实践中，在点线面体的教育资源与体系建构中，独立思考，彼此合作，在多主题的项目研究中承担课题研究，并形成思维品质与关键能力及综合素养的提升；当他们先后在全国航模大赛、海模大赛、科技创新大赛、未来工程师博览与竞赛、解题能力大赛、世界小提琴大赛、世界青少年斯诺克大赛中获得冠军及一等奖的优异成绩时，我们深知发现课程教学管理系统的未来，任重道远！

当费孝通先生将研究扎根于中国大地，以一本薄薄的《乡土中国》生动诠释厚重的中国文化时；当陶西平先生将毕生的教育思考奉献给教育事业，在生命的最后时刻依然秉持教育的那颗心追寻实现教育过程的整体优化时，我的内心总是泛起阵阵涟漪。教育是一本厚重的书，需要我们教育者以毕生的精力去阅读与诠释，如同费先生与陶先生一般，以睿智的思考与深沉的爱，为成长做最生动的注解。未来已来，我们坚信，在教育思想研究的一片蔚蓝中，基础教育的美好格局已然擘画呈现！

“整体优化”思想与融合课程建设实践探索

——以“走近五岳独尊　品悟齐鲁文化”为例

北京市顺义区牛栏山第一中学　张华礼

牛栏山一中是在北京市甚至在全国都享有盛名的高中学校，这些年来，该校一直在倡导和践行“自觉教育”办学理念，并将陶西平先生的“教育过程整体优化”思想与这一办学理念有机融于一体，用来指导学校的课程和教学改革实践，如，将“整体优化”思想运用于学校课程体系建构和实施，开发了“四自五育”发展课程体系，为学生核心素养的培养从课程角度提供了丰富资源。

——编者语

作为高中校，我们面临着新高考、新课标、新教材多维改革任务同步推进的新挑战。新修订的普通高中课程方案和课程标准提出要努力培养学生的正确价值观念、必备品格和关键能力，发展学生的核心素养；高考综合改革对选课走班、教学组织、综合素质评价等也提出了新要求。

我们学校的办学理念是“自觉教育”，我们认为，自觉是人的主动建构与自我发展的愿望和能力。教育就是帮助学生实现生命的自觉成长。在推进学校教育改革和发展的过程中，我们接触到陶西平先生的“教育过程的整体优化”思想，认识到陶先生的“教育过程的整体优化”思想与我们倡导的办学理念有高度的切合性，非常契合我们学校的实际情况和办学实践。几年来，我们将“教育过程的整体优化”思想和自觉教育办学理念有机融合于一体，用来指导学校的课程和教学改革实践，紧扣学生发展核心素养和学科核心素养的育人目标，深刻领会学习《国务院办公厅关于新时代推进普通高中育人方式改革的指导意见》的精神，并依据《北京市关于深化育人方式改革推进普通高中多样化特色发展的意见》，优化课程实施，加强课程整体建设，创新课程管理方式，重点打造融合课程，建设教师自主发展创新团队，打通学科壁垒，在课程设计和教学实施中落实“立德树人”的根本目标。

为了进一步提升课程品质，为学生的自觉、主动发展创设可选择的课程形态，学校在原有“德育+健康+基础+拓展+特长”多元化课程的基础上，融入自觉教育的理念，确立了“四自五育”发展课程体系，包括自律修养课程、自主探究课程、自强健体课程、自信体验课程。在课程的整合与实施中，使自觉成为课程价值的理念和灵魂，并与学校文化、育人目标融为一体；开设了涵盖六大领域的校本课程，即语言与文学、数学与自然科学、人文与社会科学、技术与艺术、与中国科学院等高校院所合作开发的校本课程及周末讲堂。学生通过数字校园平台的选课系统，实现了跨年级自主选课，形成了自己灵活的个性化的课程表。

面对不断变化与快速发展的世界，“通识性”核心素养成为时代要求。为了培养学生跨学科的通用素养，如人文情怀与审美情趣，国家认同与国际理解，批判质疑与理性精神等，我们开设了“谈古论今——人文素养综合课程”(见表1)。这是一门以中华优秀传统文化为大背景，依托现代技术，集综合性、知识性、趣味性、探究性、创新性于一体的校本课程。

表1　“谈古论今——人文素养综合课程”目录

篇章	主题	教学内容
第一章	大国崛起	走进红旗渠
		回首改革开放　见证中国辉煌
		聆听时代发展回音　喜迎建国七十华诞

续表

篇章	主题	教学内容
第二章	多元北京	庭院深深四合院
		故宫印象
		智慧长城·文明长城·生态长城
		中国大运河
		透过共享单车看共享经济
第三章	一带一路	千年风雅——大明宫与大唐帝国
		丝路明珠·敦煌莫高窟
		海上丝绸之路
第四章	茶韵飘香：茶及茶文化	茶源·茶盛
		茶及茶文化——茶的种植、采摘和制作
		茶及茶文化——茶马古道
		茶及茶文化——茶饮·茶道
第五章	文化传承	二十四节气古今鉴赏
		走近五岳独尊　品悟齐鲁文化
第六章	民族融合	胡焕庸线
		婚俗串串烧——摩梭走婚
		走进台湾高山族

政治、地理、历史、语文四个学科老师成立了“谈古论今——人文素养综合课程”实践研究团队，多学科融合实践课程的设计与实施主旨是找一个具有深厚文化底蕴的主题，四个学科围绕这个主题都有话可说，围绕主题设计不同层次的探究性问题，每个探究性的问题可以是从地理历史角度，可以是从历史、政治角度，可以是从语文、政治角度，也可以是从政治、历史、地理、语文角度来设定。不管从什么角度组合都要体现学科之间的融合与交叉，这样做不仅发挥了各个学科的特点和不同学科教师资源的优势，还可以开阔学生的视野，增长学生的见识，培养学生多视角看问题的能力，培养学生发散性思维和创新性思维。

首先，四个学科教师根据自身的教学经验及知识储备、学生的学情及学生感兴趣的具有文化底蕴或者当下最热门的话题来确定所要上的人文综合素养课的主题，这个主题一定是能引起共鸣的、值得吸收与借鉴的、传承与发展的中华优秀传统文化，大家针对这个主题都有话可说、有问题可以设计。

其次，参与课程设计与实施的教师们围绕所选的主题查阅大量文献资料，经过多次跨学科研讨，反复思辨揣摩，从多学科融合角度，提炼和设计不同层次的探究性问题，避免学科拼盘；针对同一个问题，引导学生从不同学科视角来审视，可以更好地开阔学生视野，增长见识，培养学生多视角看问题的能力，培养学生的发散性思维和创新思维，为培养创新性人才、培养学生的科学素养和人文素养奠定了坚实的基础。

最后，每一堂课都要针对教学内容，设计以任务为驱动、学生感兴趣的小组活动，通过活动激发学生的参与意识、合作意识、探究意识和创新意识，培养学生的动手能力、表达能力和成果展示能力以及他们的执行力和领导力，为学生的终身发展奠定坚实的基础。

课程案例：走近五岳独尊　品悟齐鲁文化

融合课程实施的重点，就是要以一个探究性问题为切入点，整合不同学科的课程和教师资源。我们以“走近五岳独尊　品悟齐鲁文化”为例，围绕学生游览考察泰山，教师们进行跨学科、综合的、系列课程活动设计。

一、课前环节：确立主题，精心设计

涉猎材料，一窥齐鲁——做好考察前的设计，如手绘山东省地图，了解泰山地理环境的特征；探究“齐鲁文化”的由来，揭秘山东省简称是“鲁”而不是“齐”；查阅文献资料，领悟“泰山之名”的内涵。

存疑赴学，透视齐鲁——研学旅行中的体验。探究泰山上的岩石的类型及由来；泰山的成因，世界山体的类型；为什么在泰山观日出最佳，观日出注意的事项；历代皇帝到泰山封禅的原因；泰山“五岳独尊”的地理和历史原因；“石敢当”传说的由来？什么是传说？传说在中国的发展过程；指出“一览众山小”的地理原因；分析《望岳》这首诗对游客观赏泰山美景有哪些启发……

交流展示，感悟齐鲁——研学旅行后的反思。展示泰山研学旅行的收获与感悟，指导学生把研学旅行过程中发生的趣事编成小品、三句半、情景剧；组织学生用辩论的形式探究“泰山旅游开发是否应该修建索道”；利用展板、墙报、电子屏，展示学生的泰山研学旅行中的精美照片、游记、研学总结报告等。

二、课堂环节：人文素养，综合提升

首先，从地理、历史多角度探究泰山成为“五岳独尊”的原因，培养学生时空素养和合理解释历史问题的能力。其次，从地理、语文学科的角度体验“会当凌绝顶，一览众山小”的泰山景观，学会分析形成该特点的原因，拓展总结山脉的形成类别，培养学生的语言建构能力、思维能力与审美鉴赏能力，提升学生的时空观念。再次，政治、语文学科的角度，探究泰山文化与中华文化、民族精神的关系，提高辩证分析能力，增强科学精神、文化认同学科核心素养。

最后，从语文、政治、历史、地理学科的角度，帮助并指导学生设计和泰山有关的纪念品，加深理解泰山文化，自觉地传播中华文化，增强中华文化的国际影响力，坚定文化自信，践行文化自觉。

三、课后环节：泰山文创，培养学生的创新思想

开展“泰山文创”的主题活动；有的学生设计了泰山十二景的扑克牌系列，正面是扑克牌，背面是泰山十二景；也有学生设计了泰山典型景观的春、夏、秋、冬的明信片系列，既体现了地理的空间特点又体现了时间的变化；还有的学生设计以泰山文化元素为主的包包系列，有背包、手包、双肩包；有的同学设计了以泰山文化元素的台历；还有的学生设计了体现泰山元素的登山杖、手机壳及可以把自己的美照放进去的泰山旅游纪念册等。创意多多，学生们的奇思妙想让生活多姿多彩，为人生留下了难忘的回忆！

中华优秀传统文化源远流长，博大精深，是培养中学生必备品格、关键能力和价值判断的重要抓手。正是通过多学科融合的人文素养综合课程的实施，创设启发式、探究式、合作式和体验式的学习场景，使学生在人文世界中翱翔和探索，将思维活动和体验活动进行融合，学会运用历史的眼光、辩

证的思维分析问题、解决问题，厚植爱国主义情怀，树立文化自信。

这种全新的创新型课程打破了由一位教师主导课堂的局面，课堂形式发生了巨大变化，给学生一种全新的感觉，学生参与课堂的积极性和热情空前高涨；从情境出发，设计不同学科的问题，真正实现了学科之间的融合与交叉，能够从不同角度对一个问题进行深入探索，让核心素养真正生根发芽，学生真正实现实际获得。

融合课程的开发与实施，离不开多学科教师团队的创新与协作。从起步的艰难和不知所措到目前的思路清晰、游刃有余；教学方式、学习方式从单一到多元，学生的参与度高涨；教学内容从多学科的大拼盘到多学科的融合与交叉；教学主题的碎片化到系列化；学生思维的固化到思维发散，思考问题的角度由单一到综合，探究意识、合作意识、创新意识、分享意识都从不同程度有了大幅提高。教师参与课程开发的热情和信心都有较大转变。

人文素养综合课程引起了全校师生的关注，在该团队的示范引领下，由历史、地理、语文、美术教师组成的“万古江山画卷”课程团队、STEAM 理科综合课程团队、以中华文明史为主线的“元圣书院”课程团队等纷纷成立，主动加入融合课程的开发与实施中。

融合课程的开发对教师的专业能力和时间、精力都提出更高的要求，要求教师不仅具有广博的知识视野与精深的学科知识，同时还要具备包括课程开发、课堂教学、评价等多方面的能力，这对教师来说是一项很大的挑战。这就需要学校从课程规划、队伍建设等方面建立教师参与课程整合的长效推进机制，激活教师课程主体意识，提升教师专业化水平，理顺课程组织管理制度，切实保障融合课程开发与建设的持续活力。

采整体优化思想之光照怀柔三小课程教学改革之路

北京市怀柔区第三小学 **曹仲帅 赵艳芳**

作为怀柔区的一所优质校，怀柔三小多年来在继承自身优良传统的基础上，学习和践行陶西平先生“教育教学过程整体优化”思想，扎扎实实地推进课程建设和课堂教学领域的改革。例如，开发和实施了经典学习课程、品牌实践活动课程、生命课程等，建设生本课堂、高效课堂、思辨课堂和“互联网+课堂”，取得了良好效果，得到了家长、社会的普遍认可和高度评价。

——编者语

北京市怀柔区第三小学（简称怀柔三小）始建于1986年，校园面积仅为8086平方米。面对空间布局狭小这一发展桎梏，多年来，怀柔三小一直把人的发展作为学校教育的出发点和归宿，大力整合教育资源、多措并举，追求教学过程的整体优化，扎实推进素质教育，实现教学质量的优质供给，得到了家长、社会和上级领导的高度评价。

一、提升教学品质，打造生态课堂

陶西平先生是中国当代著名的教育专家。他的教育思想的核心是教育教学过程的整体优化，这一思想的重点是把“整体优化”作为方法论，以全面育人为根本宗旨，注重加强学生能力培养和智力开发，发挥学生在认识过程中的主体作用，培养创新精神，加强课外教育以及发展学生的个性特长。课堂是学生能力培养和智力开发的主渠道，教学质量是怀柔三小立校之本。我们将这些思想运用于我们的课堂教学改革，努力做到“四打造”。

（一）打造生本课堂

坚持“以学论教、以学评教”，突出学生主体地位，注重保护学生的好奇心、想象力、求知欲，激发学习兴趣，提高学习能力。每学期开学第三、第四周，开展以“思维，从对话有回合开始”为主题的课堂文化实践周，通过人人上课、组内研讨、校内展示，总结出促进生生对话的经验策略，在校内推广，切实打造“活动、笑动、思动、情动”的生本课堂。

（二）打造高效课堂

着力培养认知能力，促进思维发展，激发创新意识。充分发挥教师主导作用，引导教师深入理解学科特点、知识结构、思想方法，科学把握学生认知规律，上好每一堂课。教师们积极探索单元整体备课：着眼课标，立足单元，统筹利用课内外资源，整体设计有梯度、有趣味的学习活动，分层化解学习重难点；课堂留白，每节课留有 15 分钟写作业时间，切实做到让学生一课一得、应会必会。各学科教师在认真研究教材、练习册、优质试卷的基础上，精挑细选量少质优的纸笔作业，精心设计强基增慧的实践作业、研究作业，搭建学生作业成果展示的平台，让学生有更多的课后时间、更浓的学习兴趣投入阅读、实践、研究等有意义的活动中。

（三）打造思辨课堂

精心创设问题情境，鼓励学生大胆质疑、解疑、分析、推理、实践，培养学生的批判性思维。各学科教师充分利用课前“精彩两分钟”和“课中研讨”环节，引导学生争当“花式小讲师”，把思维讲出来，把流畅表达练出来，把自信风采显出来。学生在不同思路、做法的对话交锋中，对知识的理解逐步准确清晰，避免了课上欠账造成的课后负担。大力开展项目式学习，培养学生解决真实生活中的复杂问题的能力，促进高阶思维发展。

（四）打造“互联网+课堂”

与钉钉公司和字节跳动开展合作，运用信息技术手段，有效分析学情，开展线上线下混合式教学，重视差异化教学和个别化指导，优化作业布置、批阅、辅导方式，减轻学生负担。发挥学习评价的诊断功能，邀请市级学科名家进行命题指导讲座，尝试命制与中高考接轨的考点明晰的作业题；开展校企合作，利用大数据，快速分析学习目标达成情况，助力教师课堂开展有针对性的有效教学；精心设计“三槐 e 课堂”云上资源库，构建学生、教师、家长泛在学习课堂，以翻转教学模式践行“生本、对话、求真、累加”的课堂文化。

二、加强队伍建设，提升专业素养

怀柔三小自建校以来，一直秉承“以爱育爱，美美与共”的办学理念，将“传承民族优秀传统文化，吸纳世界文明，教师自主发展，学生个性绽放，家长主动成长，打造和谐三槐文化”作为办学目标，致力打造“垂范影响、授权负责、沟通合作、激励创新”的管理文化，“师表美丽、合作开放、智慧自信”的教师文化，“生本、对话、求真、累加”的课堂文化。

（一）优化培训课程体系

本着“要培养什么样的学生，先要有什么样的教师”的思路，怀柔三小围绕学校文化进行“慧信培训课程”体系建设，构建了以党建师德为核心的铸魂课程、以提升课堂质量为目标的启慧课程、以引领改革创新为目的的领航课程等三大课程领域。以铸魂课程中的校园文化课程为例，这是为新调入怀柔三小的教师定制的课程，目的是尽快与三小文化同频共振，慧信课程则是怀柔三小教师培训课程的传统项目，开学第一周的师徒结对是向同年级的优秀教师学习，第二周的课堂文化周是向全校课堂文化落实的榜样学习，第四周开始的家长开放课是向固定年级的教师学习。学期中的三槐杯课堂教学评优是向市区骨干学习，期末的阅读工程则是向书籍学习，卓越团队评选是向优秀团队学习，每一项课程都是一次培训，旨在为不同层次的教师的教育教学打下坚实的根基，从身边的同伴中学习到教学精华。领航课程中的大师课程则是由学校智库中的教育大咖主讲的前沿高端课程，国学课程则是根据学校育人目标中的“培养具有传统文化底蕴的现代公民”这一目标来设置。其中，每个类型的课程又分为普惠型、精英型、定制型三个层级，来满足不同教师的需求。

（二）建设层级学习共同体

老子云：天下难事，必做于易；天下大事，必做于细。考虑到学校 40 岁以上教师占全校教师人数的 72% 以上，有个别教师已届退休。基于这种现状，为了更好地服务于教师，实现资源的超量供给、适量选择、分类推荐、精准使用，我们探索分层培训机制：课程层级中的普惠型课程为全员必修课，精英型课程主要面对市区级骨干和有意愿参与的教师，定制型课程则是为有个别化需求的微型学习共同体量身定制的培训课程。以新冠肺炎疫情下的在线教学技术培训为例，为了保证学校规划的稳步推进，在实施过程中我们采取了“分层探索—小步推进—稳步实施”的策略：成立 1 个以校长为组长的“三槐 e 课堂”建设工作专班，4 个技术实验群组，主要围绕平台中的直播、视频会议、家校本和打卡任务以及云课堂管理中心模块功能先行探索，通过种子教师自主研究，制作视频微课群内交流，骨干教师学习、模仿、组团儿演练，主管领导组织培训，实现全员过关，为在线教学奠定了坚实的基础。

（三）建立泛在学习模式

怀柔三小顺应“互联网+教育”形势，致力打造“没有围墙的学校”。2019 年即以信息办公平台为基础，开发适合教师在线学习展示交流的“三槐 e 课堂”，我们将教师培训的优质铸魂课程、启慧课程、领航课程推送到“三槐 e 课堂”教师空间，借助“三槐 e 课堂”的管理中心的学习管理功能，将一些名师、全国大赛的获奖课例，通过培训计划管理模块发布给教师，教师在自学的基础上，通过集体教研、二次备课，形成本组基础教学设计。这种融教学研为一体的培训管理促进了整组教学水平的提升，各学科组利用云平台一次次召开视频会，精心为学生研制具有趣味性、实践性、系统性的学科“食谱”。通过线上线下混合式培训，形成了泛在学习场，有效缓解了工学矛盾，提高了培训质量，调动了教师参与的积极性。

（四）评价提升培训效能

常规的教师培训，往往以“笔记+学分”作为培训的终结性评价。怀柔三小更关注培训质的提升。“三槐 e 课堂”的线上课程可以直观显示观看时长，下面的评论区可以交流培训收获，同时用一个课程一张卷的形式，即时检验学习效果。我们认为，好的教学实践是最好的培训成果的体现。参与线下培训的教师，在培训前、培训后要分别上一节课，来展示自己的培训成果。而每一堂优质课、每一项优秀教学成果都是培训的智慧结晶。在评价教师个体培训成果的同时，怀柔三小突出了对团队的评价。以怀柔三小骨干教师培训为例，主要开展任务驱动型评价：如区级骨干教师教学特点研讨会展示教学风格、参加市级空中课堂的录制展示教学水平、市区级研究课展示培训成果等，每一项成绩的背后，无不是教师培训成果的最好体现。

三、开发实践课程，发展个性特长

陶西平先生也非常关注学生的个性特长发展，他在这方面有过很多论述。我们将这些思想用于指导学校课程建设，为学生和谐发展搭建更多的平台。

（一）传承经典实践课程

语文和英语学科的学科实践以培养听说（讲）能力为主，以精彩两分钟、三槐讲堂、英语节、怀柔区诗词大赛、北京市“我爱古诗词”大赛为契机，开展阅读达人、朗读达人、诗词达人、花式小讲师、戏剧表演、原创配音、校园小导游等校内活动，探索影视配音实践研讨活动。教师在充分了解学情的基础上，打破班级界限，大力开展学业辅导和答疑工作，丰富课后服务供给，组织优秀教师为有兴趣的学生开设花式小讲师班、诗词班，开展编程、书法、美术合唱等多个课外社团，满足不同层次学生的需求。2020 年 11 月 1 日，怀柔三小作为怀柔区诗词大赛冠军代表队派出辛奕铭、彭禹焜、沈诗雯三名同学参加北京市关心下一代工作委员会、北京市文学艺术界联合会共同主办的“我们爱诗词——北京市小学生诗词大会”，他们一路过关斩将，荣获北京市冠军。英语节是怀柔三小的传统项目，以“四爱一孝”为主题，将五育并举与口语提升高度融合。学生在丰富的活动中锻炼展示自己，涌现出众多的口语小达人、表达的自信与能力逐步提高，在市区小学生英语配音展演活动中，多次荣获市区级一等奖。

（二）设计品牌实践活动课程

孔子课程。多年来，怀柔三小开设了专门的国学课。如何让国学感于心、践于行，真正成为学生人生的灯塔？9 月 28 日孔子诞辰日之际，怀柔三小启动了孔子研究月暨孔子课程群建设项目，旨在引导学生从孔子身上去品味传统文化底蕴、思考现代文明素养、培养科学探索精神、树立家国责任情怀，从而提升智慧和自信。课程实施中，通过日诵孔子、读悦孔子、影识孔子、听思孔子、论语考级等校本课程，形成浓郁的国学氛围。在朗诵、绘本、话剧、配音、演讲、辩论等多种形式的语文实践中，尤其是在《孔子》话剧的表演中，孩子们的智慧、自信、表达能力大幅提升。在新成立的怀柔三小北校区，因地制宜开发“甬道文化课程”，一年级的孩子们通过对厚德载物、横渠四句、先忧后乐、匹夫有责等十块文化石的讲解，将中国文化崇尚的家国情怀融入日常教育之中。

花式小讲师。这是针对学习力提升开发的课程，是学校慧信课程体系中的新兴课程，是培养学生智慧与自信的重要载体。“把思维过程讲出来，把流畅表达练出来，把自信风采显出来”是这门课程的具体目标。各科教师时刻锚准学校育人目标，引导学生选择感兴趣的假期作业板块或学科内容，借助思维导图等学习工具梳理思路，帮助他们尝试用自己喜欢的语言风格当有个性的小老师；利用云上开学典礼、校园云平台，推选优秀暑期花式小讲师、课堂精彩两分钟成果，为孩子们的思维和表达打样儿；通过班级群中的人人参评、学校云平台中的年级互评、微信公众号和学校抖音号的官方展评，构建多元立体展示平台，实现“生生开讲、处处展示”的活泼局面，极大调动了孩子们思维表达的热情。

“解密三小”课程。2020 年 6 月 1 日开始，学生陆续返校复课，学校实施了多项防疫措施，为学生安全有序的校园生活提供了保障。怀柔三小的学生数量多，厕所面积小，容易发生拥挤，如何保障如厕过程中的安全距离，避免拥挤，成了亟待解决的问题。为了激活学生思维，学校成立程序设计实验课程项目小组，四年级一班作为程序设计课程实验班，以项目式学习设计厕所拥堵问题整体解决方案，孩子们以小主人的身份设计智慧排队小程序，尝试缓解上厕所排队问题。首先，他们带着问题，分别到男、女厕所，进行了调查，采集了所需要的数据。其次，针对这个问题，结合调查结果，提出自己的解决办法。在解决厕所拥堵的过程中，孩子们学习了 scratch 2.0 程序设计基础，S4A 程序设计语言，动手实践编写了指示灯为绿灯人物进入厕所，指示灯为红灯等待的小程序。并连接 Arduino（开源电子原型平台）及相关传感器等设备，编写程序检测显示厕所内空位数，以提示学生是否可以进入厕所。最后，学生分别汇报了参与课程过程中的想法、收获与设想、展望。经过一周兴趣盎然的研究，孩子们设计出了厕所管理小程序。解密三小课程的开设，培养了学生运用人工智能解决校园生活中实际问题的意识，提高了学生解决复杂真实问题的能力，促进了高阶思维发展。

（三）开发生命课程，凸显生命教育

怀柔三小把疫情防控、生命健康、卫生防病、环境保护、垃圾分类、食品安全等关乎学生生命健康成长的教育内容进行系统梳理、系列开发，通过病毒与科学课程有序、有效地对学生进行生命健康教育，让学生懂得珍爱生命、呵护健康。“病毒与科学”是在疫情之初开发的课程，教师带领学生通过新闻、网络资源充分挖掘学科课程资源，组织学生认识病毒来源、学习防护知识、通过数据对比赞美“最美逆行者”，感受中国抗疫行动的伟大，深刻感受中国力量。从家长维度，我们开发了“慧信家长”课程，包括家庭教育系列课程、家长志愿者课程和家校共育课程。每周一期推送给家长线上学习，指导家长科学地进行家庭教育，当好志愿者，与学校形成合力。

四、教学过程整体优化思想给怀柔三小带来的规模效益

（一）育人目标外显于行

学生真正将育人目标感于心、践于行，不断拔节成长。孔子课程开设以

来，一年级的孩子与陌生人问好自觉行拱手礼；二年级家长感叹怀柔三小的孩子在日常生活中也能主动践行孔子的智慧；四年级的孩子有感于宥坐之器的神奇，主动研究制作欹器；三年级的同学在《孔子》话剧课程的磨炼中变得努力、自信，感动着每一位家长和教师，演出的巨大成功引起强烈反响，好评如潮。

（二）行业交流成果丰硕

2020 年 4 月 2 日，怀柔三小应中国教育电视台的邀请，参加《同上一堂课·给老师帮帮忙》的节目录制，学校做了典型发言，和全国的教育工作者分享新冠肺炎疫情期间线上课程实施的成功经验，受到了社会各界的广泛好评，打响了三槐 e 课堂的品牌。5 月 13 日的北京市政府新闻发布会上，北京市委教育工委副书记市教委新闻发言人李奕点名表扬了两所学校，其中唯一的一所小学就是怀柔三小。11 月，《现代教育报》对怀柔三小进行了专题报道，在北京市教育科学院组织的“聚智云论坛”上做典型交流。12 月，在北京教育学会年会、北京师范大学组织的“第五届 STEM+创新教育学术交流研讨会”上分别做分享交流。

云山苍苍，江水泱泱，先生之风，山高水长。陶西平先生的教育思想将一直引领我们披荆斩棘，实现我们教育强国的共同梦想！